# 윈도우 10 인터넷

Windows 10 & Microsoft Edge

엣지

스마트정보화 ❽ 윈도우 10 & 인터넷(엣지) 자료 다운로드 방법
다음 페이지

# 스마트정보화 자료 다운로드

Windows 10 & Microsoft Edge

**1** 렉스미디어 홈페이지(www.rexmedia.net)에 접속한 후 왼쪽 상단의 [일반 교재]를 클릭합니다.

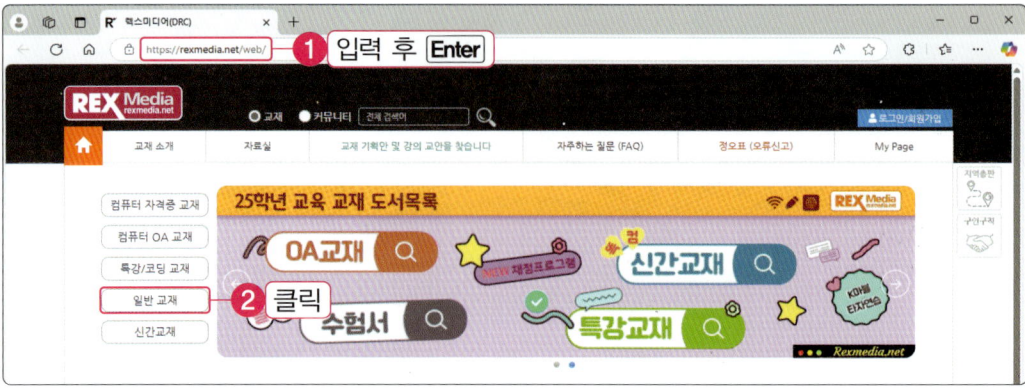

**2** 일반 교재 안내 페이지가 나타나면 [스마트정보화]-[(스마트정보화8)윈도우10&인터넷엣지]를 클릭합니다.

**3** 교재 상세 페이지가 나타나면 [학습자료]를 클릭합니다.

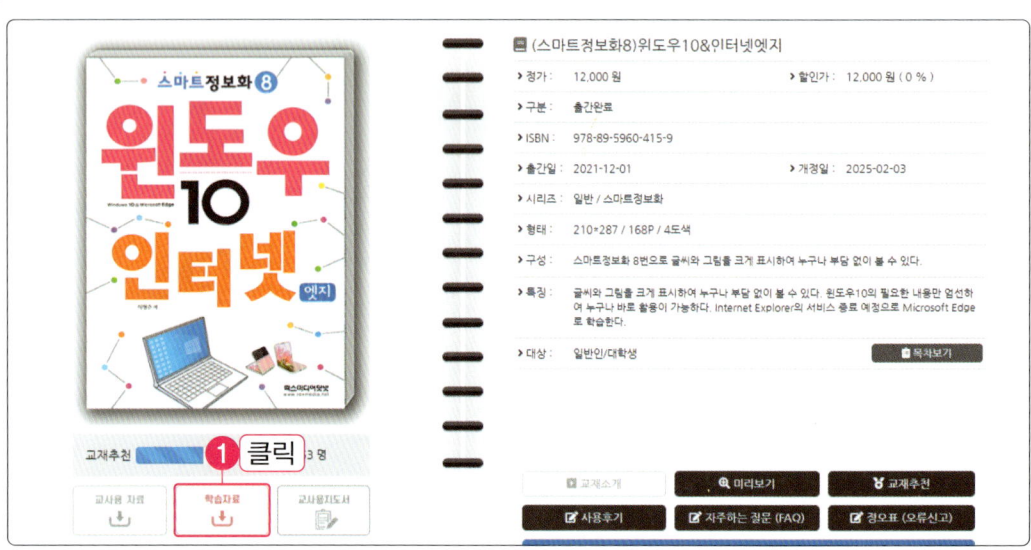

# Windows 10 & Microsoft Edge 스마트정보화 자료 다운로드

**4** 자료실 페이지가 나타나면 [스마트정보화8 윈도우10&인터넷엣지_학습자료(예제 및 완성)]을 클릭합니다.

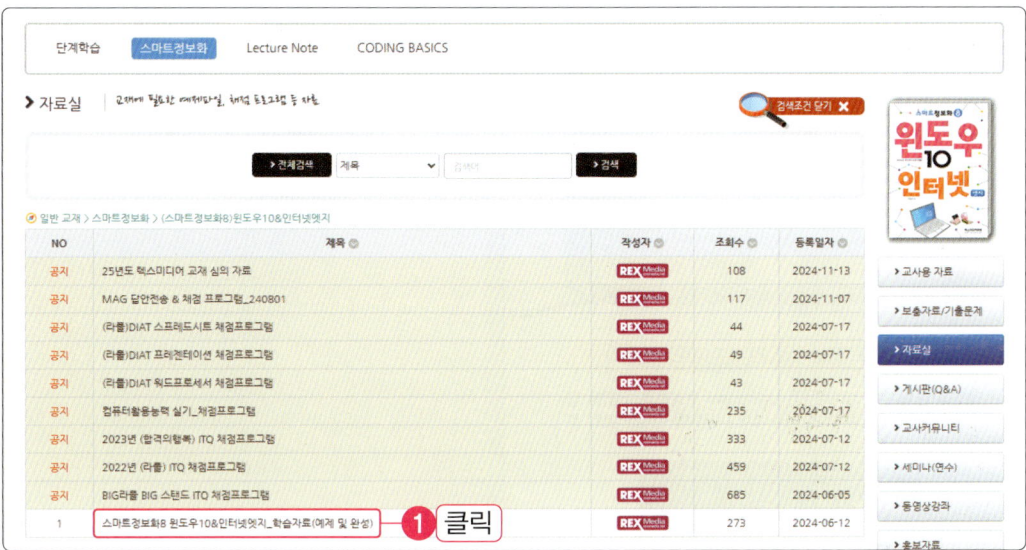

**5** ▶다운로드 단추를 클릭하여 자료를 다운로드 받습니다.

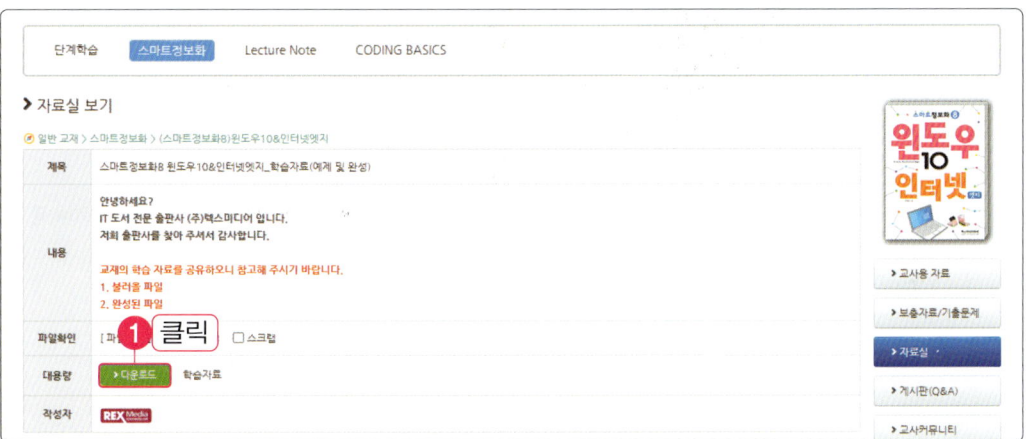

**6** 파일 탐색기를 실행한 후 다운로드 받은 파일을 압축을 해제하면 다음과 같이 스마트정보화 자료가 다운로드된 것을 확인할 수 있습니다.

# 이 책의 구성

Windows 10 & Microsoft Edge

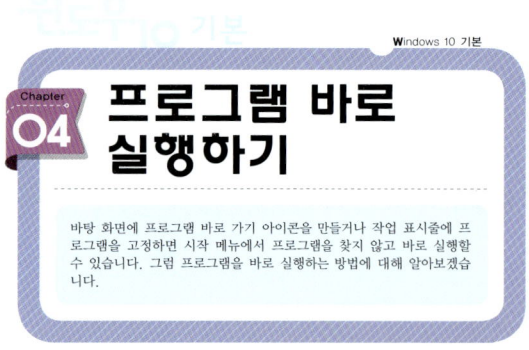

### 장(Chapter)
장의 제목과 장에서 다루는 학습 내용에 대한 설명입니다. 학습 내용이 무엇인지 알 수 있습니다.

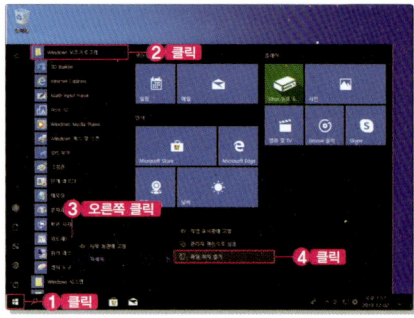

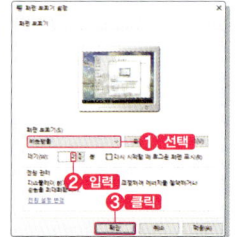

### 따라하기(Step)
학습 내용을 배우고 익히는 과정입니다. 누구나 쉽고 빠르게 학습 내용을 배우고 익힐 수 있습니다.

- Tip : 따라하는 과정에서 필요한 내용이나 참고할 내용입니다.

# Windows 10 & Microsoft Edge

## 이 책의 구성

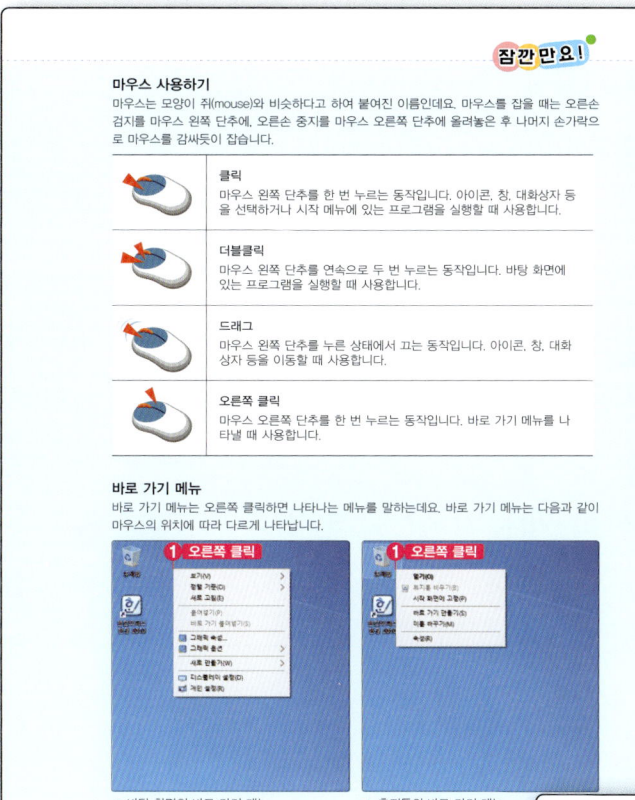

###  잠깐만요!

학습 내용과 관련은 있지만 따라하는 과정에서 다루지 못한 내용입니다.

### 실전 연습 문제

장별로 학습 내용을 얼마나 배우고 익혔는지 확인할 수 있는 문제입니다.

- Hint : 문제를 해결하는데 도움이 되는 내용입니다.

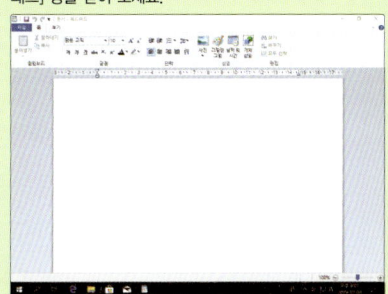

# 이 책의 차례

Windows 10 & Microsoft Edge

## Chapter 01 • 컴퓨터 시작하고 종료하기
STEP 01. 컴퓨터 시작하기 ············································· 12
STEP 02. 컴퓨터 종료하기 ············································· 14

## Chapter 02 • 마우스와 키보드 사용하기
STEP 01. 마우스 사용하기 ············································· 16
STEP 02. 키보드 사용하기 ············································· 19

## Chapter 03 • 시작 메뉴와 창 다루기
STEP 01. 시작 메뉴 다루기 ············································ 26
STEP 02. 창 다루기 ···················································· 30

## Chapter 04 • 프로그램 바로 실행하기
STEP 01. 바탕 화면에 프로그램 바로 가기 아이콘 만들기 ········ 36
STEP 02. 작업 표시줄에 프로그램 고정하기 ······················ 39

## Chapter 05 • 개인 설정하기
STEP 01. 바탕 화면 배경 설정하기 ·································· 42
STEP 02. 잠금 화면 배경 설정하기 ·································· 44
STEP 03. 화면 보호기 설정하기 ····································· 46
STEP 04. 작업 표시줄 다루기 ········································ 48

## Chapter 06 • 파일과 폴더 다루기
STEP 01. 새 폴더 만들기 ·············································· 52
STEP 02. 파일 복사하고 이동하기 ·································· 55
STEP 03. 파일과 폴더 삭제하기 ····································· 57

## Chapter 07 · 보조프로그램 사용하기
STEP 01. 워드패드 사용하기 …………………………………… 60
STEP 02. 그림판 3D 사용하기 ………………………………… 63
STEP 03. 스티커 메모 사용하기 ……………………………… 67

## Chapter 08 · 윈도우 화면 캡처하기
STEP 01. 단축키를 이용하여 전체 화면 캡처하기 ………… 70
STEP 02. 단축키를 이용하여 활성화 창 캡처하기 ………… 72
STEP 03. 캡처 도구를 이용하여 캡처하기 ………………… 74
STEP 04. 윈도우 키를 이용한 화면 캡처하기 ……………… 76

## Chapter 09 · 컴퓨터 관리하기
STEP 01. 디스크 정리하고 디스크 최적화 및 조각 모음하기 …… 82
STEP 02. 프로그램 제거하기 ………………………………… 86

## Chapter 01 · 인터넷 시작하고 종료하기
STEP 01. 인터넷 시작하기 ……………………………………… 4
STEP 02. 인터넷 종료하기 ……………………………………… 6

## Chapter 02 · 마이크로소프트 엣지 사용하기
STEP 01. 마이크로소프트 엣지의 화면 확대하기 …………… 8
STEP 02. 마이크로소프트 엣지의 화면 축소하기 ………… 10
STEP 03. 페이지 이동하기 …………………………………… 11
STEP 04. 탭 사용하기 ………………………………………… 14

## Chapter 03 · 시작 페이지 지정하고 앱 뷰에 사이트 추가하기
STEP 01. 시작 페이지 지정하기 ……………………………… 18
STEP 02. 앱 뷰에 사이트 추가하기 ………………………… 22

## 이 책의 차례

### ● Chapter 04 • 즐겨찾기 사용하기
STEP 01. 즐겨찾기 도구 모음 표시하기 ························· 26
STEP 02. 즐겨찾기 모음에 사이트 추가하기 ····················· 28
STEP 03. 새 폴더 생성 후 즐겨찾기에 사이트 추가하기 ········· 29
STEP 04. 즐겨찾기 관리하기 ····································· 32

### ● Chapter 05 • 검색엔진 사용하기
STEP 01. 키워드로 검색하기 ····································· 36
STEP 02. 자연어로 검색하기 ····································· 39

### ● Chapter 06 • 내 컴퓨터로 정보 가져오기
STEP 01. 내 컴퓨터로 사진 가져오기 ···························· 42
STEP 02. 내 컴퓨터로 내용 가져오기 ···························· 46

### ● Chapter 07 • 이메일 사용하기
STEP 01. 회원가입하여 이메일 주소 만들기 ····················· 50
STEP 02. 파일 첨부하여 메일 쓰기 ······························ 56
STEP 03. 메일 읽고 첨부파일 저장하기 ·························· 60
STEP 04. 메일 삭제하고 휴지통 비우기 ·························· 63

### ● Chapter 08 • 최신 뉴스 보고 실시간으로 방송 보기
STEP 01. 최신 뉴스 보기 ········································· 66
STEP 02. 실시간으로 TV 방송 보기 ······························ 69
STEP 03. 실시간으로 라디오 방송 듣기 ·························· 70

### ● Chapter 09 • 부동산 정보 알아보고 길 찾아가기
STEP 01. 부동산 정보 알아보기 ·································· 72
STEP 02. 길 찾아가기 ············································ 75

W·i·n·d·o·w·s·10-기본

# 윈도우 10
## Windows
### 기본

| 01장 | 컴퓨터 시작하고 종료하기 |
| 02장 | 마우스와 키보드 사용하기 |
| 03장 | 시작 메뉴와 창 다루기 |
| 04장 | 프로그램 바로 실행하기 |
| 05장 | 개인 설정하기 |
| 06장 | 파일과 폴더 다루기 |
| 07장 | 보조프로그램 사용하기 |
| 08장 | 윈도우 화면 캡처하기 |
| 09장 | 컴퓨터 관리하기 |

# 윈도우 10 화면 구성

Windows 10

### 아이콘
프로그램을 나타내는 작은 이미지입니다. 아이콘을 더블클릭하면 프로그램이 실행됩니다.

### 바로 가기 아이콘
파일이나 폴더에 연결된 아이콘으로 아이콘 왼쪽 아래에  표시가 있습니다. 바로 가기 아이콘을 더블클릭하면 연결된 파일이나 폴더가 열립니다.

### 중간 섹션
실행된 프로그램이 단추로 표시되는 곳입니다. 기본적으로 e[Microsoft Edge], [파일 탐색기], [스토어], [메일]이 고정되어 있습니다.

### 작업 보기
실행된 모든 프로그램이 축소된 이미지로 표시되어 실행된 모든 프로그램을 한눈에 확인할 수 있습니다.

### Windows 검색
프로그램이나 파일 등을 검색할 수 있습니다.

### 시작 단추
프로그램을 실행하거나 컴퓨터를 종료하는 등의 작업을 할 수 있습니다.

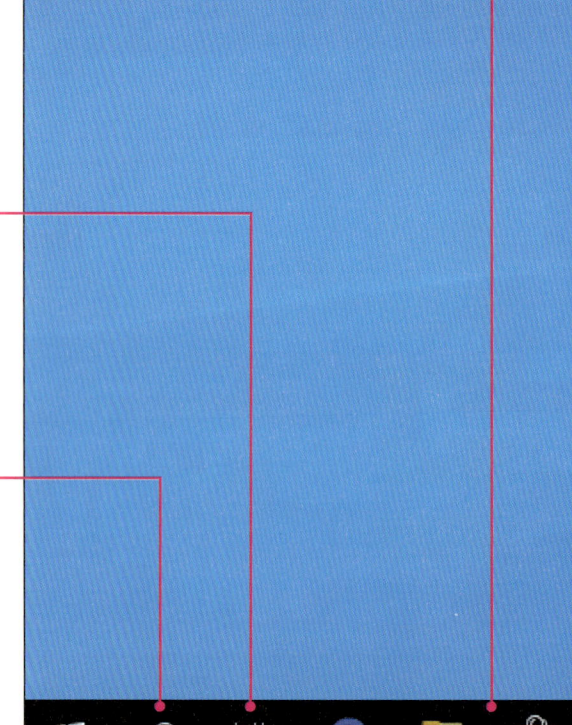

윈도우 10의 화면은 바탕 화면, 시작 단추, 작업 표시줄 등으로 구성되어 있습니다.

**바탕 화면**
윈도우 10에서 작업이 이루어지는 곳입니다.

**작업 표시줄**
윈도우 10에서 이루어지는 작업이 표시되는 곳으로 ⊞[시작] 단추, Windows 검색, 작업 보기, 중간 섹션, 피플, 알림 영역, 바탕 화면 보기로 구성되어 있습니다. 일반적으로 '작업 표시줄'이라고 하면 '중간 섹션'을 말합니다.

**피플**
가족이나 친구 등과 연락할 수 있습니다.

**알림 영역**
프로그램의 상태를 알려주거나 네트워크, 볼륨, 시계 등을 설정할 수 있는 곳으로 아이콘 그룹, 시계, 알림 센터로 구성되어 있습니다.

**바탕 화면 보기**
바탕 화면에 있는 모든 창이 최소화되어 바탕 화면을 확인할 수 있습니다.

# Chapter 01 컴퓨터 시작하고 종료하기

컴퓨터는 입력받은 자료를 명령대로 처리한 후 처리한 결과를 출력해 주는 장치인데요. 컴퓨터로 할 수 있는 일은 문서를 작성하거나 이미지를 편집하는 등 헤아릴 수 없을 정도로 많습니다. 그럼 컴퓨터를 시작하고 종료하는 방법에 대해 알아보겠습니다.

## Step 01 컴퓨터 시작하기

**1** 모니터에 있는 전원 단추를 누른 후 본체에 있는 전원 단추를 누릅니다.

**2** 모니터에 부팅 과정이 표시된 후 바탕 화면이 나타납니다.

> **Tip**
> 컴퓨터를 시작하면 컴퓨터는 메모리나 하드 디스크 등을 테스트하여 컴퓨터를 사용할 수 있도록 준비하는데요. 이런 준비 과정을 '부팅 과정'이라고 합니다.

### 컴퓨터
컴퓨터는 다음과 같이 하드웨어와 소프트웨어로 구성되어 있습니다.

- **하드웨어**

  본체나 모니터와 같이 눈에 보이고 손으로 만질 수 있는 것들을 말하며 '컴퓨터 장치'라고도 합니다.

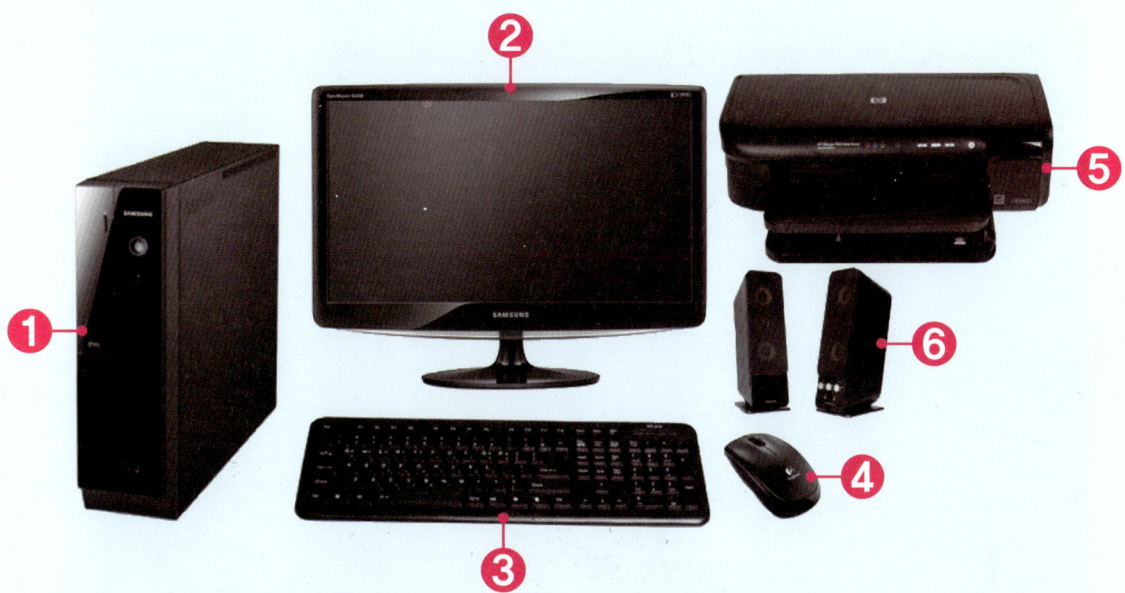

❶ **본체** : 컴퓨터의 모든 동작을 관리하고 입력받은 자료를 명령대로 처리하는 장치입니다.
❷ **모니터** : 컴퓨터가 작업하고 있는 내용을 화면에 표시해 주는 장치입니다.
❸ **키보드** : 글자를 입력하거나 명령을 내릴 때 사용하는 장치로 '자판'이라고도 합니다.
❹ **마우스** : 명령을 내릴 때 사용하는 장치입니다.
❺ **프린터** : 컴퓨터가 작업한 내용을 종이에 인쇄해 주는 장치입니다.
❻ **스피커** : 컴퓨터에서 나는 소리를 들려주는 장치입니다.

- **소프트웨어**

  윈도우 10, 한글 2020, 포토샵 CC와 같이 눈에 보이지만 손으로 만질 수 없는 것들을 말하며 '프로그램'이라고도 합니다. 소프트웨어는 운영체제와 응용 소프트웨어로 구분할 수 있는데요. 운영체제는 윈도우 10과 같이 사용자와 하드웨어 중간에서 사용자가 하드웨어를 사용할 수 있도록 도와주는 소프트웨어를 말하고, 응용 소프트웨어는 한글 2020과 같이 문서를 작성하거나 포토샵 CC와 같이 이미지를 편집하는 등의 작업을 할 수 있는 소프트웨어를 말합니다.

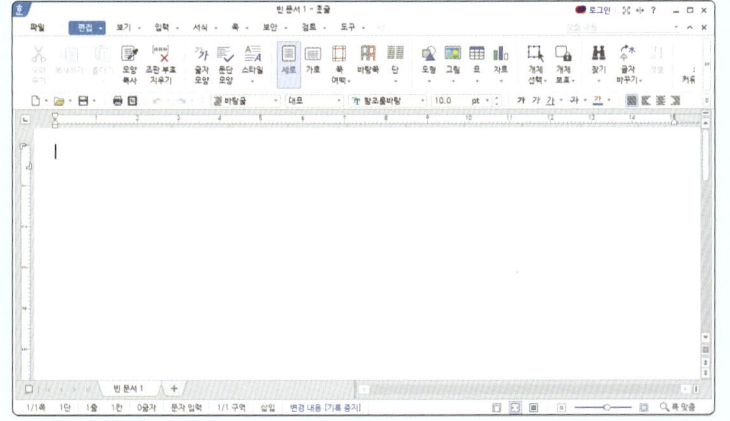

◀ 한글 2020

Chapter 01 - 컴퓨터 시작하고 종료하기

## Step 02 컴퓨터 종료하기

**1** ⊞[시작] 단추를 클릭한 후 ⏻[전원]을 클릭한 다음 [시스템 종료]를 클릭합니다.

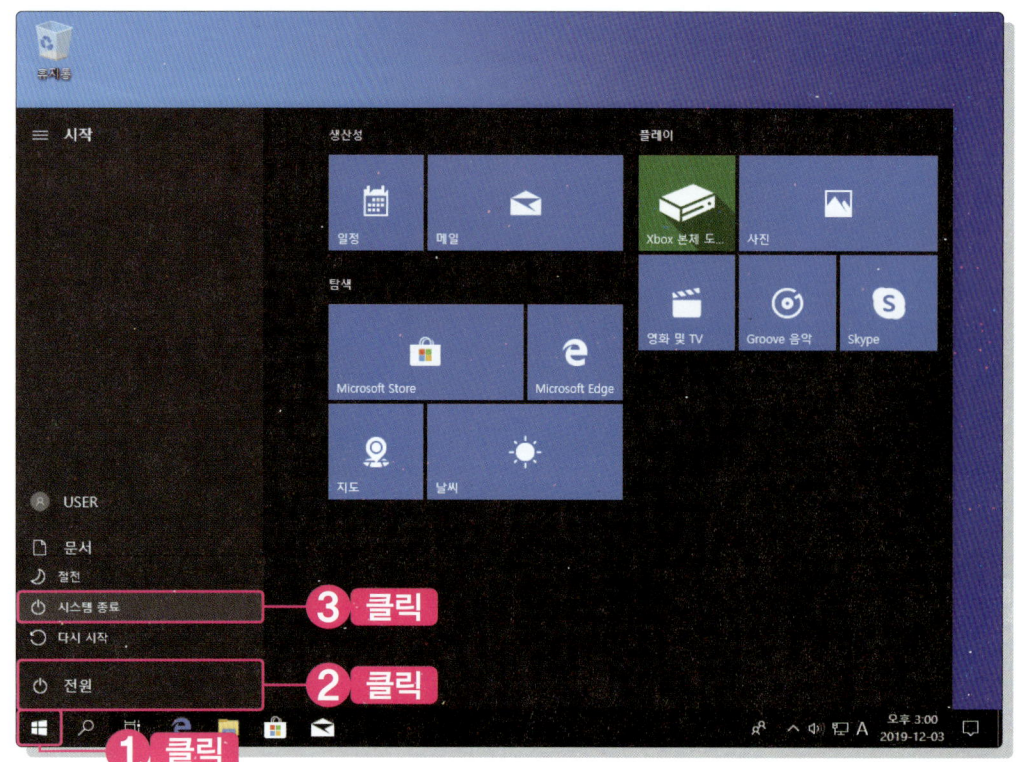

> **Tip**
> - ⊞[시작] 단추를 클릭하라는 것은 ⊞[시작] 단추로 마우스 포인터를 가져간 후 마우스 왼쪽 단추를 한 번 누르라는 것인데요. 마우스 포인터는 마우스를 움직일 때마다 바탕 화면에서 똑같이 따라 움직이는 ▹ 모양(작업에 따라서 ☝ 모양이나 I 모양 등으로 변경됩니다)을 말합니다.
> - ⊞[시작] 단추를 클릭하면 나타나는 메뉴를 '시작 메뉴'라고 합니다.

**2** 컴퓨터가 종료됩니다.

# 실전 연습 문제

**01** 다음은 컴퓨터 장치입니다. 컴퓨터 장치의 이름을 적어 보세요.

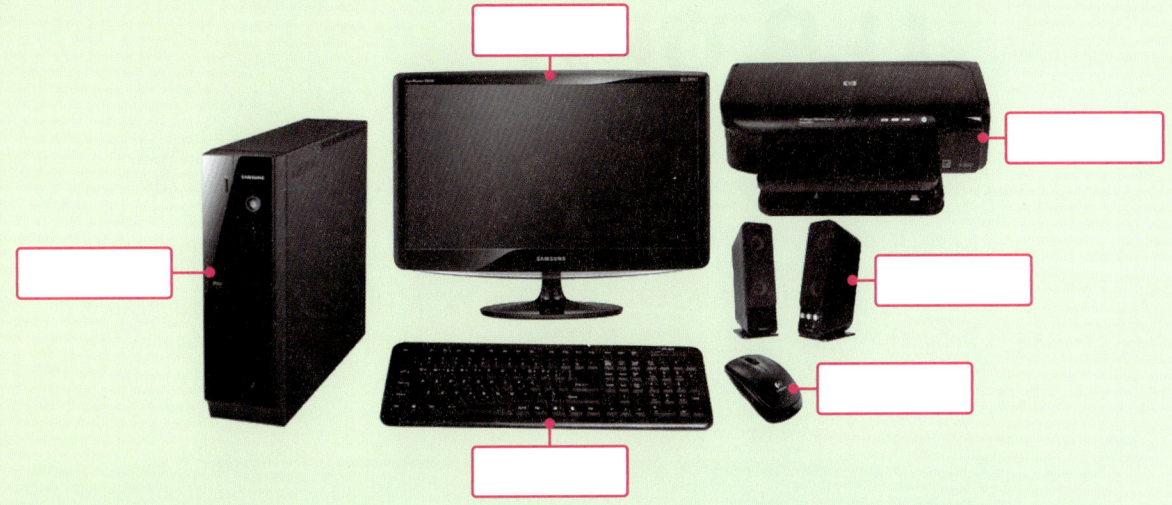

**02** 컴퓨터를 시작해 보세요.

**03** 다음은 윈도우 10의 화면 구성입니다. 화면 구성 요소의 이름을 적어 보세요.

**04** 컴퓨터를 종료해 보세요.

# 마우스와 키보드 사용하기

컴퓨터에게 명령을 내리거나 자료를 입력할 때 사용하는 장치를 '입력장치'라고 하는데요. 마우스와 키보드는 가장 대표적인 입력장치입니다. 그럼 마우스와 키보드를 사용하는 방법에 대해 알아보겠습니다.

## Step 01 마우스 사용하기

**1** 바탕 화면 아이콘을 표시하지 않기 위해 **바탕 화면의 바로 가기 메뉴에서 [보기]-[바탕 화면 아이콘 표시]를 선택 해제**합니다.

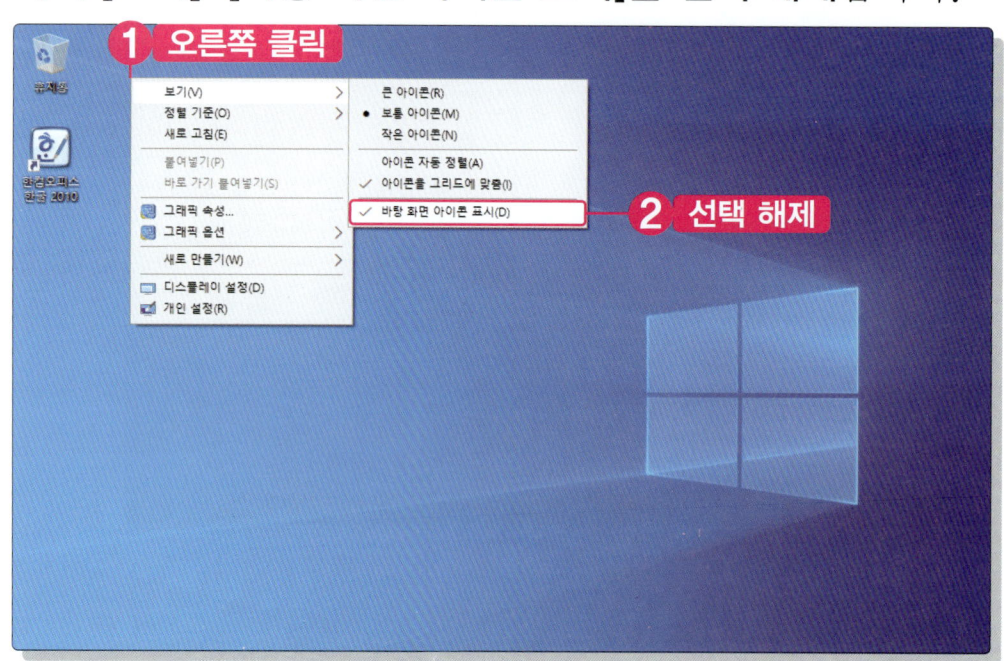

> **Tip**
> [바탕 화면 아이콘 표시]에 ✓ 표시가 있으면 선택되어 있는 것이고, ✓ 표시가 없으면 선택 해제되어 있는 것인데요. [바탕 화면 아이콘 표시]가 선택되어 있는 경우에는 클릭하면 선택 해제되고, [바탕 화면 아이콘 표시]가 선택 해제되어 있는 경우에는 클릭하면 선택됩니다.

## 마우스 사용하기

마우스는 모양이 쥐(mouse)와 비슷하다고 하여 붙여진 이름인데요. 마우스를 잡을 때는 오른손 검지를 마우스 왼쪽 단추에, 오른손 중지를 마우스 오른쪽 단추에 올려놓은 후 나머지 손가락으로 마우스를 감싸듯이 잡습니다.

| | | |
|---|---|---|
|  | 클릭 | 마우스 왼쪽 단추를 한 번 누르는 동작입니다. 아이콘, 창, 대화상자 등을 선택하거나 시작 메뉴에 있는 프로그램을 실행할 때 사용합니다. |
|  | 더블클릭 | 마우스 왼쪽 단추를 연속으로 두 번 누르는 동작입니다. 바탕 화면에 있는 프로그램을 실행할 때 사용합니다. |
|  | 드래그 | 마우스 왼쪽 단추를 누른 상태에서 끄는 동작입니다. 아이콘, 창, 대화상자 등을 이동할 때 사용합니다. |
|  | 오른쪽 클릭 | 마우스 오른쪽 단추를 한 번 누르는 동작입니다. 바로 가기 메뉴를 나타낼 때 사용합니다. |

## 바로 가기 메뉴

바로 가기 메뉴는 오른쪽 클릭하면 나타나는 메뉴를 말하는데요. 바로 가기 메뉴는 다음과 같이 마우스의 위치에 따라 다르게 나타납니다.

▲ 바탕 화면의 바로 가기 메뉴

▲ 휴지통의 바로 가기 메뉴

**2** 바탕 화면 아이콘을 표시하기 위해 **바탕 화면의 바로 가기 메뉴에서 [보기]-[바탕 화면 아이콘 표시]를 선택**합니다.

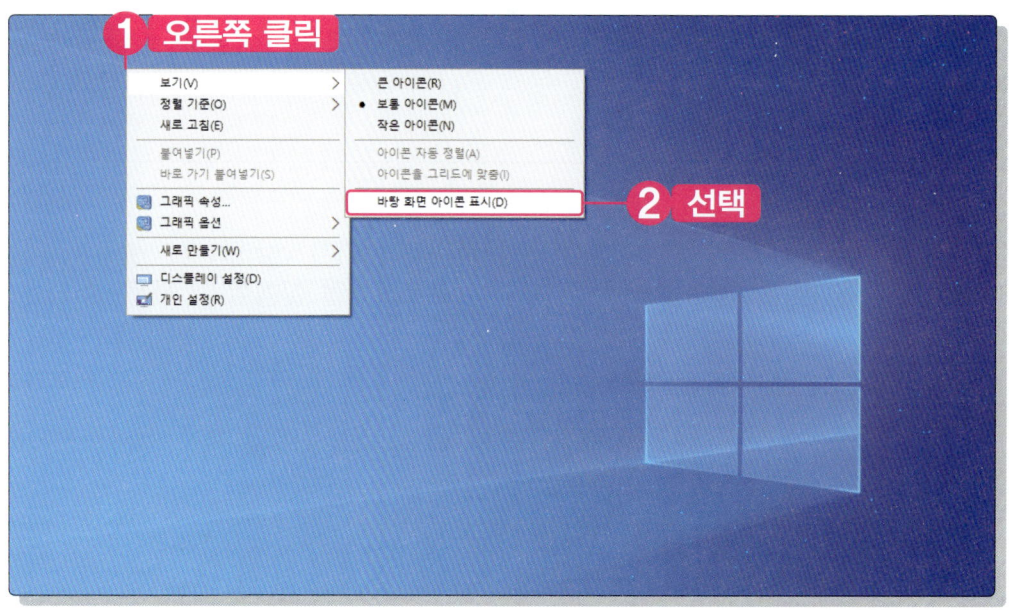

**3** 휴지통 아이콘( )을 이동하기 위해 다음과 같이 바탕 화면에서 **휴지통 아이콘( )을 드래그**합니다.

**바탕 화면 아이콘을 이동할 수 없는 경우**
바탕 화면의 바로 가기 메뉴에서 [보기]-[아이콘 자동 정렬]을 선택 해제하면 바탕 화면 아이콘을 이동할 수 있습니다.

**4** 휴지통 아이콘이 이동됩니다.

## Step 02 키보드 사용하기

**1** 한컴 타자연습을 실행하기 위해 ⊞[시작] 단추를 클릭한 후 앱 뷰에서 [한글과컴퓨터]를 클릭한 다음 [한컴오피스 2020]을 클릭합니다.

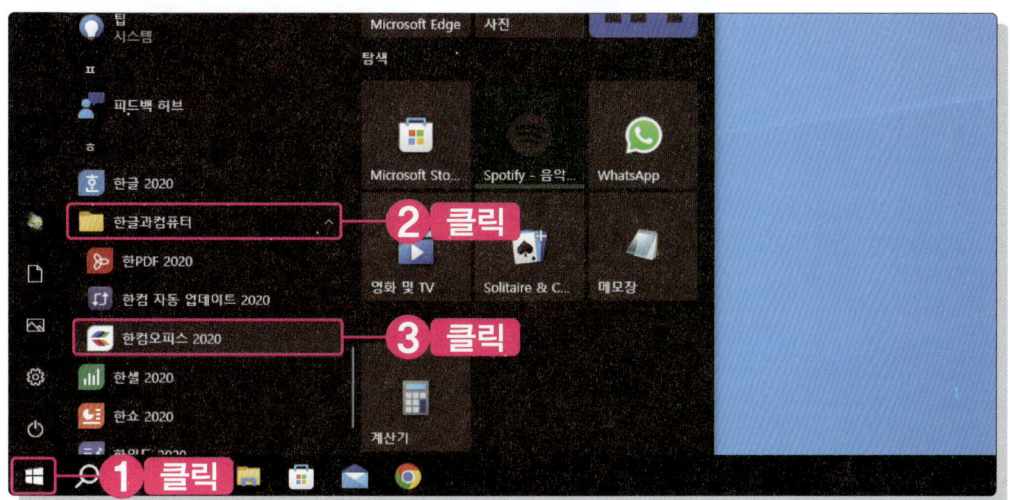

### 잠깐만요!

**시작 메뉴의 구성**

시작 메뉴는 다음과 같이 전원, 앱 뷰, 시작 화면 등으로 구성되어 있습니다.

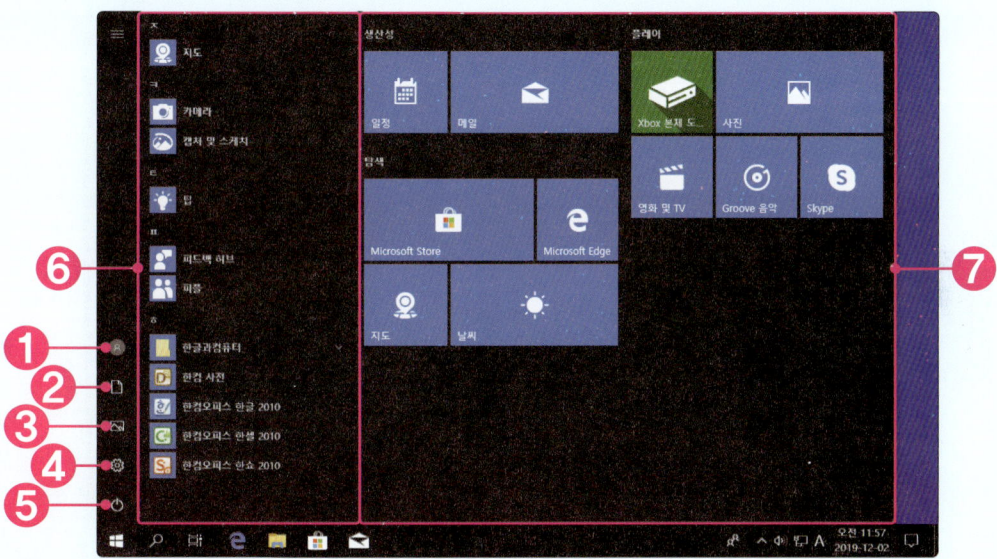

❶ **계정** : 사용자 정보를 변경하거나 로그아웃 등의 작업을 할 수 있습니다.
❷ **문서** : 문서 폴더를 엽니다.
❸ **사진** : 사진 폴더를 엽니다.
❹ **설정** : 디스플레이, 프린터, 네트워크 등을 설정할 수 있습니다.
❺ **전원** : 컴퓨터를 종료하거나 다시 시작하는 등의 작업을 할 수 있습니다.
❻ **앱 뷰** : 컴퓨터에 설치된 모든 프로그램이 목록으로 표시되는 곳입니다. 윈도우 10에서는 프로그램을 '앱'이라고도 합니다.
❼ **시작 화면** : 컴퓨터에 설치된 프로그램이 타일로 표시되는 곳입니다.

**2** 한컴오피스 화면이 나타나면 [한컴 타자 연습] 단추를 클릭합니다.

**3** 인터넷 한컴 타자연습 화면이 나타나면 [기본자리]를 클릭합니다.

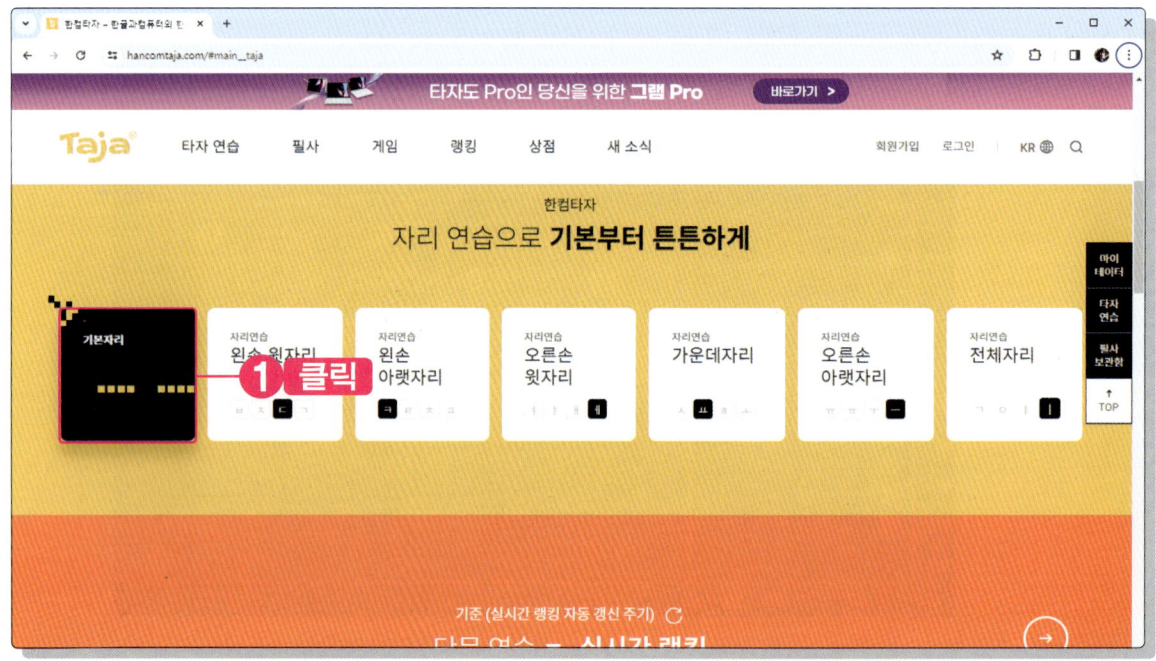

> Tip
> - 자리 연습에는 기본자리, 왼손 윗자리, 왼손 아랫자리, 가운데 자리, 오른손 아랫자리, 전체자리 등이 있습니다.
> - 타자 연습에는 자리 연습, 낱말 연습, 단문 연습, 장문 연습 등이 있습니다.
> - 인터넷 한컴 타자연습 사이트에서는 타자 연습 뿐만 아니라 다양한 도서의 필사 및 게임 등이 들어있습니다.

**4** 한컴 타자연습의 초기 화면의 설명이 표시되면 **[닫기]를 클릭**한 후 **자리를 연습**합니다.

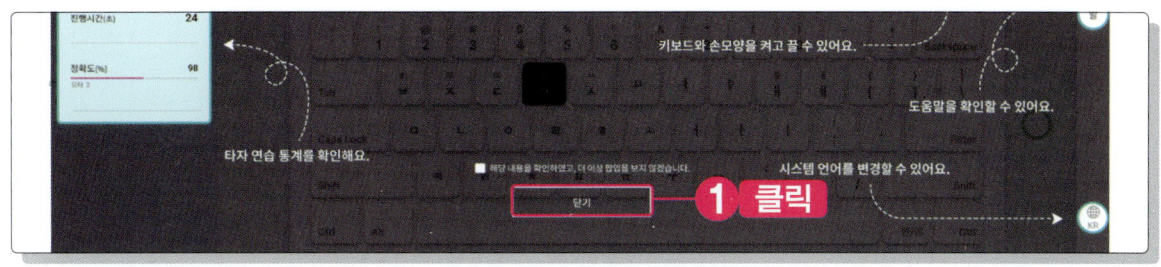

**5** 자리 연습이 끝나면 도전단계성공! 화면이 표시되며, 끝내기 위해 **[그만하기] 단추를 클릭**합니다.

> Tip
> [다시하기] 단추를 클릭하면 반복하여 기본 자리 연습을 다시 시작할 수 있습니다.

## 키보드 사용하기

타자를 연습할 때는 왼손 검지를 'ㄹ'자에, 오른손 검지를 'ㅓ'자에 올려놓은 후 나머지 손가락을 가지런히 옆에 올려놓은 다음 타자를 연습합니다.

❶ **이스케이프** : 명령을 취소할 때 사용합니다.
❷ **탭** : 일정한 간격으로 띄우거나 다음 구성 요소로 이동할 때 사용합니다.
❸ **캡스 로크** : 영문 입력 상태에서 영문 대/소문자를 전환할 때 사용합니다.
❹ **시프트** : 한글 입력 상태에서 쌍자음(또는 특수문자)을 입력하거나 영문 입력 상태에서 영문 대/소문자를 입력할 때 사용합니다.
❺ **컨트롤** : 다른 키와 함께 복사, 잘라내기, 붙여넣기 등을 할 때 사용합니다.
❻ **윈도우** : 시작 메뉴를 나타낼 때 사용합니다.
❼ **알트** : 다른 키와 함께 메뉴를 선택할 때 사용합니다.
❽ **한자** : 한글을 한자로 변환할 때 사용합니다.
❾ **스페이스바** : 한 칸씩 띄울 때 사용합니다.
❿ **한/영** : 한글/영문 입력 상태를 전환할 때 사용합니다.

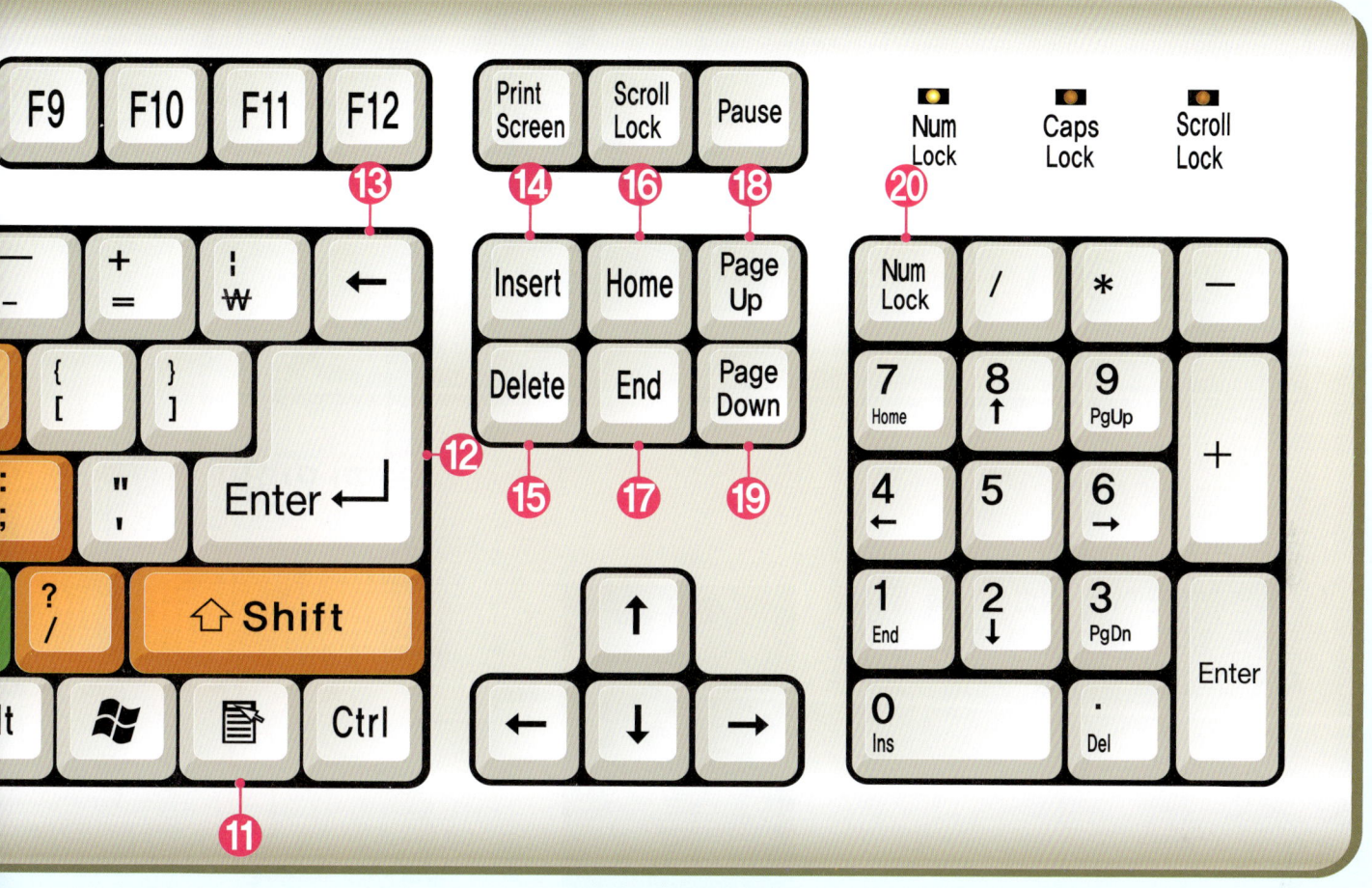

- ⑪ **바로 가기 메뉴** : 바로 가기 메뉴를 나타낼 때 사용합니다.
- ⑫ **엔터** : 명령을 실행하거나 줄을 바꿀 때 사용합니다.
- ⑬ **백스페이스** : 커서(글자가 입력되는 위치를 나타내는 표시)를 기준으로 왼쪽에 있는 글자를 지울 때 사용합니다.
- ⑭ **인서트** : 한글 2010에서 삽입/수정 상태를 전환할 때 사용합니다.
- ⑮ **딜리트** : 커서를 기준으로 오른쪽에 있는 글자를 지울 때 사용합니다.
- ⑯ **홈** : 커서를 줄의 맨 앞으로 이동할 때 사용합니다.
- ⑰ **엔드** : 커서를 줄의 맨 뒤로 이동할 때 사용합니다.
- ⑱ **페이지 업** : 커서를 한 페이지(한 화면)씩 위로 이동할 때 사용합니다.
- ⑲ **페이지 다운** : 커서를 한 페이지(한 화면)씩 아래로 이동할 때 사용합니다.
- ⑳ **넘 로크** : 키보드 오른쪽에 있는 숫자 키패드의 숫자키/방향키 상태를 전환할 때 사용합니다.

**6** 타자 연습을 종료하기 위해  단추를 **클릭**합니다.

### 영문 타자 연습하기
자리연습 화면에서 [설정하기]를 클릭 후 글자판 항목에서 [영어]를 클릭하면 영문 자판 연습을 할 수 있습니다.

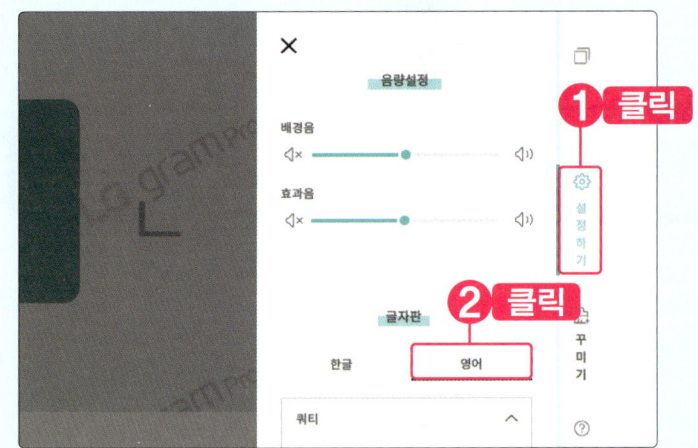

### 다양한 자판 연습하기
한컴 타자 연습에서는 자리 연습 뿐만아니라 다양한 도서의 필사 및 게임 등을 하면 키보드 자판 등을 연습할 수 있습니다.

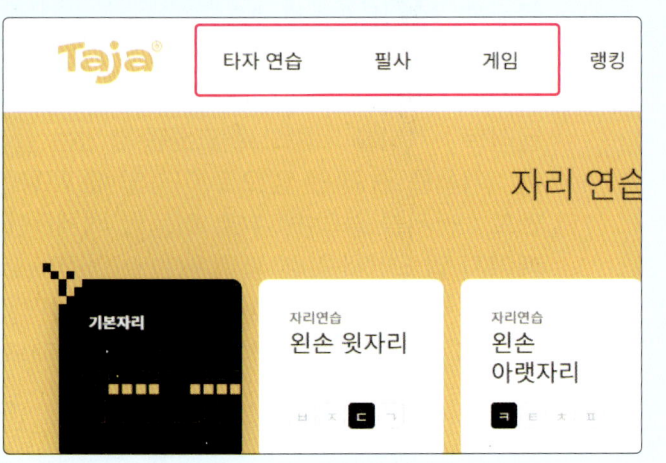

## 실전 연습 문제

**01** 다음과 같이 바탕 화면 아이콘을 이동해 보세요.

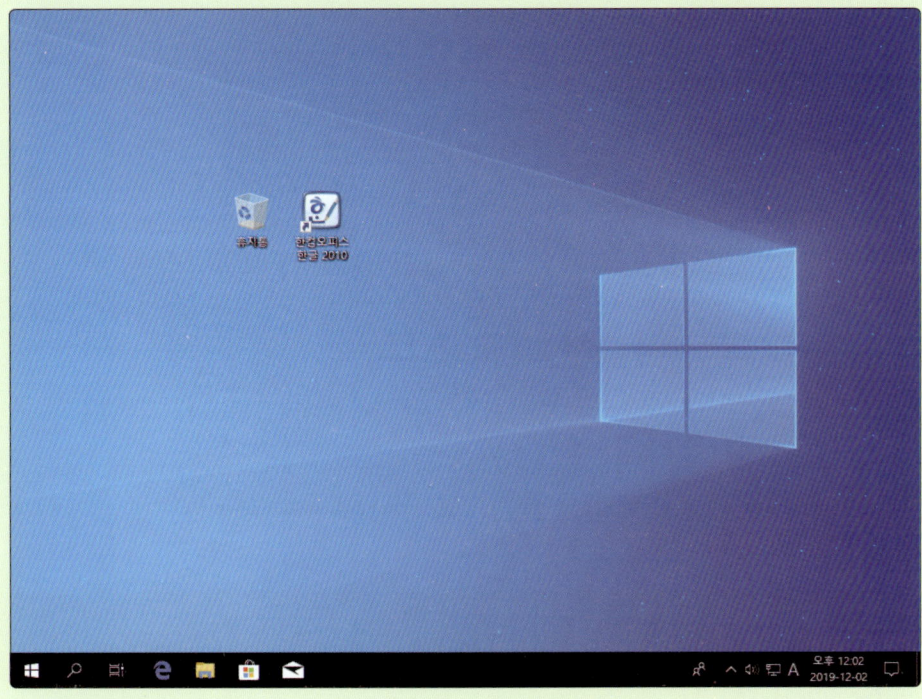

**02** 다음과 같이 한컴 타자연습을 실행한 후 낱말 연습 후 한컴 타자연습을 종료해 보세요.

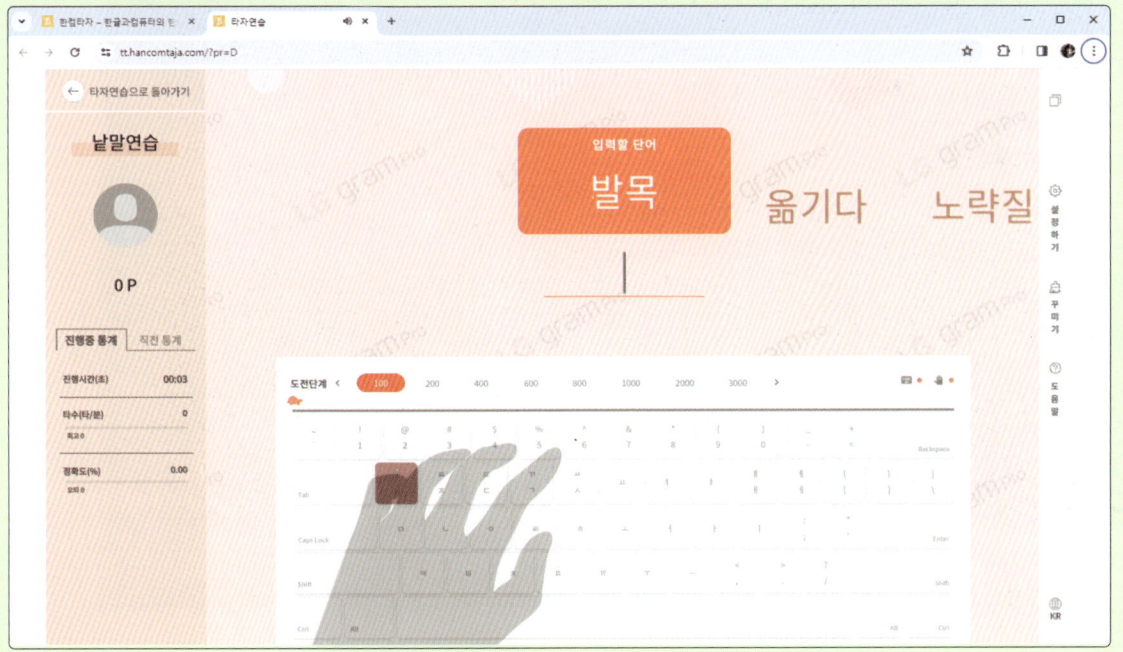

**Hint**
낱말 연습하기 : 한컴 타자연습의 초기 화면에서 [타자 연습]-[낱말 연습]을 클릭

# Chapter 03 시작 메뉴와 창 다루기

윈도우 10에서 하나의 작업이 이루어지는 공간을 '창'이라고 하는데요. 창은 프로그램에 따라 조금씩 다르게 구성되어 있습니다. 그럼 시작 메뉴와 창을 다루는 방법에 대해 알아보겠습니다.

## Step 01 시작 메뉴 다루기

**1** 시작 메뉴의 크기를 조정하기 위해 [시작] 단추를 클릭한 후 다음과 같이 **시작 메뉴의 위쪽 가장자리를 드래그**합니다.

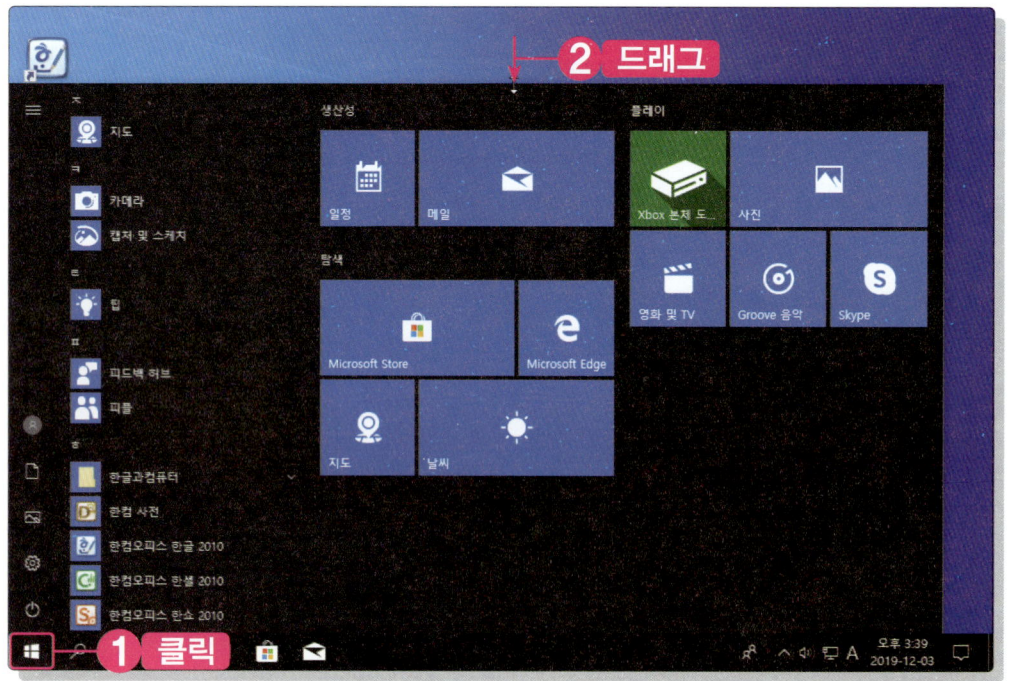

> **Tip**
> 시작 메뉴의 위쪽 가장자리로 마우스 포인터를 가져가서 마우스 포인터가 ↕ 모양으로 변경되었을 때 아래쪽으로 드래그합니다.

**2** 시작 화면에 워드패드를 고정하기 위해 앱 뷰에서 [Windows 보조프로그램]을 클릭한 후 [워드패드]의 바로 가기 메뉴에서 [시작 화면에 고정]을 클릭합니다.

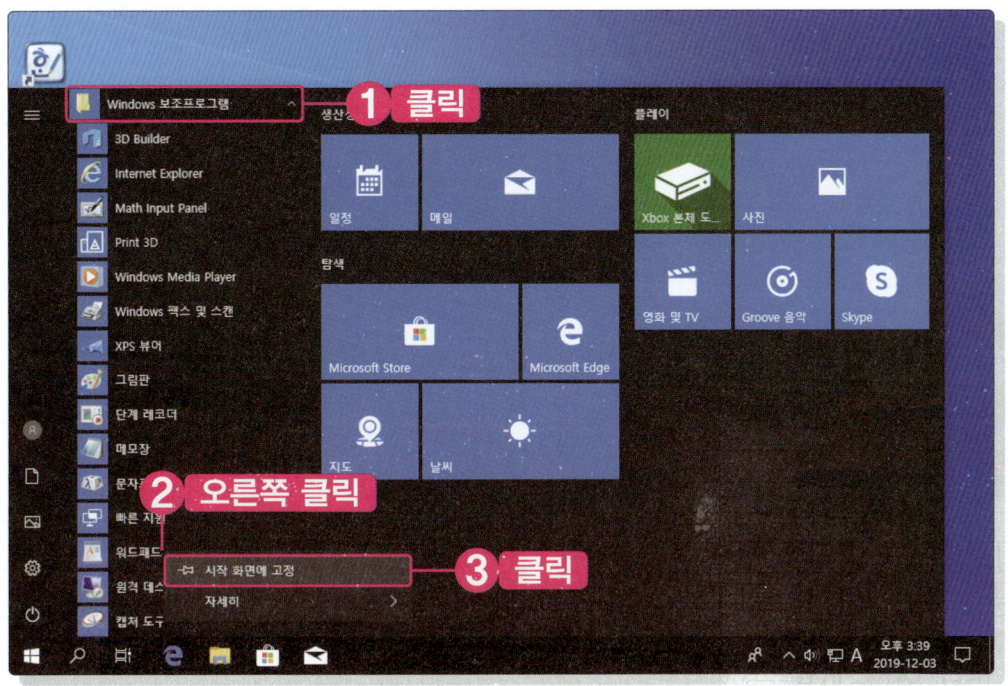

**3** 같은 방법으로 **시작 화면에 메모장을 고정**합니다.

### 시작 화면에 프로그램 고정하기
다음과 같이 프로그램을 시작 화면으로 드래그하여 시작 화면에 프로그램을 고정할 수도 있습니다.

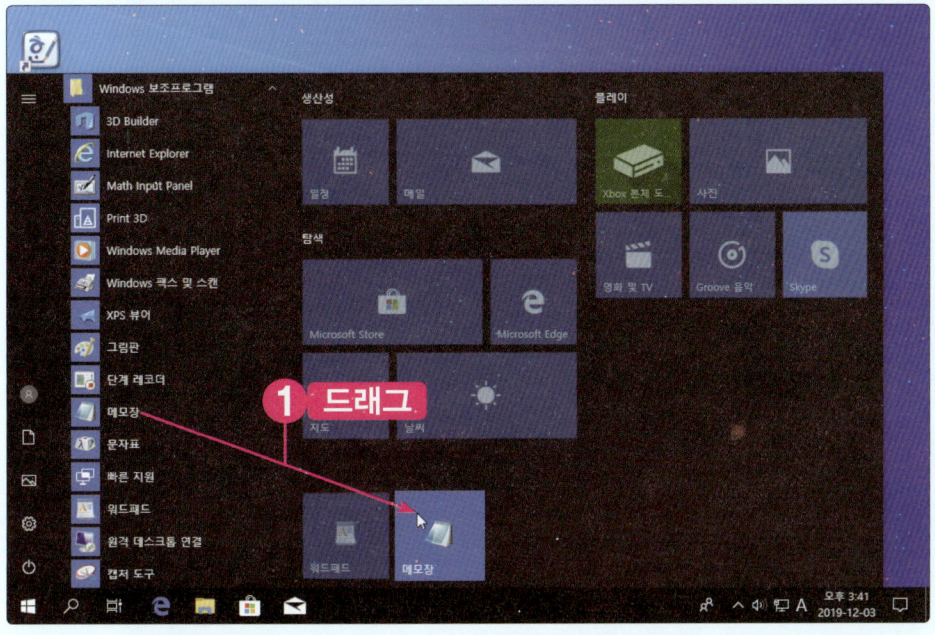

**4** 그룹의 이름을 입력하기 위해 **워드패드 타일과 메모장 타일의 그룹 구분 막대를 클릭**한 후 **그룹의 이름(보조프로그램)을 입력**한 다음 Enter를 누릅니다.

> **Tip**
> 워드패드 타일과 메모장 타일의 위쪽으로 마우스 포인터를 가져가면 그룹 구분 막대가 나타납니다.

**5** 메모장 타일의 크기를 조정하기 위해 **메모장 타일의 바로 가기 메뉴에서 [크기 조정]-[작게]를 클릭**합니다.

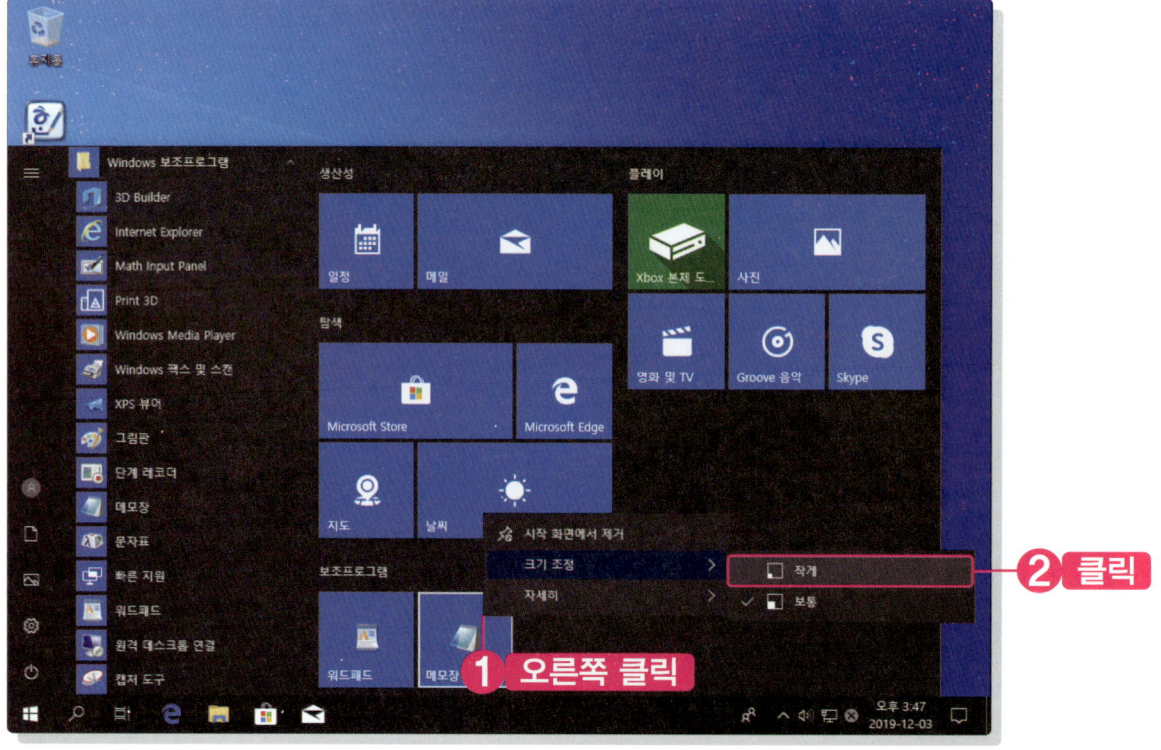

**6** 시작 화면에서 워드패드 타일을 제거하기 위해 **워드패드 타일의 바로 가기 메뉴에서 [시작 화면에서 제거]를 클릭**합니다.

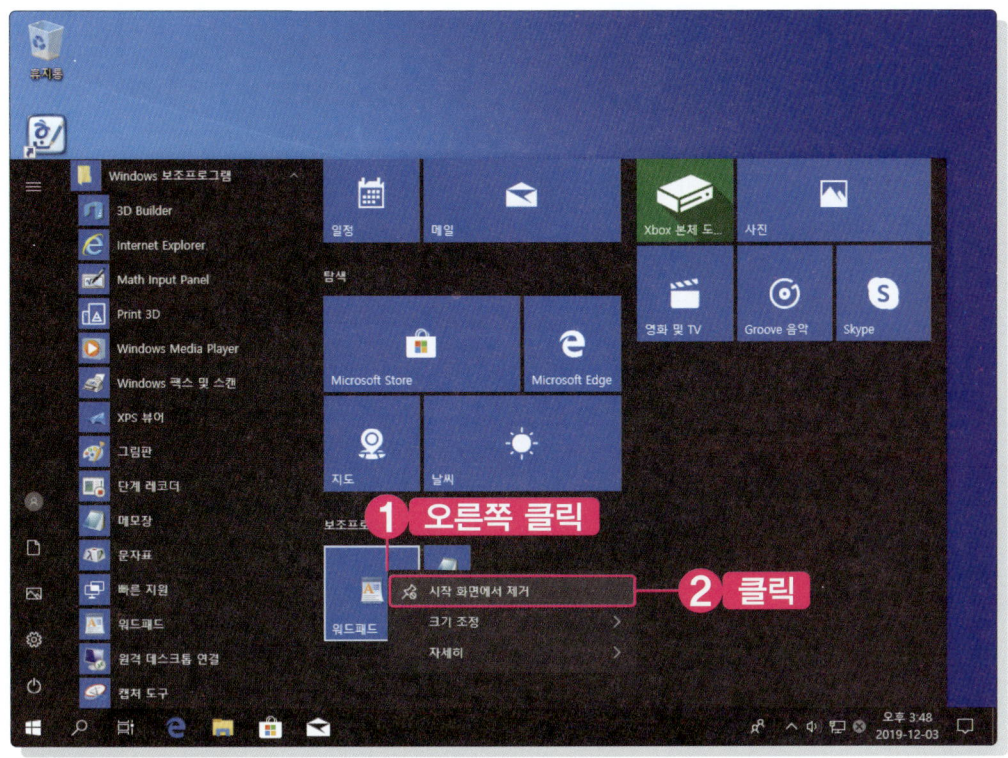

**7** 같은 방법으로 **시작 화면에서 메모장 타일을 제거**한 후 **시작 메뉴의 크기를 원래의 크기로 조정**합니다.

### 새 그룹 만들기
다음과 같이 타일을 시작 화면의 빈 공간으로 드래그하면 새 그룹을 만들 수 있습니다.

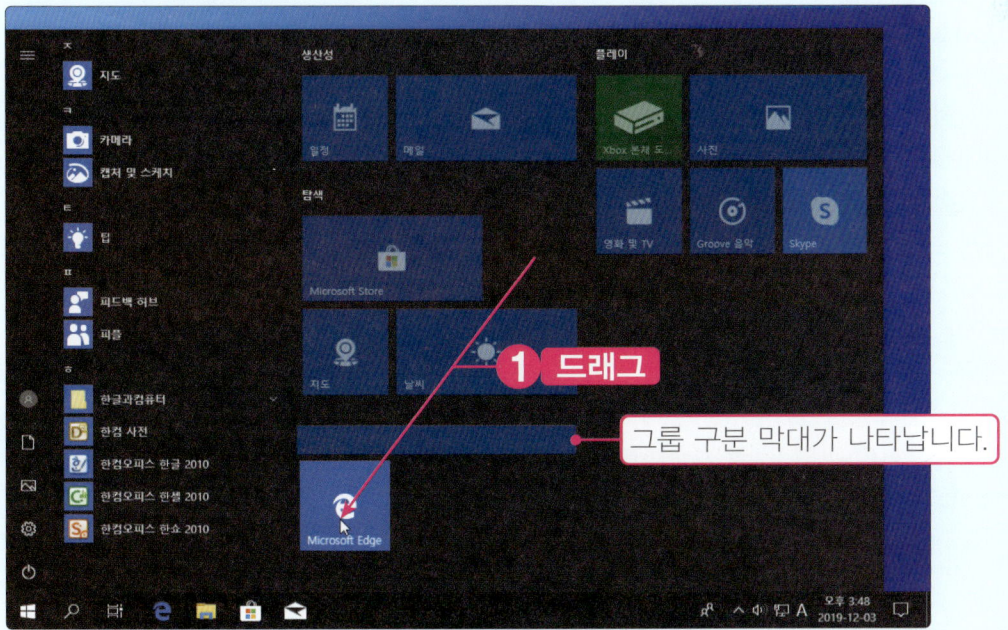

## Step 02 창 다루기

**1** 워드패드를 실행하기 위해 ⊞[시작] 단추를 클릭한 후 앱 뷰에서 [Windows 보조프로그램]을 클릭한 다음 [워드패드]를 클릭합니다.

**2** 메모장을 실행하기 위해 ⊞[시작] 단추를 클릭한 후 앱 뷰에서 [Windows 보조프로그램]을 클릭한 다음 [메모장]을 클릭합니다.

### 잠깐만요!

**창의 구성**

창은 다음과 같이 제목 표시줄과 창 조정 단추 등으로 구성되어 있습니다.

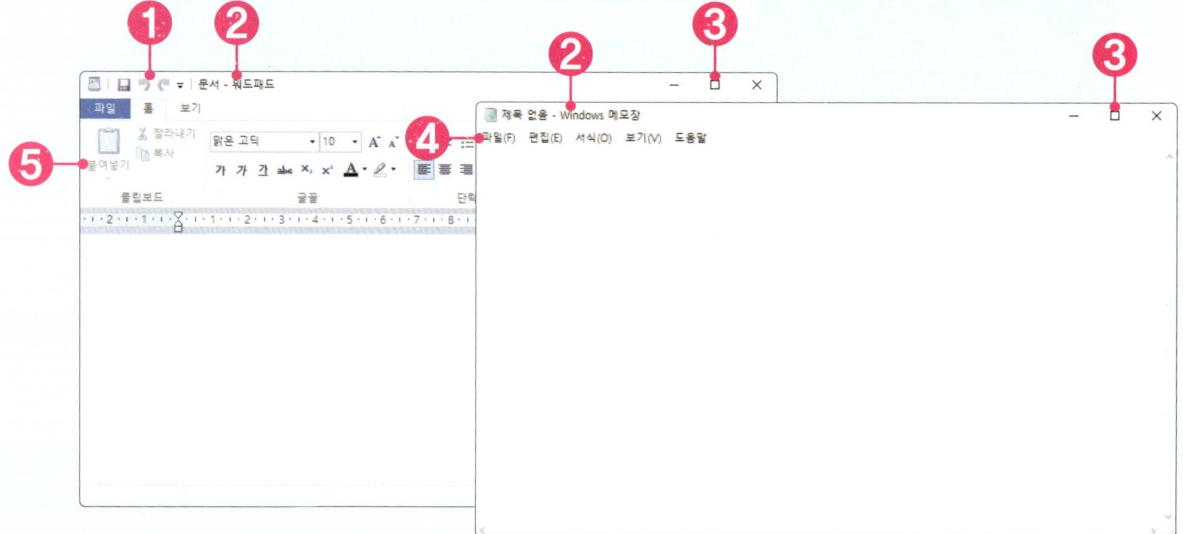

❶ **빠른 실행 도구 모음** : 자주 사용하는 기능을 빠르게 실행할 수 있는 도구 모음(창에서 제공하는 기능을 아이콘으로 만들어 놓은 것)입니다.
❷ **제목 표시줄** : 창의 이름이 표시되는 곳입니다.
❸ **창 조정 단추** : 창을 최소화하거나 최대화하는 등의 작업을 할 수 있습니다.
 • ─[최소화] : 창을 바탕 화면에는 표시하지 않고 작업 표시줄에만 단추로 표시합니다.
 • ☐[최대화] : 창을 바탕 화면의 크기로 조정합니다. 창을 최대화하면 ☐[최대화] 단추가 ☐[이전 크기로 복원] 단추로 변경됩니다.
 • ☐[이전 크기로 복원] : 창을 최대화 이전의 크기로 조정합니다. 창을 최대화 이전의 크기로 조정하면 ☐[이전 크기로 복원] 단추가 ☐[최대화] 단추로 변경됩니다.
 • ×[닫기] : 창을 닫습니다.
❹ **메뉴 모음** : 창에서 제공하는 기능을 서로 관련 있는 기능별로 구분하여 놓은 곳입니다.
❺ **리본 메뉴** : 메뉴 모음과 도구 모음이 하나로 통합된 메뉴로 [홈]과 [보기] 등의 탭으로 구성되어 있고 탭은 서로 관련 있는 기능별로 구분하여 놓은 그룹으로 구성되어 있습니다.

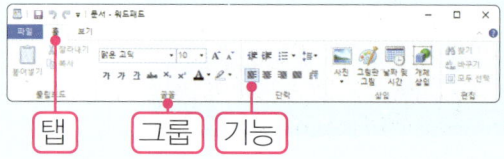

**3** [메모장] 창의 크기를 조정하기 위해 다음과 같이 **[메모장] 창의 오른쪽 아래 모서리를 드래그**합니다.

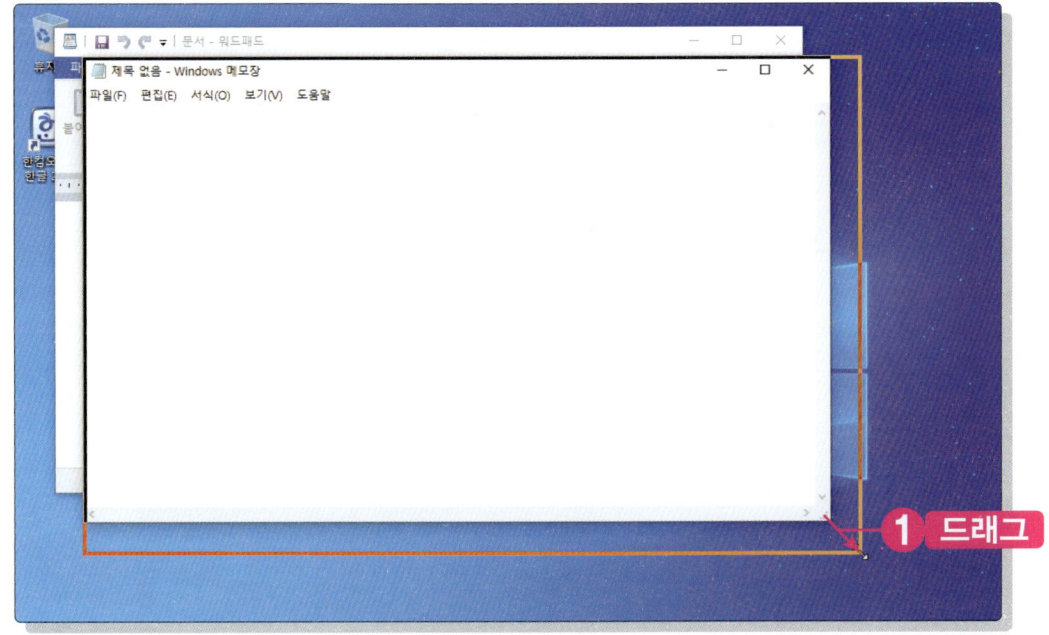

> **Tip**
> [메모장] 창의 오른쪽 아래 모서리로 마우스 포인터를 가져가서 마우스 포인터가 모양으로 변경되었을 때 바깥쪽으로 드래그합니다.

**4** [워드패드] 창을 활성화하기 위해 **[워드패드] 창을 클릭**합니다.

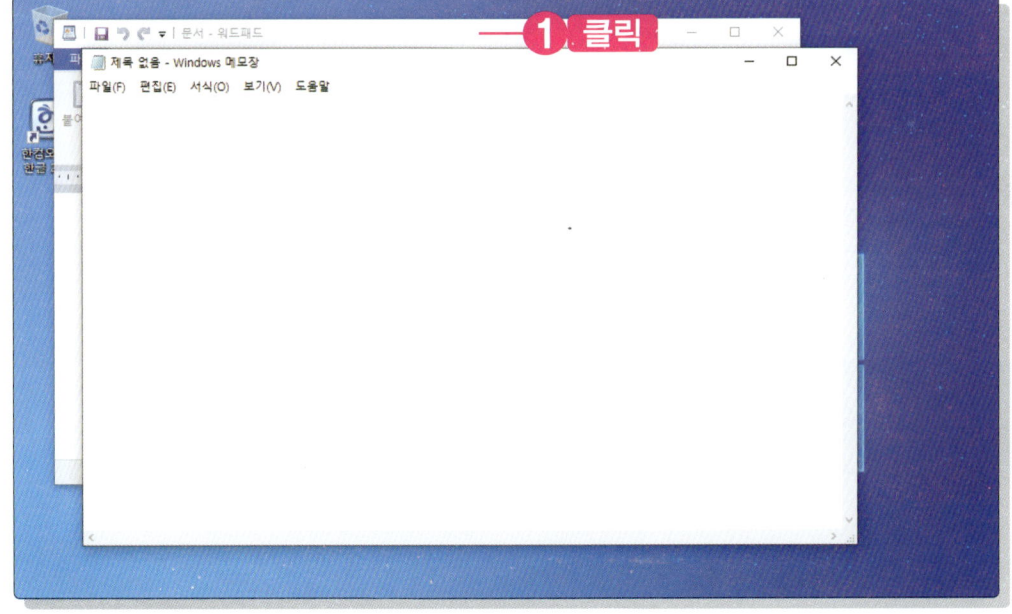

> **Tip**
> - 창 중에서 현재 선택되어 있는 창을 '활성 창'이라고 하고, 선택되어 있지 않은 창을 '비활성 창'이라고 하는데요. 활성 창은 바탕 화면에서 맨 앞에 표시됩니다.
> - 작업 표시줄에서 [워드패드] 단추를 클릭하여 [워드패드] 창을 활성화할 수도 있습니다.

**5** [워드패드] 창을 최소화하기 위해 −[최소화] 단추를 클릭합니다.

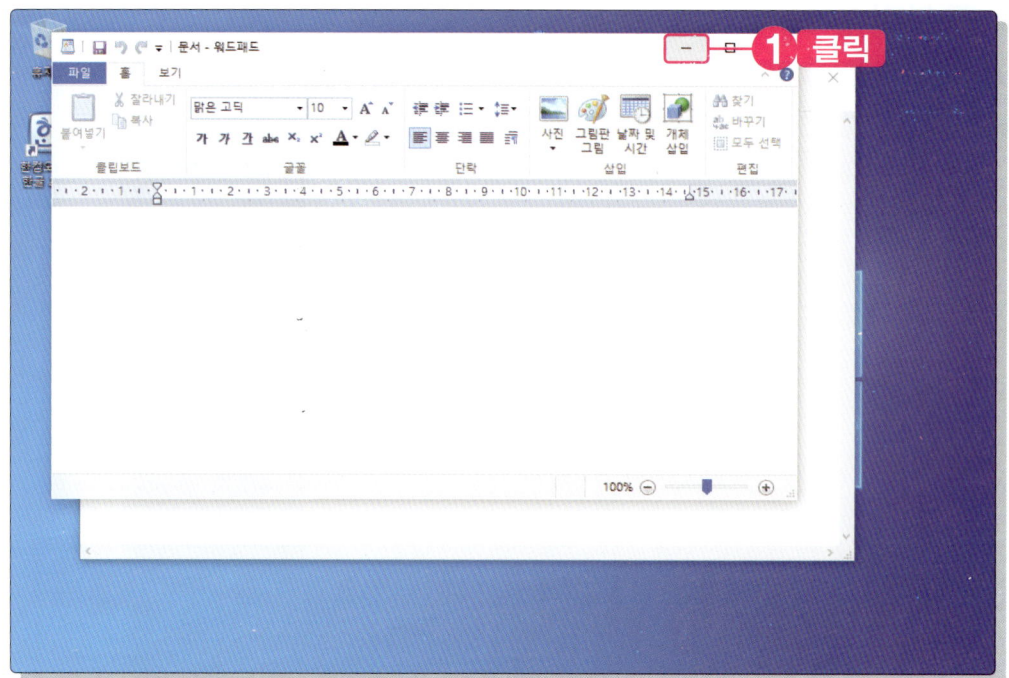

**6** [메모장] 창을 최대화하기 위해 □[최대화] 단추를 클릭합니다.

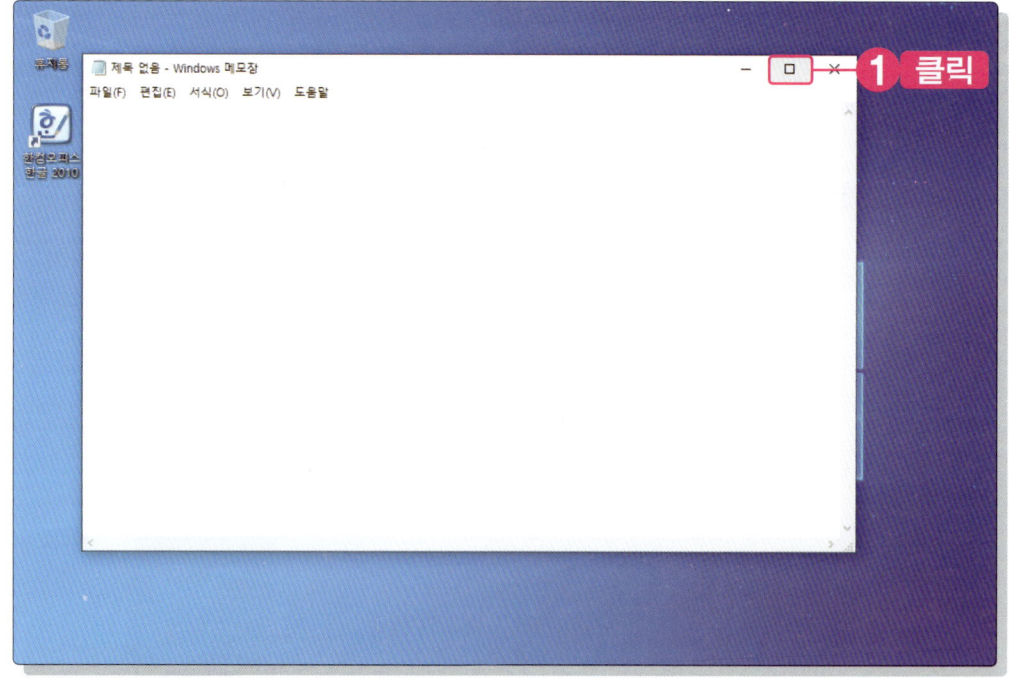

> Tip
> [메모장] 창의 제목 표시줄을 더블클릭하여 [메모장] 창을 최대화할 수도 있습니다.

**잠깐만요!**

**창 이동하기**
창의 제목 표시줄을 드래그하면 창을 이동할 수 있습니다.

**7** [메모장] 창을 최대화 이전의 크기로 조정하기 위해 [이전 크기로 복원] 단추를 클릭합니다.

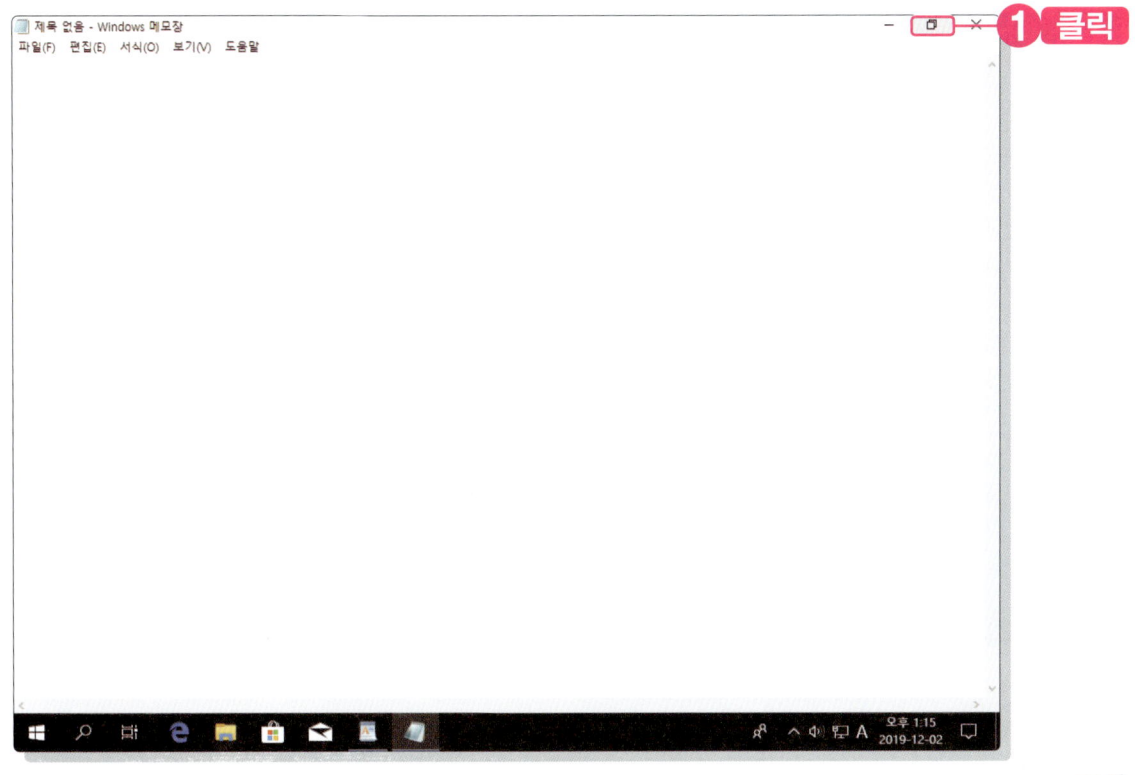

**Tip**
[메모장] 창의 제목 표시줄을 더블클릭하여 [메모장] 창을 최대화 이전의 크기로 조정할 수도 있습니다.

**8** [메모장] 창을 닫기 위해 [닫기] 단추를 클릭합니다.

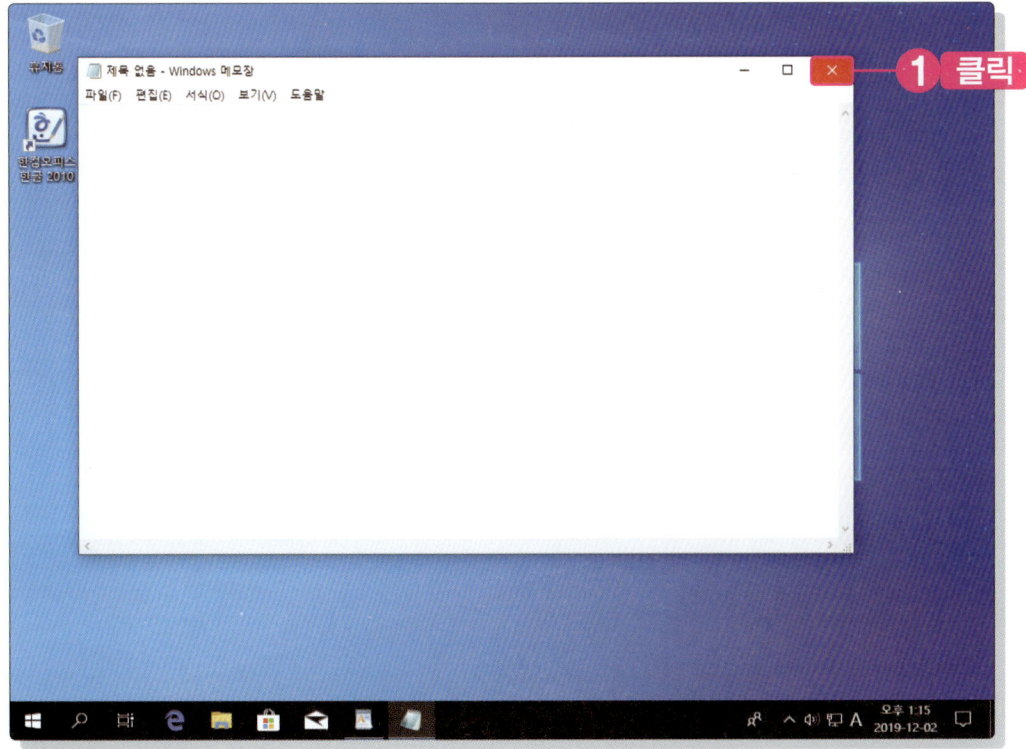

Chapter 03 – 시작 메뉴와 창 다루기

**9** [워드패드] 창을 닫기 위해 작업 표시줄에 있는 [워드패드] 단추의 **바로 가기 메뉴에서 [창 닫기]를 클릭**합니다.

**10** [워드패드] 창이 닫힙니다.

### 특정 창 이외의 모든 창을 한꺼번에 최소화하기

다음과 같이 특정 창을 흔들면(특정 창의 제목 표시줄을 좌우로 드래그) 특정 창 이외의 모든 창이 한꺼번에 최소화되고, 다시 특정 창을 흔들면 특정 창 이외의 모든 창이 한꺼번에 최소화 이전의 크기로 조정됩니다.

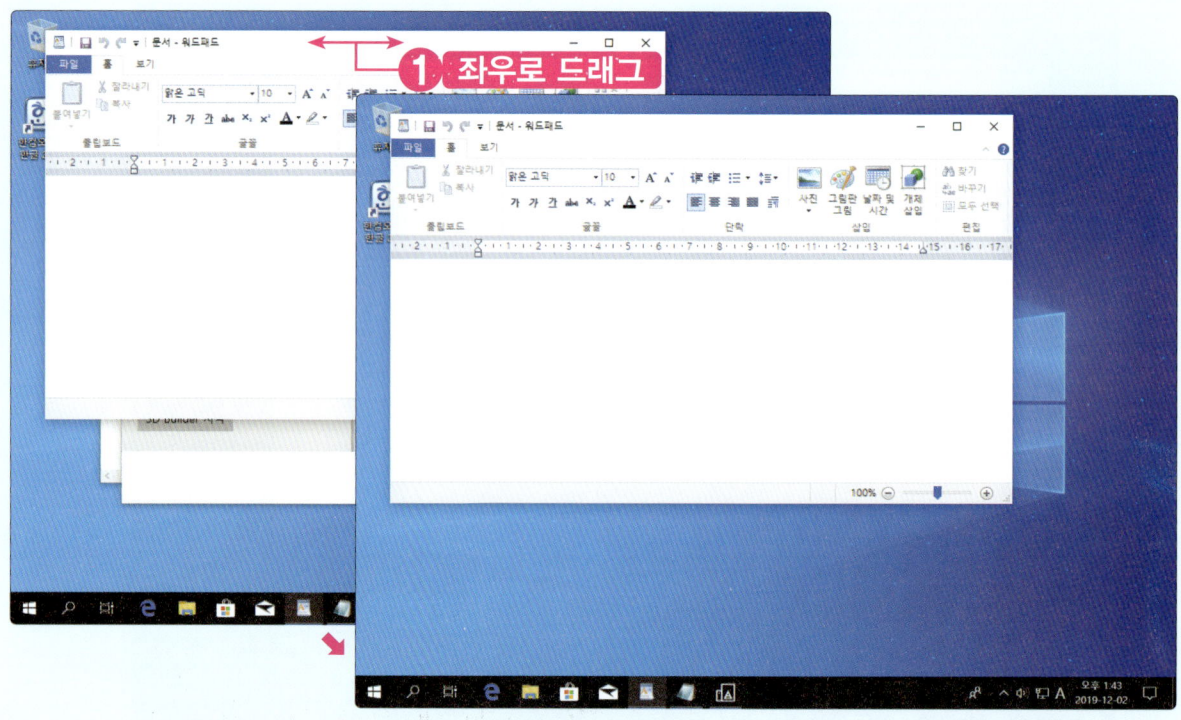

## 실전 연습 문제

**01** 다음과 같이 시작 화면에 제어판과 파일 탐색기를 고정한 후 그룹의 이름(시스템)을 입력해 보세요.

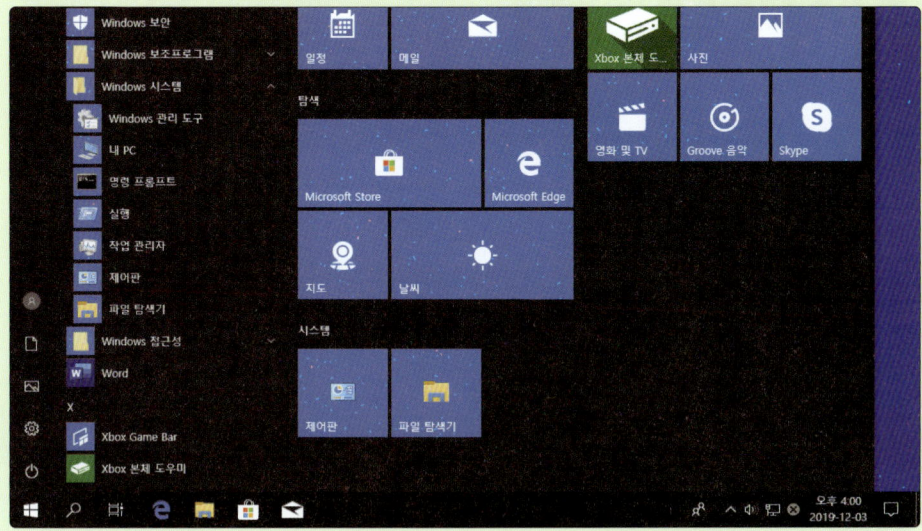

> **Hint**
> 시작 화면에 제어판과 파일 탐색기 고정하기 : ⊞[시작] 단추를 클릭한 후 앱 뷰에서 [Windows 시스템]을 클릭한 다음 [제어판]을 시작 화면으로 드래그하고 [파일 탐색기]를 시작 화면으로 드래그

**02** 시작 화면에서 제어판 타일과 파일 탐색기 타일을 제거해 보세요.

**03** 다음과 같이 워드패드를 실행한 후 [워드패드] 창을 최대화한 다음 [워드패드] 창을 닫아 보세요.

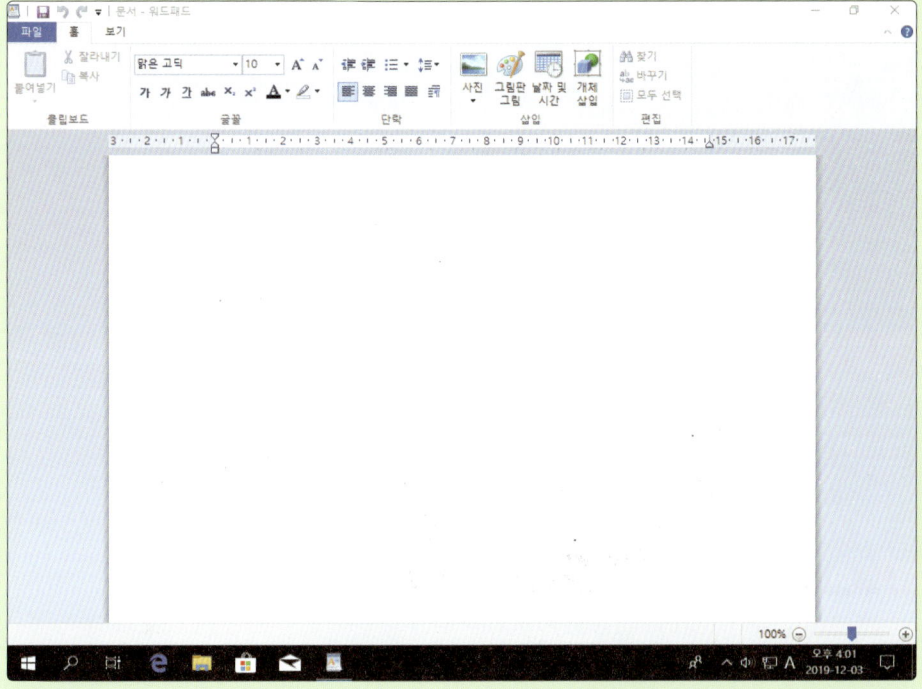

# Chapter 04 프로그램 바로 실행하기

바탕 화면에 프로그램 바로 가기 아이콘을 만들거나 작업 표시줄에 프로그램을 고정하면 시작 메뉴에서 프로그램을 찾지 않고 바로 실행할 수 있습니다. 그럼 프로그램을 바로 실행하는 방법에 대해 알아보겠습니다.

## Step 01 바탕 화면에 프로그램 바로 가기 아이콘 만들기

**1** [시작] 단추를 클릭한 후 앱 뷰에서 [Windows 보조프로그램]을 클릭한 다음 [워드패드]의 바로 가기 메뉴에서 [자세히]-[파일 위치 열기]를 클릭합니다.

**2** 파일 탐색기가 나타나면 **워드패드 바로 가기 아이콘의 바로 가기 메뉴에서 [보내기]-[바탕 화면에 바로 가기 만들기]를 클릭**합니다.

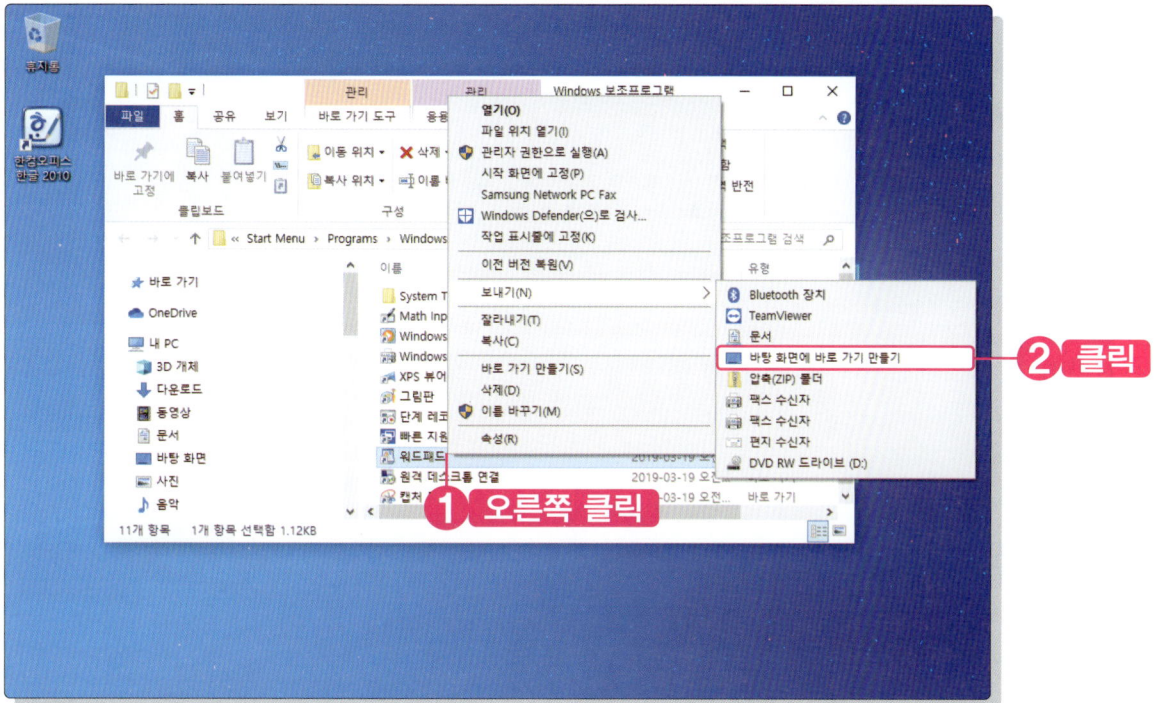

**3** 바탕 화면에 워드패드 바로 가기 아이콘( )이 만들어지면 바탕 화면에서 **워드패드 바로 가기 아이콘( )을 더블클릭**합니다.

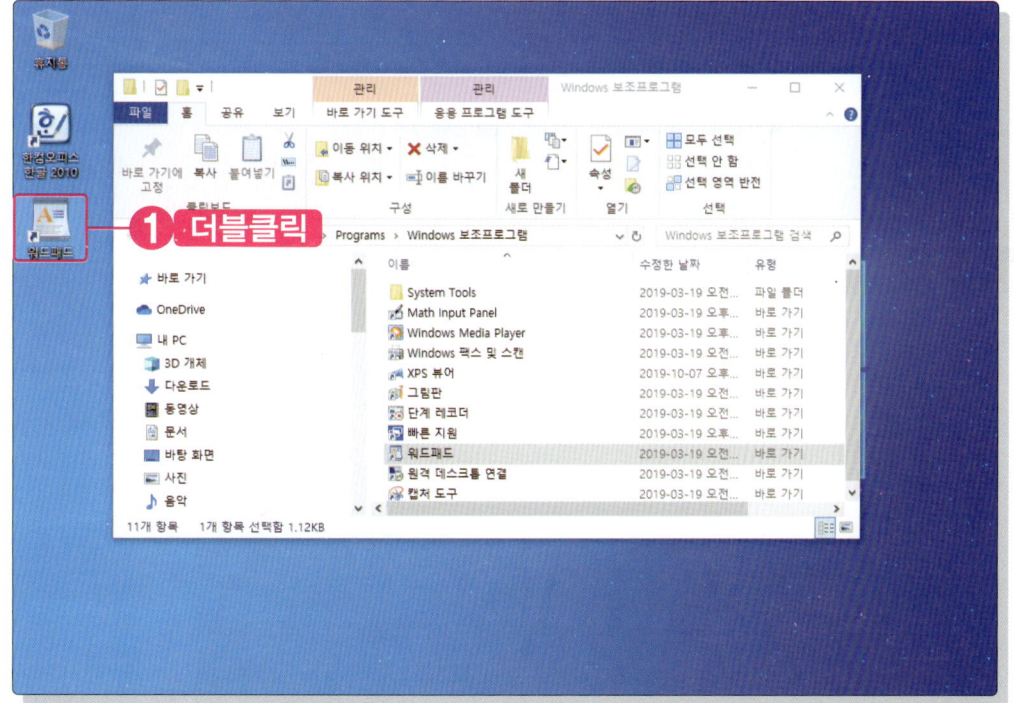

**Tip**
시작 메뉴에 있는 프로그램은 클릭하여 실행하고, 바탕 화면에 있는 프로그램은 더블클릭하여 실행합니다.

**4** 워드패드가 실행되면 워드패드를 종료하기 위해 ×[닫기] 단추를 클릭합니다.

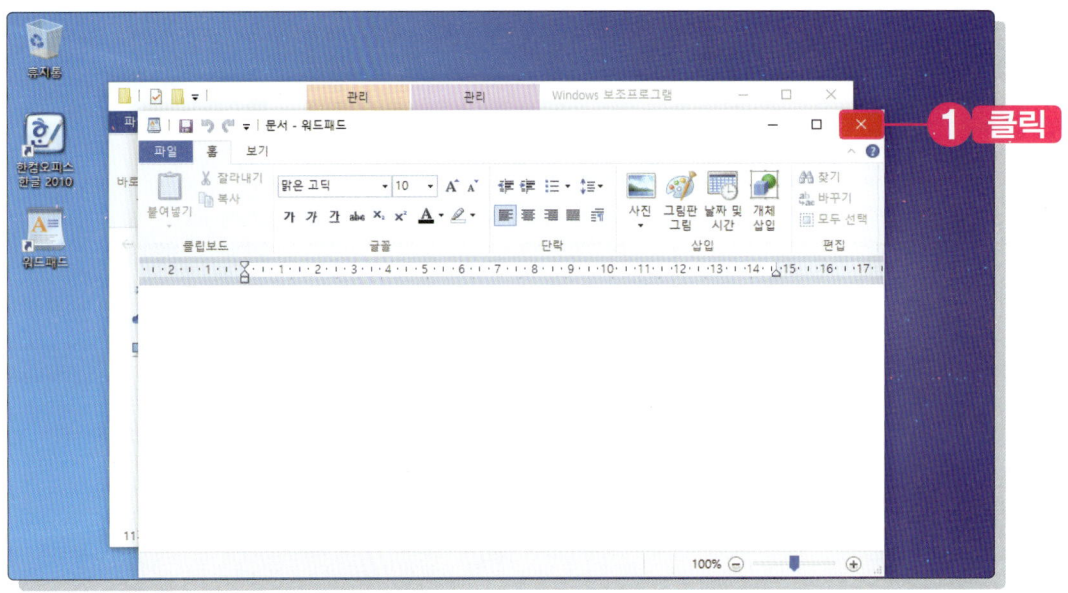

**5** 같은 방법으로 **파일 탐색기를 종료**합니다.

> Tip
> 바탕 화면에 있는 워드패드 바로 가기 아이콘()의 바로 가기 메뉴에서 [삭제]를 클릭하면 바탕 화면에서 워드패드 바로 가기 아이콘(  )을 삭제할 수 있습니다.

### 잠깐만요!

**Windows 검색을 사용하여 프로그램 바로 실행하기**

다음과 같이 🔍[Windows 검색]을 클릭한 후 프로그램의 이름을 입력한 다음 검색 결과에서 프로그램을 클릭하면 프로그램을 바로 실행할 수 있습니다.

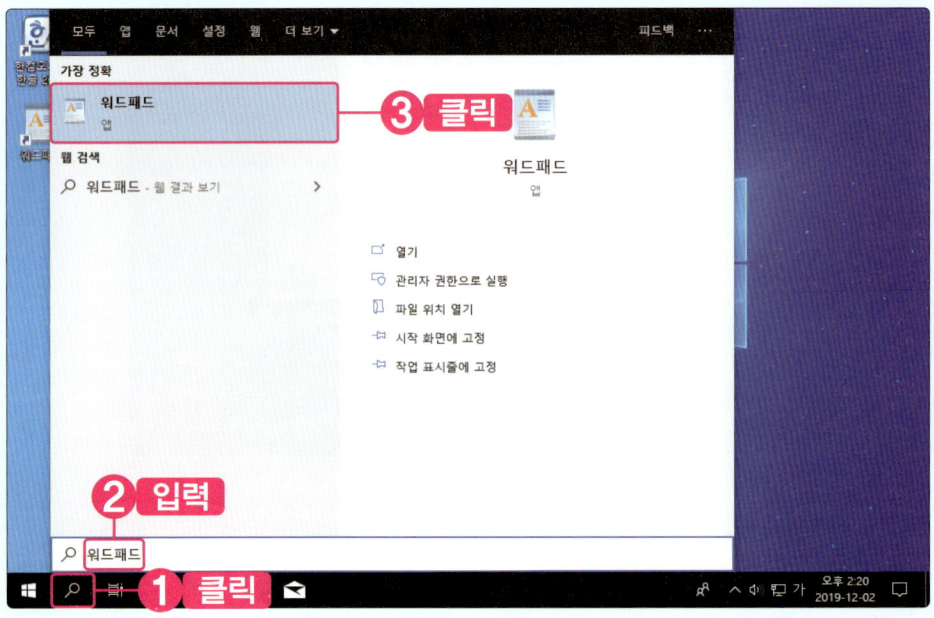

## Step 02 작업 표시줄에 프로그램 고정하기

1. [시작] 단추를 클릭한 후 앱 뷰에서 [Windows 보조프로그램]을 클릭한 다음 [캡처 도구]의 바로 가기 메뉴에서 [자세히]-[작업 표시줄에 고정]을 클릭합니다.

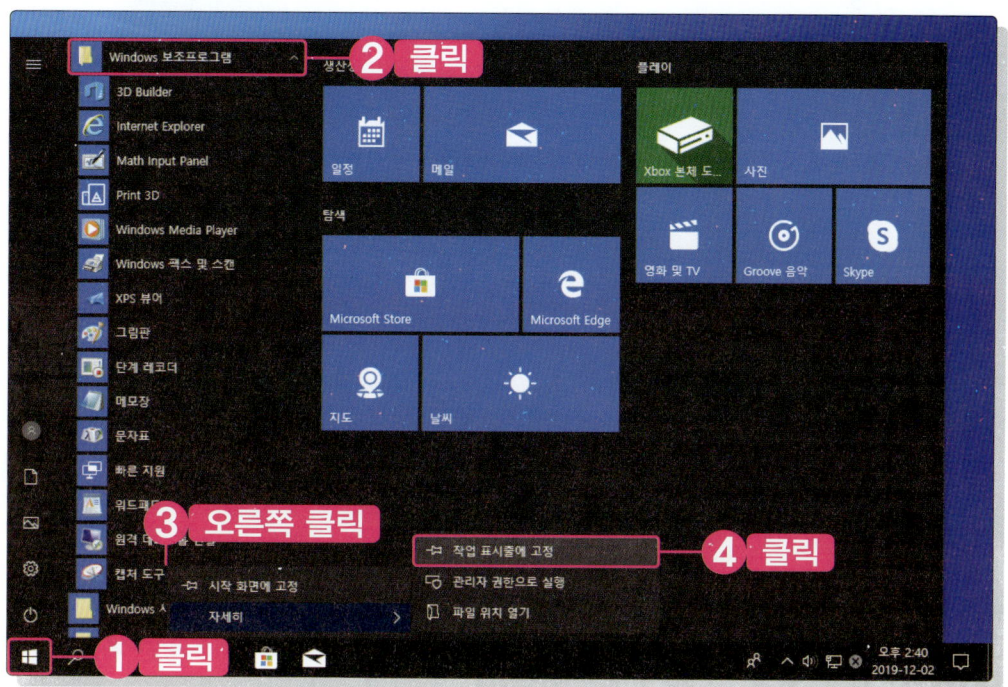

### 작업 표시줄에 프로그램 고정하기
다음과 같이 프로그램을 작업 표시줄로 드래그하여 작업 표시줄에 프로그램을 고정할 수도 있습니다.

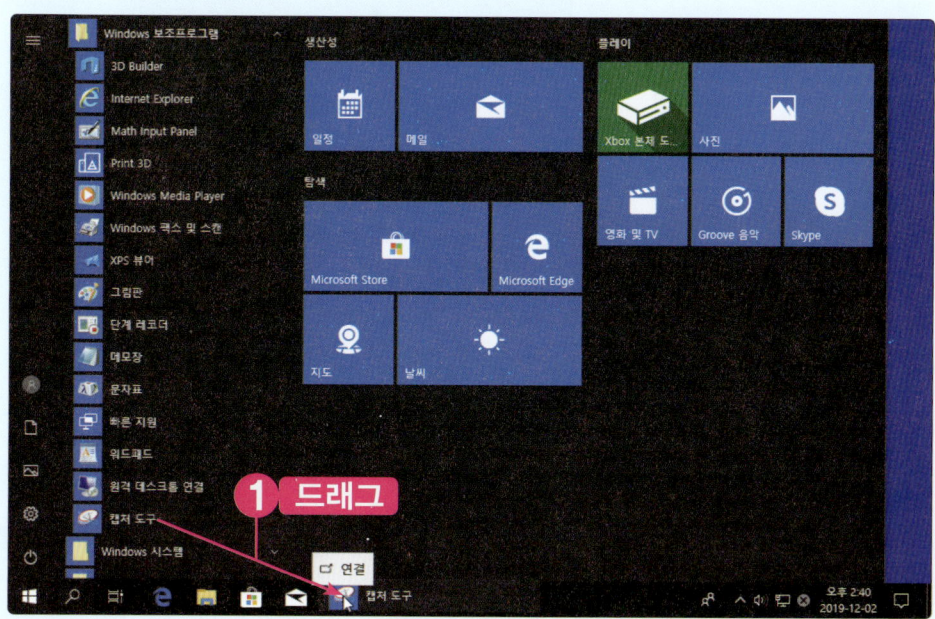

**2** 작업 표시줄에 캡처 도구가 고정되면 작업 표시줄에서 [캡처 도구] 단추를 클릭합니다.

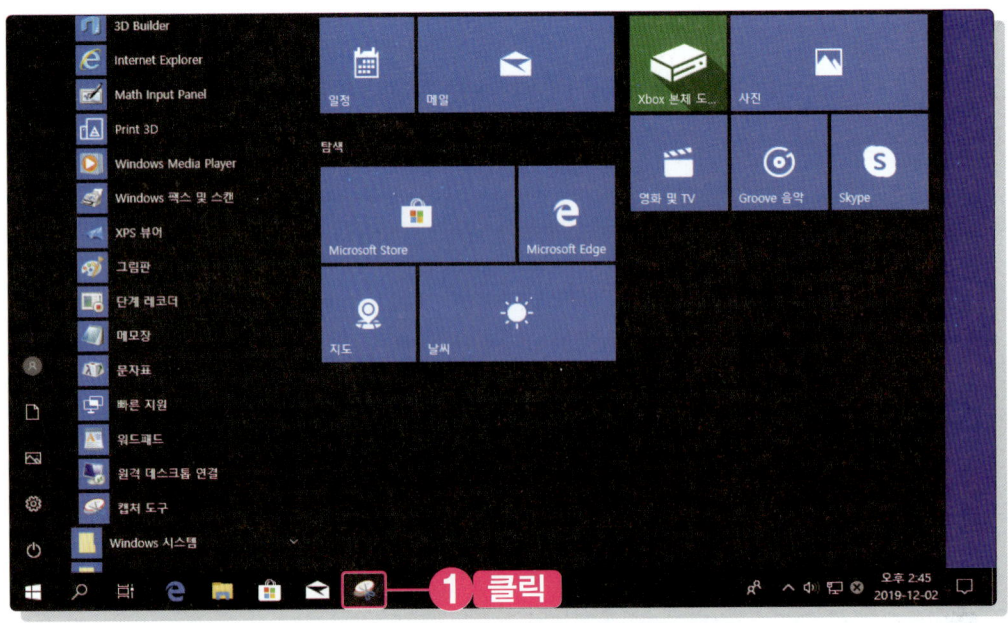

> **Tip**
> 작업 표시줄에 고정된 프로그램은 클릭하여 실행합니다.

**3** 캡처 도구가 실행되면 캡처 도구를 종료하기 위해 ×[닫기] 단추를 클릭합니다.

**4** 캡처 도구가 종료됩니다.

> **Tip**
> 작업 표시줄에 있는 [캡처 도구] 단추의 바로 가기 메뉴에서 [작업 표시줄에서 제거]를 클릭하면 작업 표시줄에서 [캡처 도구] 단추를 제거할 수 있습니다.

## 실전 연습 문제

**01** 다음과 같이 바탕 화면에 문자표 바로 가기 아이콘( )을 만든 후 바탕 화면에서 문자표 바로 가기 아이콘( )을 더블클릭하여 문자표를 실행한 다음 문자표와 파일 탐색기를 종료해 보세요.

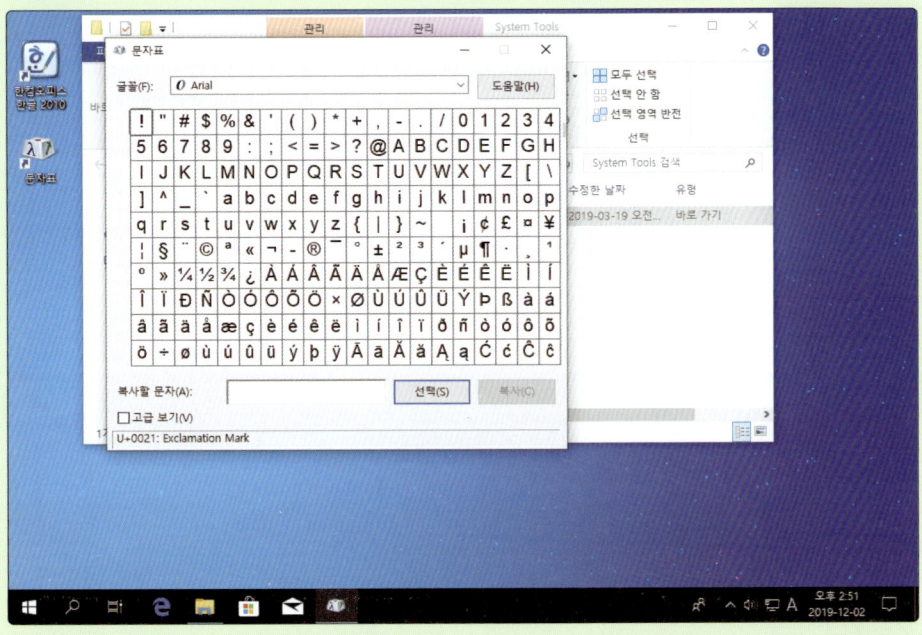

**02** 다음과 같이 작업 표시줄에 메모장을 고정한 후 작업 표시줄에서 [메모장] 단추를 클릭하여 메모장을 실행한 다음 메모장을 종료해 보세요.

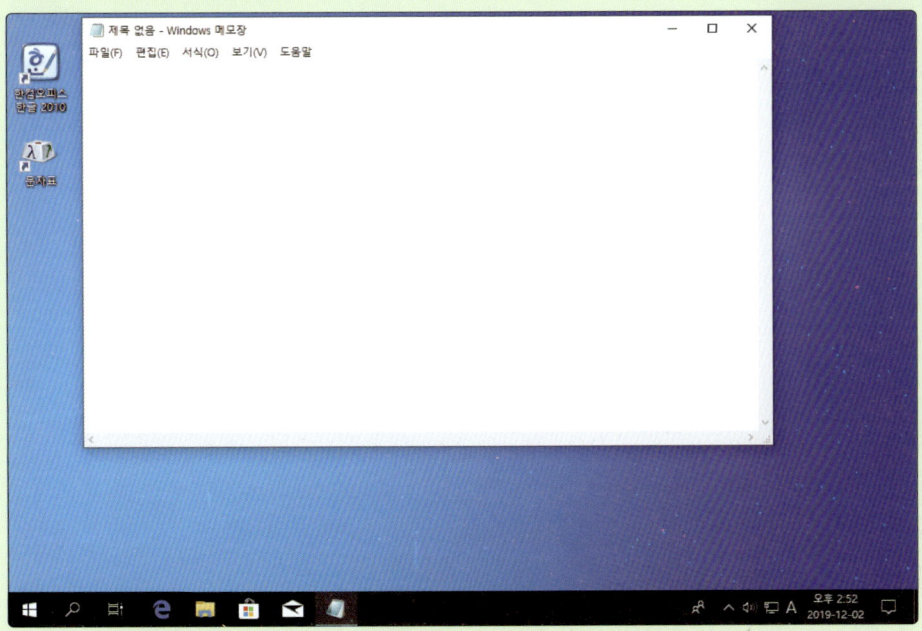

**03** 바탕 화면에서 문자표 바로 가기 아이콘( )을 삭제한 후 작업 표시줄에서 [메모장] 단추를 제거해 보세요.

Windows 10 기본

# Chapter 05 개인 설정하기

개인 설정은 바탕 화면 배경, 잠금 화면 배경, 화면 보호기 등을 사용자의 스타일에 맞게 설정할 수 있는 기능인데요. 개인 설정은 엔터테인먼트나 보안을 위해 하는 경우가 많습니다. 그럼 개인 설정을 하는 방법에 대해 알아보겠습니다.

## Step 01 바탕 화면 배경 설정하기

**1** 바탕 화면의 바로 가기 메뉴에서 [개인 설정]을 클릭합니다.

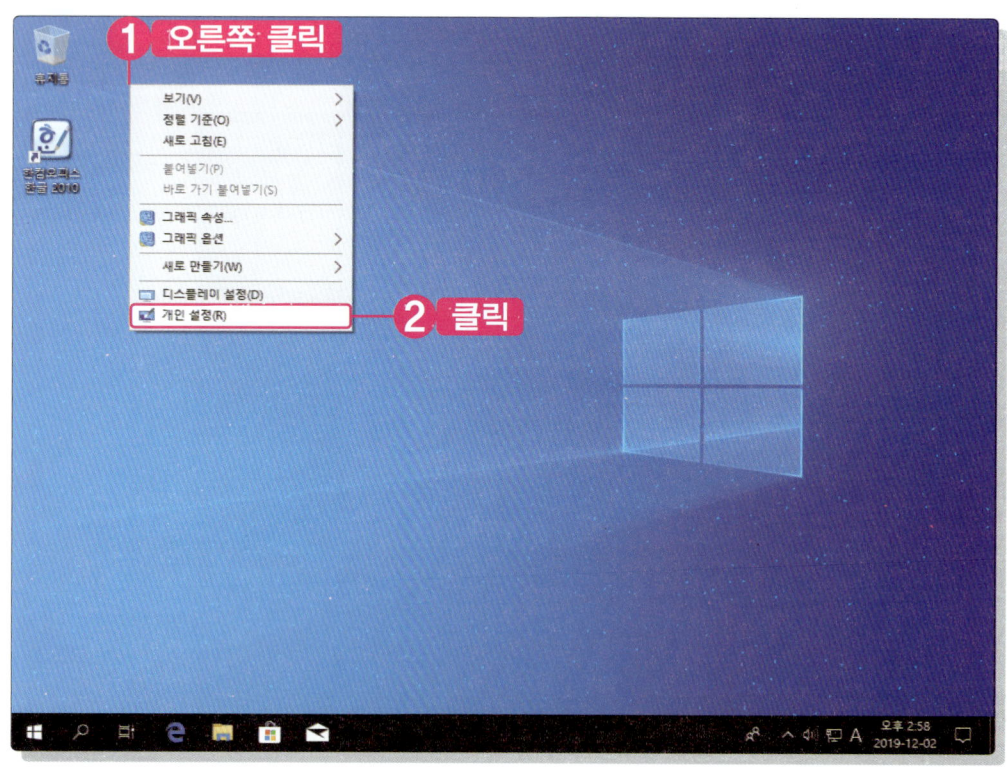

**2** [개인 설정] 창이 나타나면 [배경]에서 **배경(사진)을 선택**한 후 **사용자 사진(📷)을 선택**한 다음 [개인 설정] 창을 닫기 위해 ⊠[**닫기**] **단추를 클릭**합니다.

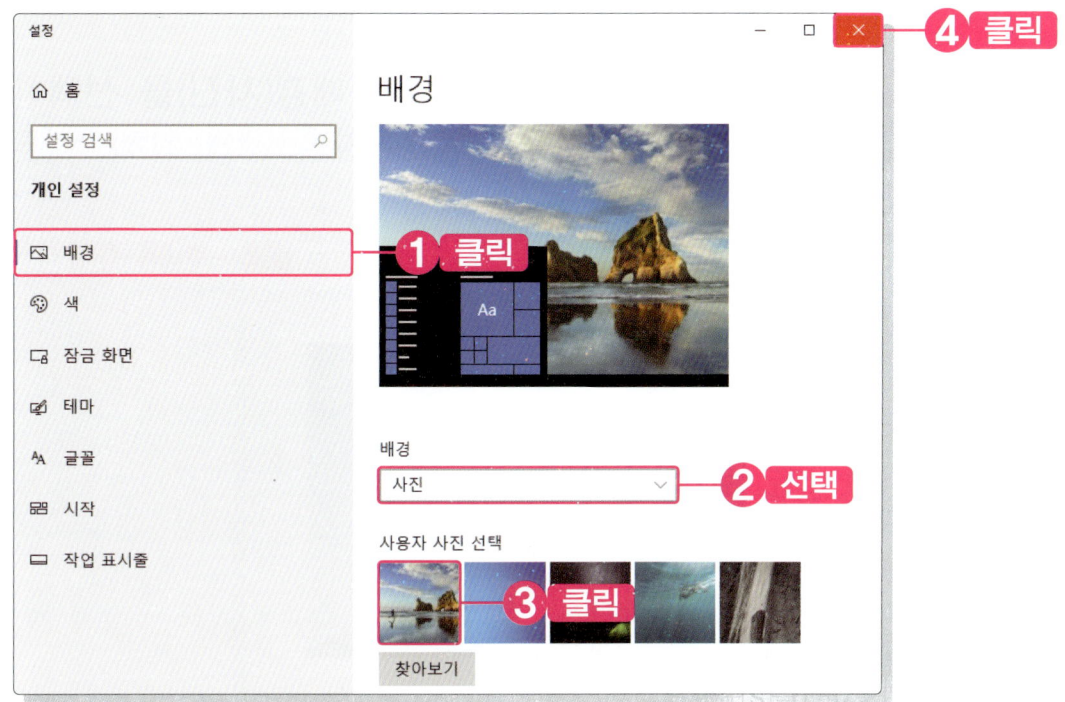

> **Tip**
> [찾아보기] 단추를 클릭하면 컴퓨터에 저장되어 있는 사진을 바탕 화면 배경으로 설정할 수 있습니다.

**3** 다음과 같이 바탕 화면 배경이 설정된 것을 확인할 수 있습니다.

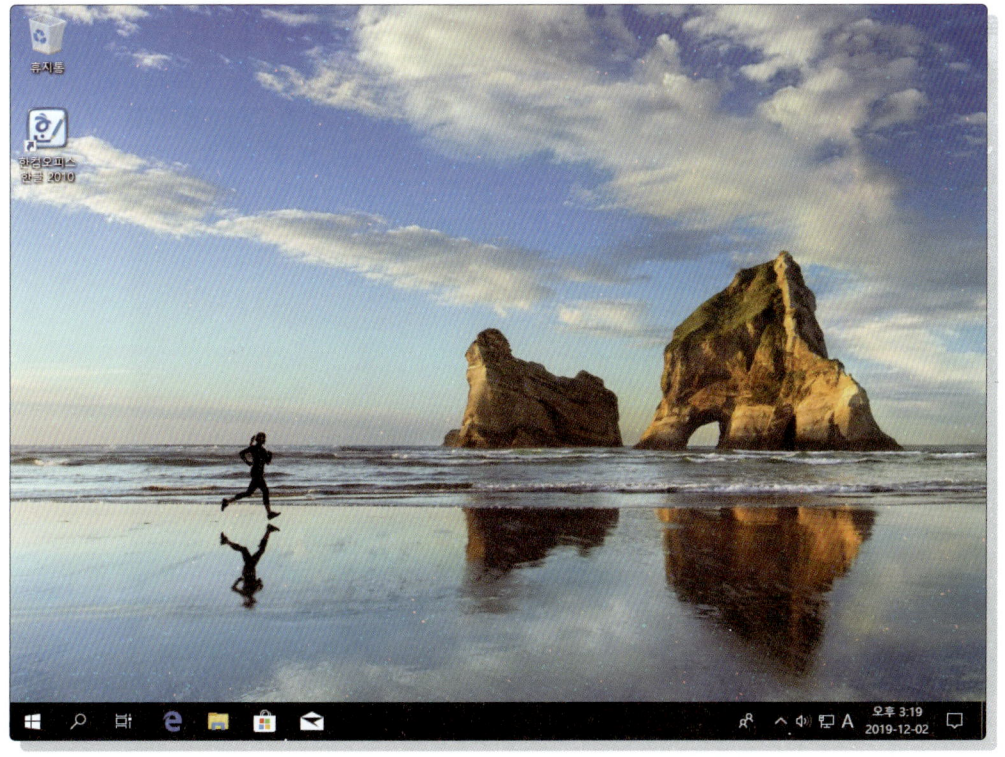

## Step 02 잠금 화면 배경 설정하기

**1** 바탕 화면의 바로 가기 메뉴에서 [개인 설정]을 클릭합니다.

**2** [개인 설정] 창이 나타나면 [잠금 화면]에서 **배경(사진)을 선택**한 후 **사용자 사진(　)을 선택**한 다음 [개인 설정] 창을 닫기 위해 ×[닫기] 단추를 클릭합니다.

**3** 잠금 화면 배경이 설정된 것을 확인하기 위해 ⊞[시작] 단추를 클릭한 후 [계정]을 클릭한 다음 [잠금]을 클릭합니다.

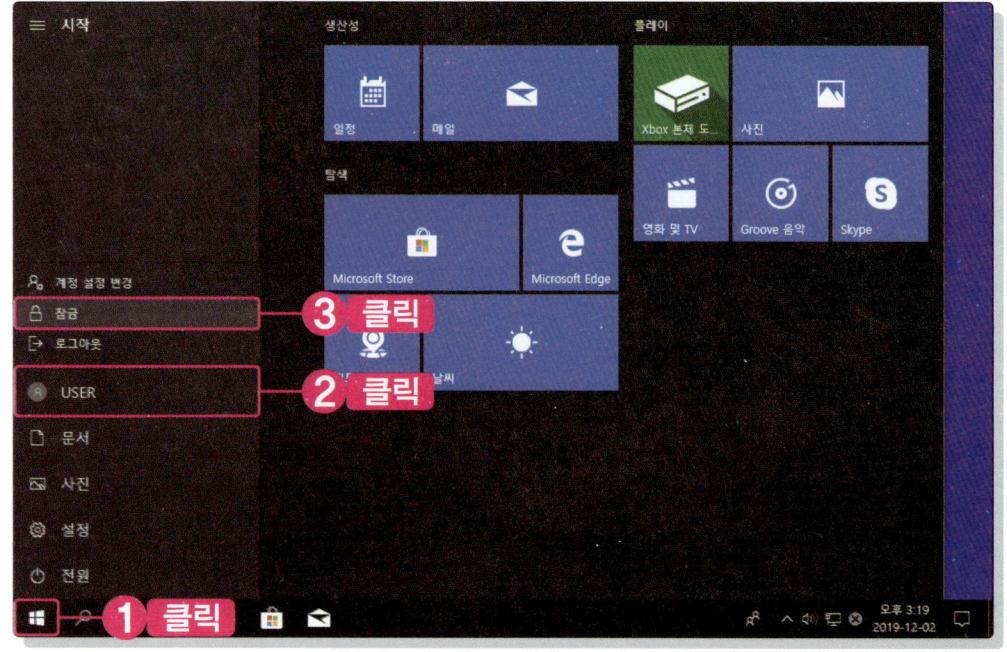

**4** 다음과 같이 잠금 화면 배경이 설정된 것을 확인할 수 있습니다. 잠금을 해제하기 위해 **잠금 화면을 클릭**합니다.

**5** 로그인 화면이 나타나면 [로그인] 단추를 **클릭**합니다.

**6** 로그인되어 바탕 화면이 나타납니다.

### 바탕 화면 아이콘을 큰 아이콘으로 변경하기

다음과 같이 바탕 화면의 바로 가기 메뉴에서 [보기]–[큰 아이콘]을 클릭하면 바탕 화면 아이콘이 보기 쉽게 큰 아이콘으로 변경됩니다.

 →

## Step 03 화면 보호기 설정하기

**1** 바탕 화면의 바로 가기 메뉴에서 [개인 설정]을 클릭합니다.

**2** [개인 설정] 창이 나타나면 [잠금 화면]에서 **[화면 보호기 설정]을 클릭**합니다.

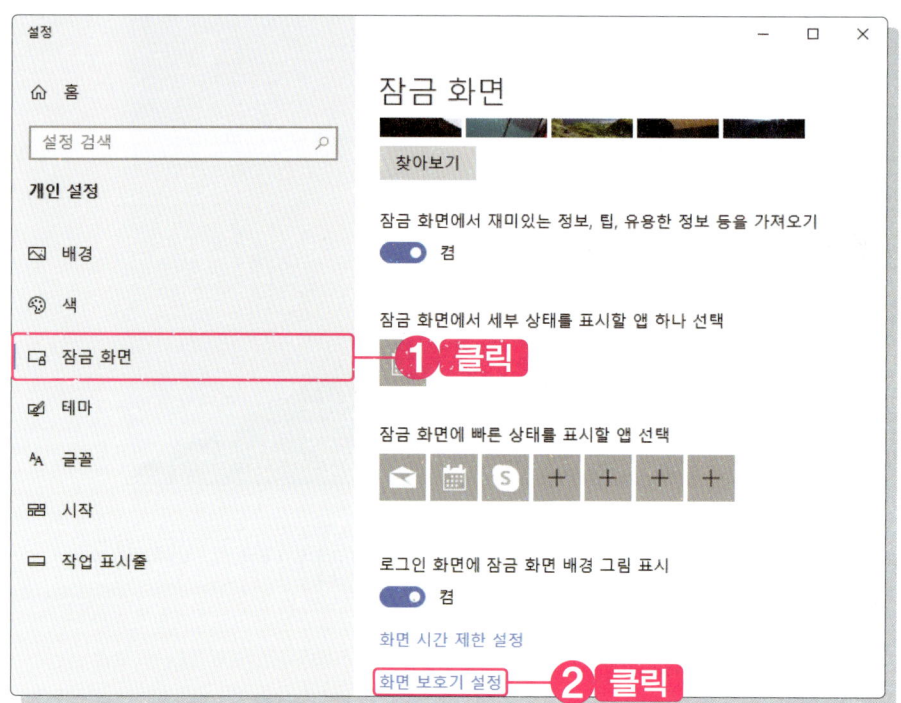

**3** [화면 보호기 설정] 대화상자가 나타나면 **화면 보호기(비눗방울)를 선택**한 후 **대기(2)를 입력**한 다음 [확인] 단추를 클릭합니다.

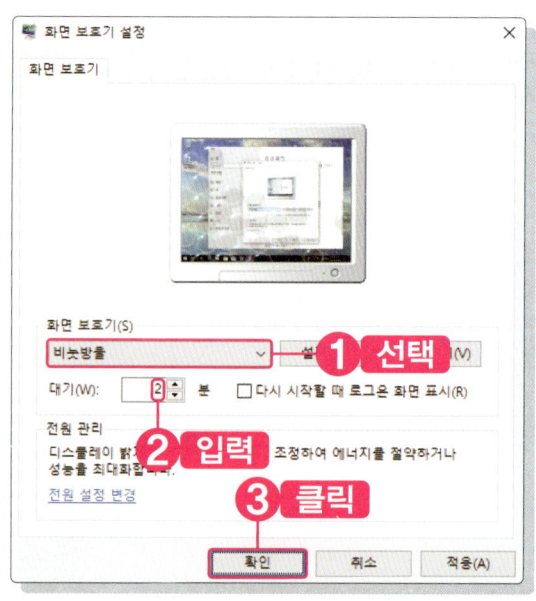

> **Tip**
> [확인] 단추를 클릭하면 사용자가 설정한 내용을 적용하고 대화상자를 닫지만 [취소] 단추를 클릭하면 사용자가 설정한 내용을 적용하지 않고 대화상자를 닫습니다. 그리고 [적용] 단추를 클릭하면 사용자가 설정한 내용은 적용하지만 대화상자는 닫지 않습니다.

**4** [개인 설정] 창이 다시 나타나면 [개인 설정] 창을 닫기 위해 ×[닫기] 단추를 클릭합니다.

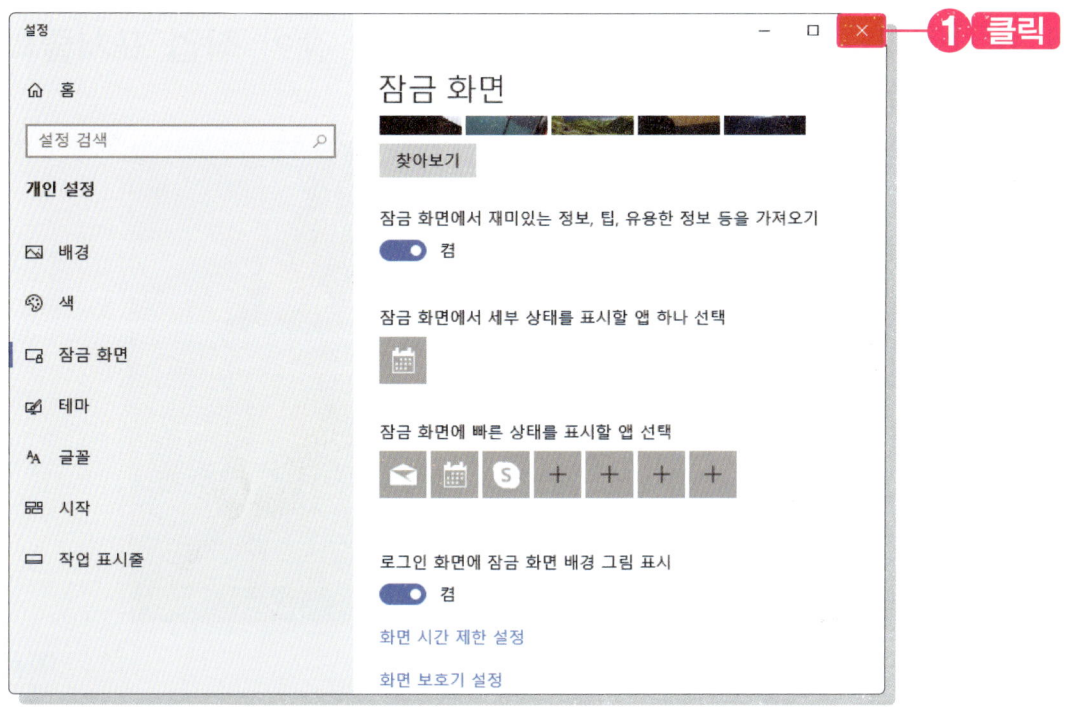

**5** 지정한 시간(여기서는 2분) 동안 컴퓨터를 사용하지 않습니다. 그러면 다음과 같이 화면 보호기가 실행되는 것을 확인할 수 있습니다.

## Step 04 작업 표시줄 다루기

**1** 작업 표시줄의 크기를 조정하기 위해 다음과 같이 **작업 표시줄의 경계선을 드래그**합니다.

> **Tip**
> 작업 표시줄의 경계선으로 마우스 포인터를 가져가서 마우스 포인터가 ↕ 모양으로 변경되었을 때 위쪽으로 드래그합니다.

### 잠깐만요!

**작업 표시줄의 크기를 조정할 수 없는 경우**
다음과 같이 작업 표시줄의 바로 가기 메뉴에서 [작업 표시줄 잠금]을 선택 해제하면 작업 표시줄의 크기를 조정할 수 있습니다.

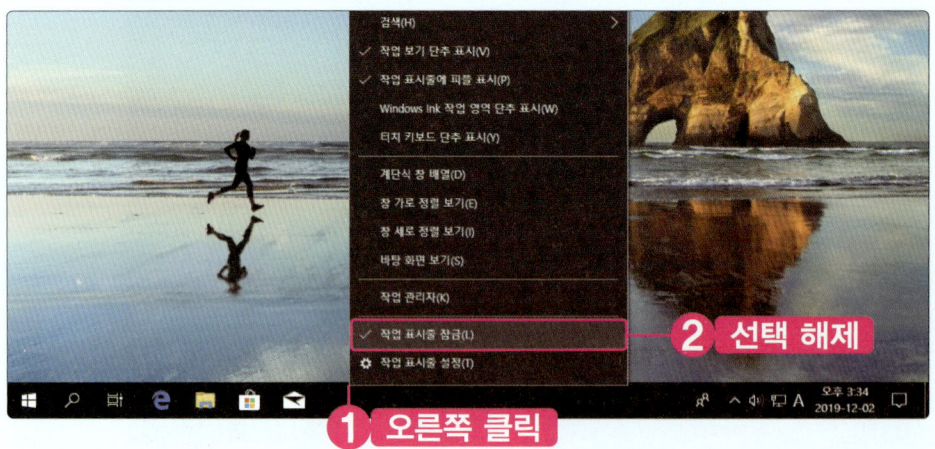

**2** 같은 방법으로 **작업 표시줄의 크기를 원래의 크기로 조정**합니다.

**3** 작업 표시줄을 설정하기 위해 **바탕 화면의 바로 가기 메뉴에서 [개인 설정]을 클릭**합니다.

4 [개인 설정] 창이 나타나면 [작업 표시줄]에서 **데스크톱 모드에서 작업 표시줄 자동 숨기기(켬)와 작은 작업 표시줄 단추 사용(켬)을 지정**한 후 [개인 설정] 창을 닫기 위해 ×**[닫기] 단추를 클릭**합니다.

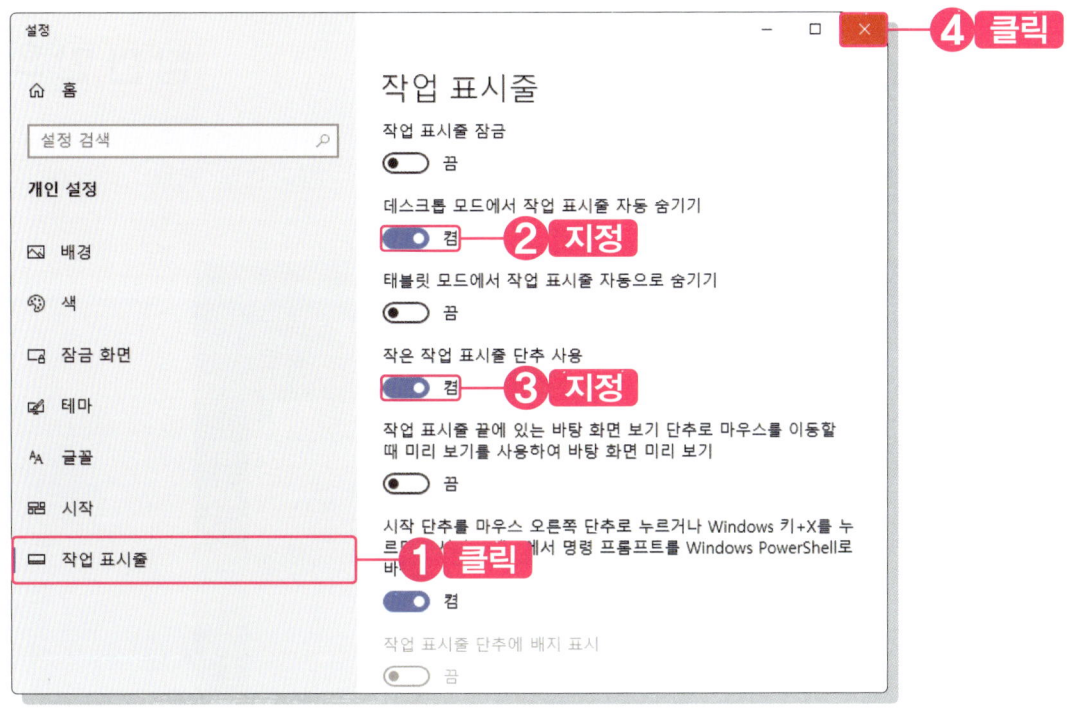

**Tip**
[켬/끔]의 오른쪽을 클릭하거나 ●를 오른쪽으로 드래그하면 켤 수 있고, [켬/끔]의 왼쪽을 클릭하거나 ○를 왼쪽으로 드래그하면 끌 수 있습니다.

5 **작업 표시줄로 마우스 포인터를 가져갑니다.** 그러면 다음과 같이 작업 표시줄이 표시되고 작업 표시줄에 있는 단추 아이콘이 작은 아이콘으로 표시된 것을 확인할 수 있습니다.

**Tip**
작업 표시줄로 마우스 포인터를 가져가지 않으면 작업 표시줄이 자동으로 숨겨집니다.

**6** 같은 방법으로 [개인 설정] 창의 [작업 표시줄]에서 **데스크톱 모드에서 작업 표시줄 자동 숨기기(끔)와 작은 작업 표시줄 단추 사용(끔)을 지정**합니다.

잠깐만요!

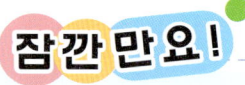

### 작업 보기

다음과 같이 작업 표시줄에서 [작업 보기]를 클릭하면 실행된 모든 프로그램이 한눈에 확인할 수 있게 축소된 이미지로 표시됩니다.

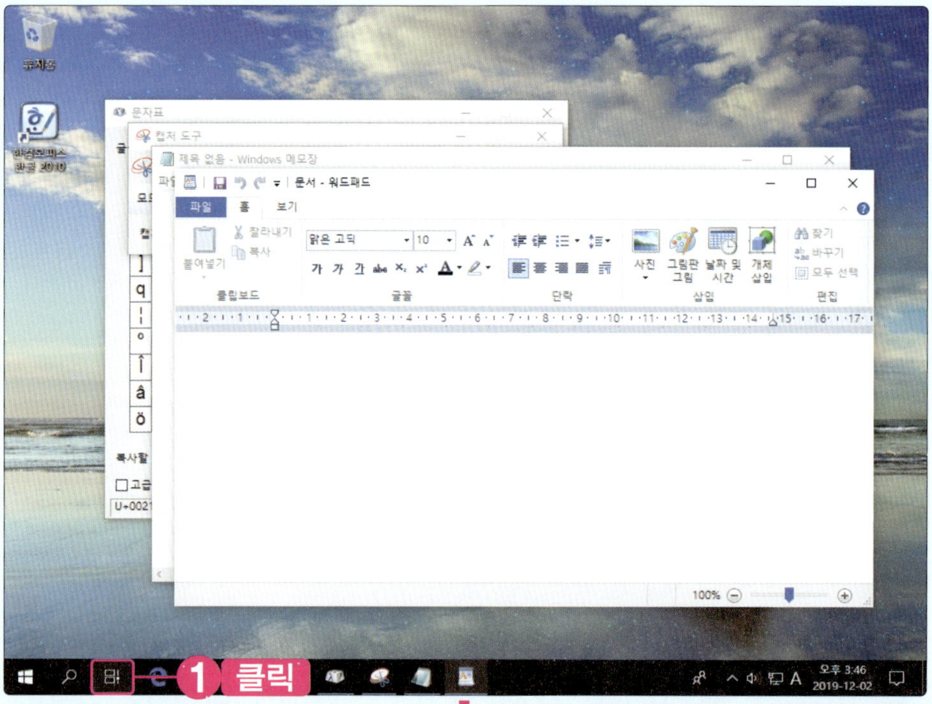


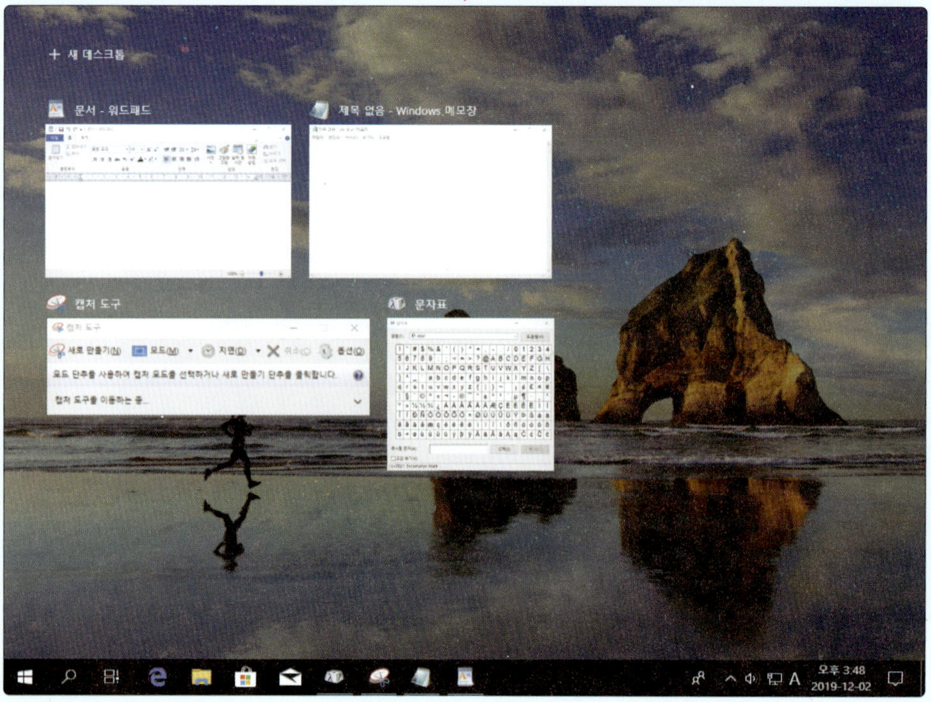

## 실전 연습 문제

**01** 다음과 같이 바탕 화면 배경을 설정해 보세요.
- 바탕 화면 배경 설정 : 배경(사진), 사용자 사진 선택()

**02** 다음과 같이 화면 보호기를 설정해 보세요.
- 화면 보호기 설정 : 화면 보호기(리본), 대기(1분)

# 파일과 폴더 다루기

Chapter 06

문서를 작성하거나 이미지를 편집하는 등 컴퓨터로 작업한 내용은 저장할 수 있는데요. 파일은 저장된 문서나 이미지 등을 말하고, 폴더는 파일이 저장된 공간을 말합니다. 그럼 파일과 폴더를 다루는 방법에 대해 알아보겠습니다.

## Step 01 새 폴더 만들기

**1** 파일 탐색기를 실행하기 위해 ⊞[시작] 단추를 클릭한 후 앱 뷰에서 [Windows 시스템]을 클릭한 다음 [파일 탐색기]를 클릭합니다.

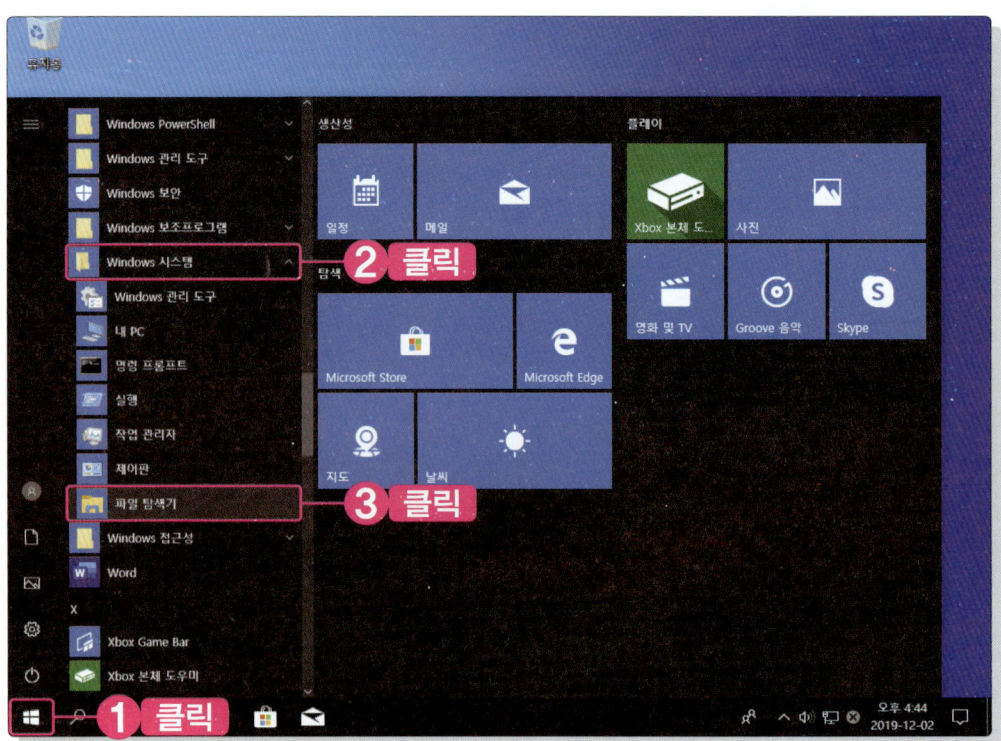

> **Tip**
> 작업 표시줄에서 📁[파일 탐색기]를 클릭하여 파일 탐색기를 실행할 수도 있습니다.

**2** 새 폴더를 만들기 위해 탐색 창에서 '사진' 폴더를 선택한 후 [홈] 탭을 클릭한 다음 [새로 만들기] 그룹에서 [새 폴더]를 클릭합니다.

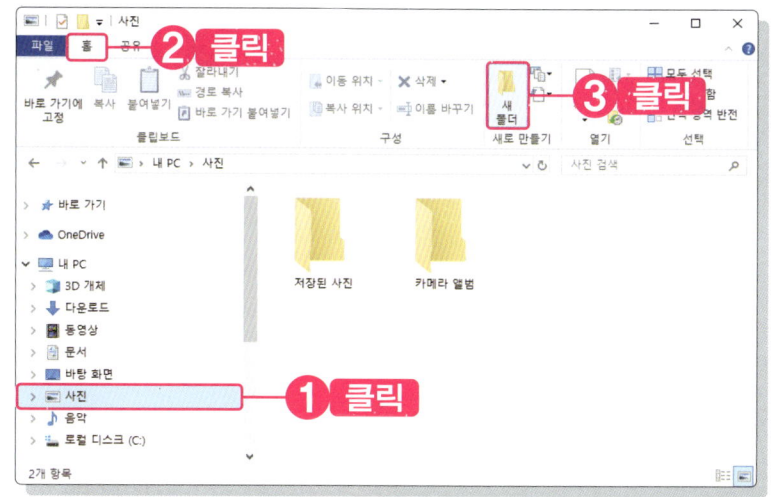

> **Tip**
> - 탐색 창에서 '사진' 폴더를 더블클릭하면 '사진' 폴더 앞의 > 표시가 ˅ 표시로 변경되면서 '저장된 사진' 폴더와 '카메라 앨범' 폴더가 나타나는데요. 폴더 앞의 > 표시는 하위 폴더가 있지만 표시되어 있지 않다는 의미이고, ˅ 표시는 하위 폴더가 표시되어 있다는 의미입니다.
> - 폴더의 경로(폴더의 위치를 자세히 열거한 것)를 표기할 때는 '사진\내 사진'과 같이 역슬래시(\)를 사용하여 표기합니다.

### 잠깐만요!

### 파일 탐색기의 구성
파일 탐색기는 다음과 같이 리본 메뉴와 주소 표시줄 등으로 구성되어 있습니다.

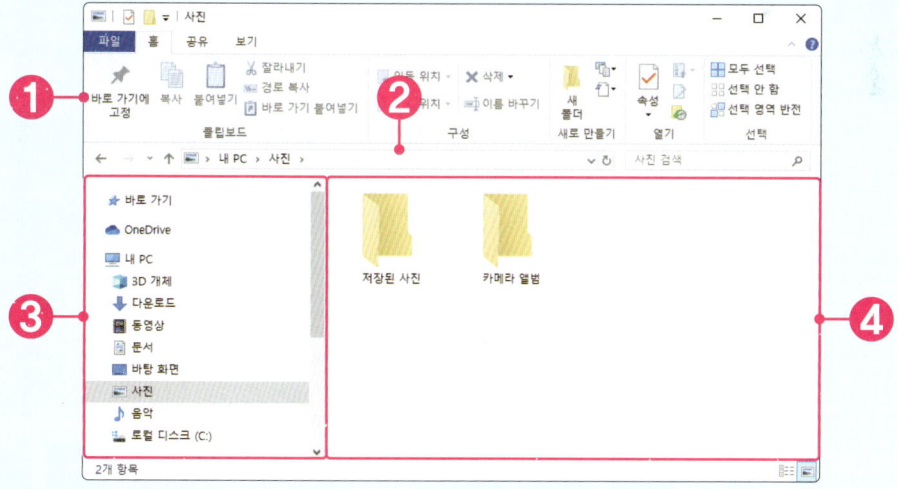

❶ **리본 메뉴** : 메뉴 모음과 도구 모음이 하나로 통합된 메뉴입니다.
❷ **주소 표시줄** : 선택된 폴더의 경로와 이름이 표시되는 곳입니다.
❸ **탐색 창** : 폴더가 표시되는 곳입니다.
❹ **내용 창** : 탐색 창에서 선택한 폴더의 내용(파일이나 폴더)이 표시되는 곳입니다.

**3** 새 폴더가 만들어지면 **새 폴더의 이름(내 사진)을 입력**한 후 Enter 를 누릅니다.

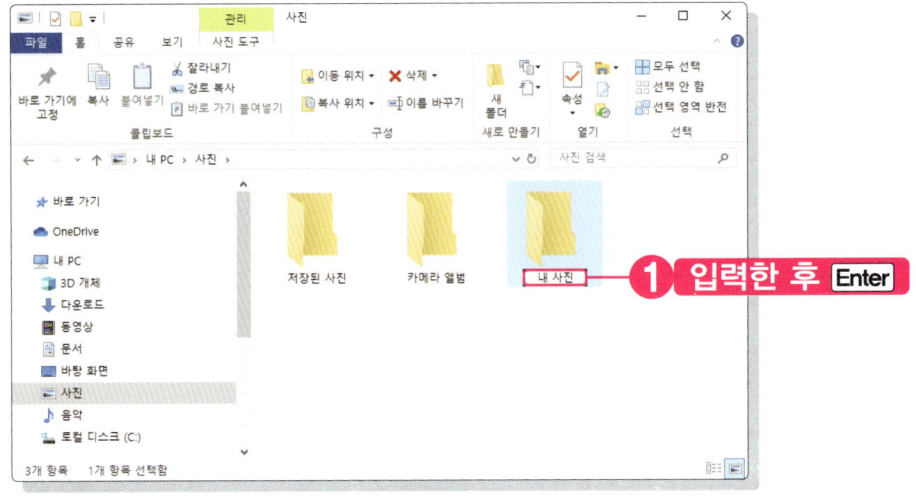

> **Tip**
> 새 폴더의 기본 이름은 '새 폴더'입니다.

**4** 새 폴더의 이름이 바꾸어집니다.

> **Tip**
> 파일/폴더를 선택한 후 [홈] 탭을 클릭한 다음 [구성] 그룹에서 [이름 바꾸기]를 클릭하거나 F2 를 누르면 파일/폴더의 이름을 바꿀 수 있습니다.

### 파일/폴더 선택하기

- **연속적인 파일/폴더 선택** : 첫 번째 파일/폴더를 선택한 후 Shift 를 누른 상태에서 마지막 파일/폴더를 선택합니다.
- **비연속적인 파일/폴더 선택** : 첫 번째 파일/폴더를 선택한 후 Ctrl 을 누른 상태에서 다른 파일/폴더를 선택합니다.
- **모든 파일/폴더 선택** : [홈] 탭을 클릭한 후 [선택] 그룹에서 [모두 선택]을 클릭하거나 Ctrl + A 를 누릅니다.

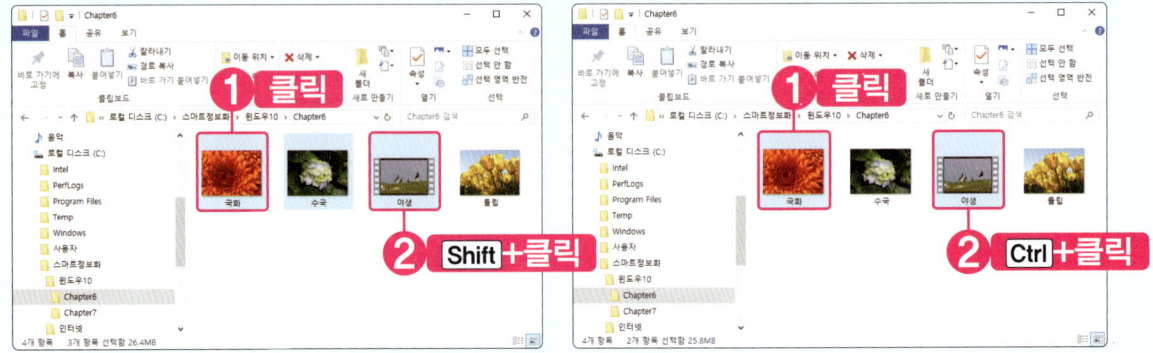

▲ 연속적인 파일/폴더를 선택하는 경우   ▲ 비연속적인 파일/폴더를 선택하는 경우

## Step 02 파일 복사하고 이동하기

**1** 파일을 복사하기 위해 탐색 창에서 'C:\스마트정보화\윈도우10\Chapter6' 폴더를 선택한 후 내용 창에서 '국화', '수국', '튤립' 파일을 선택한 다음 [홈] 탭을 클릭하고 [클립보드] 그룹에서 [복사]를 클릭합니다.

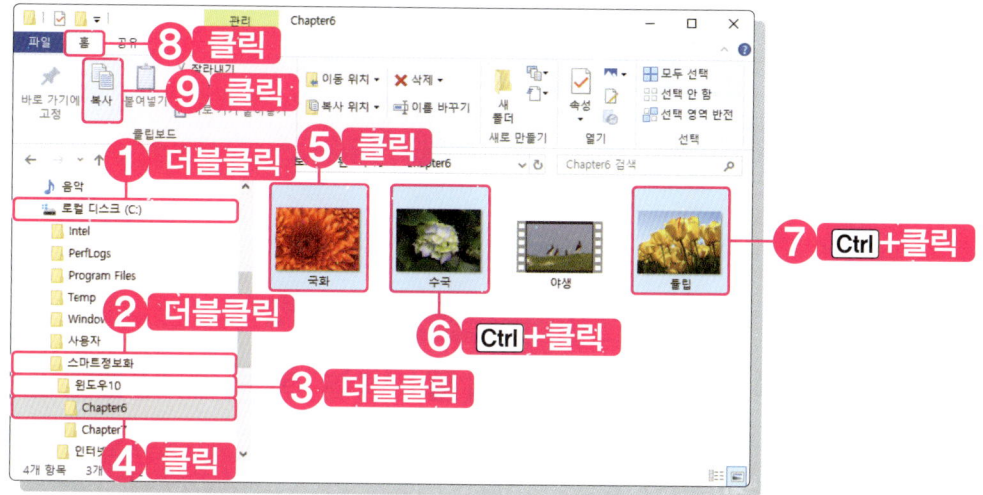

**2** 탐색 창에서 '사진\내 사진' 폴더를 선택한 후 [홈] 탭을 클릭한 다음 [클립보드] 그룹에서 [붙여넣기]를 클릭합니다.

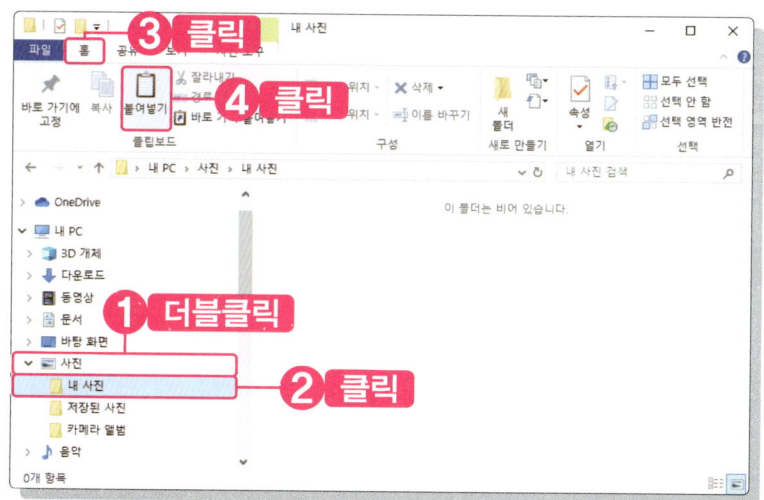

**3** 'C:\스마트정보화\윈도우10\Chapter6' 폴더에 있는 '국화', '수국', '튤립' 파일이 '사진\내 사진' 폴더에 복사됩니다.

> **Tip**
> 탐색 창에서 폴더를 선택한 후 내용 창에서 파일을 선택한 다음 Ctrl+C를 누릅니다. 그런 다음 탐색 창에서 폴더를 선택한 후 Ctrl+V를 눌러 파일을 복사할 수도 있습니다.

4 파일을 이동하기 위해 탐색 창에서 '사진\내 사진' 폴더를 선택한 후 내용 창에서 '튤립' 파일을 선택한 다음 [홈] 탭을 클릭하고 [클립보드] 그룹에서 [잘라내기]를 클릭합니다.

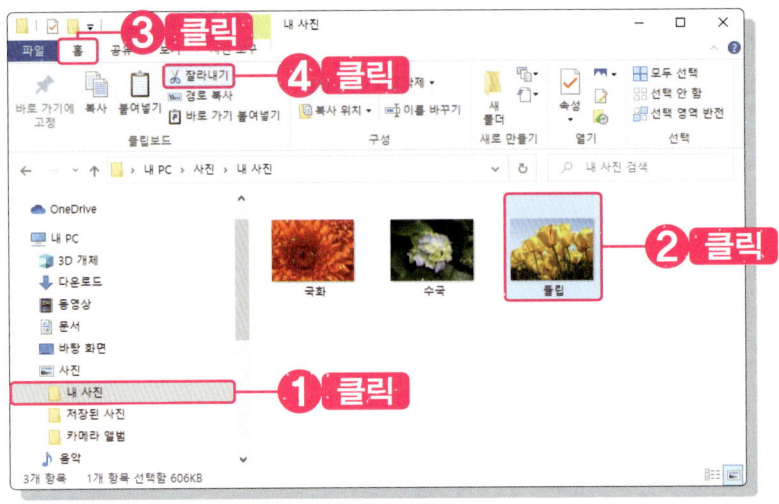

5 탐색 창에서 '사진' 폴더를 선택한 후 [홈] 탭을 클릭한 다음 [클립보드] 그룹에서 [붙여넣기]를 클릭합니다.

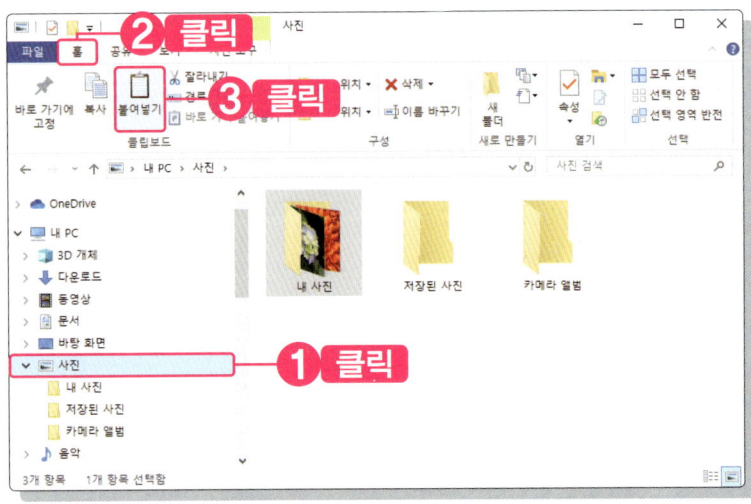

6 '사진\내 사진' 폴더에 있는 '튤립' 파일이 '사진' 폴더로 이동됩니다.

> **Tip**
> 탐색 창에서 폴더를 선택한 후 내용 창에서 파일을 선택한 다음 Ctrl+X를 누릅니다. 그런 다음 탐색 창에서 폴더를 선택한 후 Ctrl+V를 눌러 파일을 이동할 수도 있습니다.

## Step 03 파일과 폴더 삭제하기

**1** 파일을 삭제하기 위해 탐색 창에서 **'사진' 폴더를 선택**한 후 내용 창에서 **'튤립' 파일을 선택**한 다음 **[홈] 탭을 클릭**하고 [구성] 그룹에서 **[삭제]를 클릭**합니다.

**Tip**
파일을 선택한 후 Delete 를 눌러 파일을 삭제할 수도 있습니다.

**2** '사진' 폴더에 있는 '튤립' 파일이 삭제됩니다.

**3** 폴더를 삭제하기 위해 탐색 창에서 **'사진' 폴더를 선택**한 후 내용 창에서 **'내 사진' 폴더를 선택**한 다음 **[홈] 탭을 클릭**하고 [구성] 그룹에서 **[삭제]를 클릭**합니다.

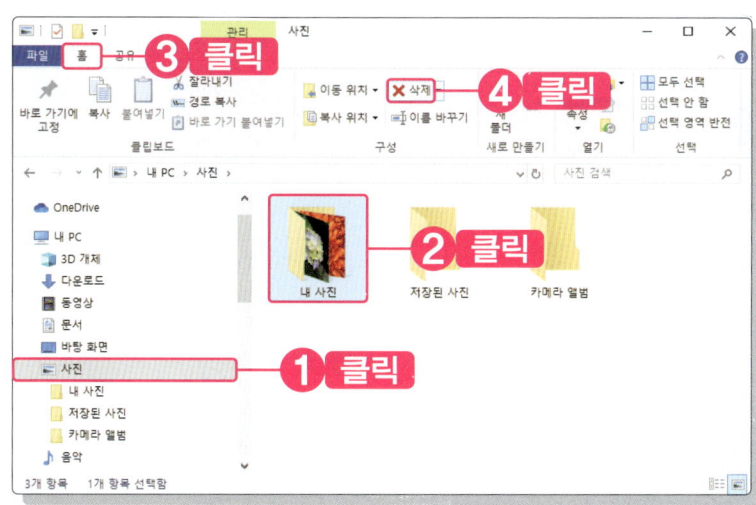

**Tip**
폴더를 선택한 후 Delete 를 눌러 폴더를 삭제할 수도 있습니다.

**4** '사진' 폴더에 있는 '내 사진' 폴더가 삭제됩니다.

### 휴지통

휴지통은 삭제한 파일/폴더를 임시로 보관하는 곳인데요. 다음과 같이 바탕 화면에서 휴지통 아이콘( )을 더블클릭하면 삭제한 '튤립' 파일과 '내 사진' 폴더가 휴지통에 보관되어 있는 것을 확인할 수 있습니다.

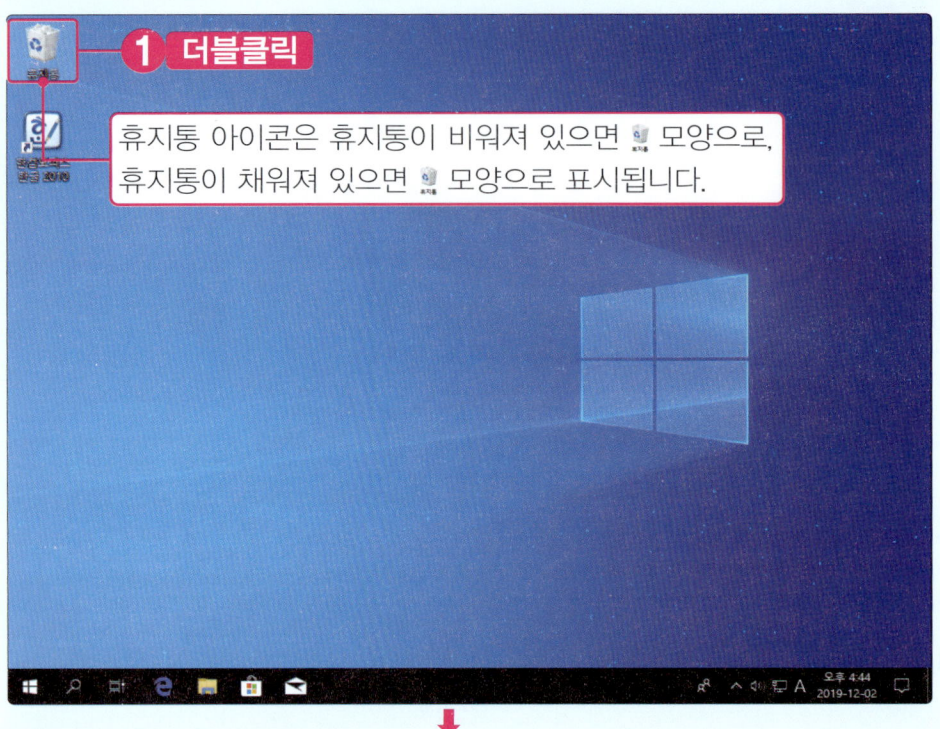

❶ **휴지통 비우기** : 휴지통에 보관된 모든 파일/폴더를 영구 삭제합니다.
❷ **휴지통 속성** : 휴지통의 속성을 설정합니다.
❸ **모든 항목 복원** : 휴지통에 보관된 모든 파일/폴더를 복원합니다.
❹ **선택한 항목 복원** : 휴지통에 보관된 모든 파일/폴더 중에서 선택한 파일/폴더를 복원합니다.

## 실전 연습 문제

**01** 다음과 같이 '동영상' 폴더의 하위 폴더로 '내 동영상' 폴더를 만든 후 'C:\스마트정보화\윈도우10\Chapter6' 폴더에 있는 '야생' 파일을 '내 동영상' 폴더에 복사해 보세요.

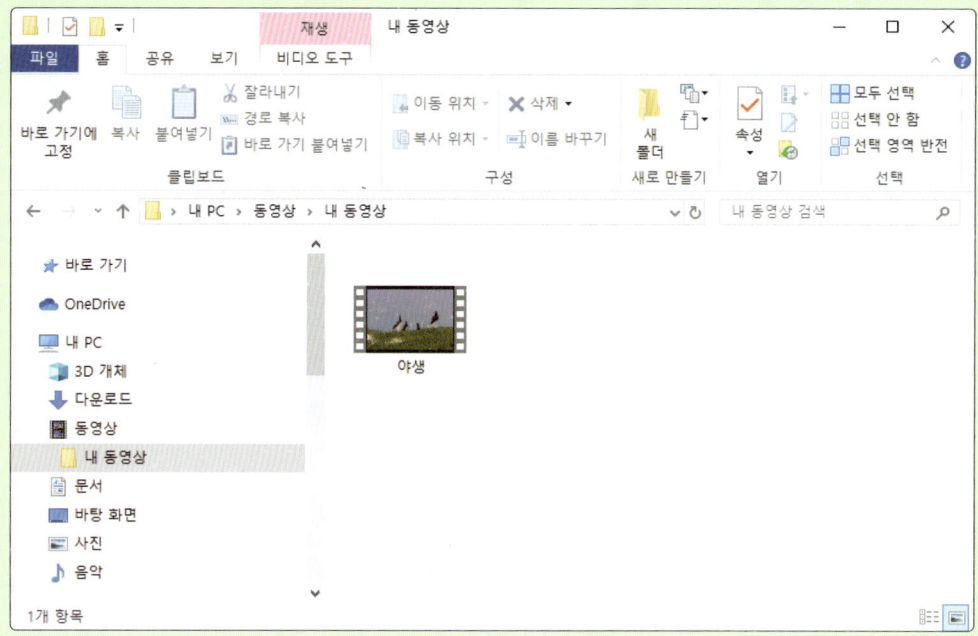

**02** 다음과 같이 '내 동영상' 폴더에 있는 '야생' 파일을 '동영상' 폴더로 이동해 보세요.

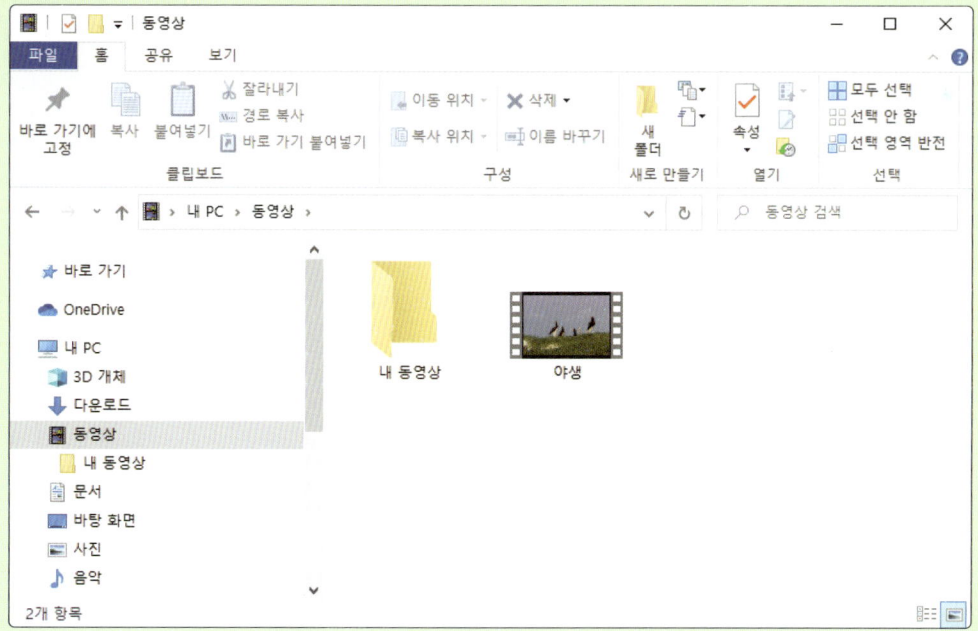

**03** '동영상' 폴더에 있는 '야생' 파일과 '내 동영상' 폴더를 삭제해 보세요.

Windows 10 기본

# 보조프로그램 사용하기

보조프로그램은 윈도우 10에서 제공하는 부가적인 프로그램인데요. 보조프로그램에는 워드패드, 그림판 3D, 스티커 메모 등이 있습니다. 그럼 보조프로그램을 사용하는 방법에 대해 알아보겠습니다.

## Step 01 워드패드 사용하기

**1** 워드패드를 실행하기 위해 ⊞[시작] 단추를 **클릭**한 후 앱 뷰에서 [Windows 보조프로그램]을 **클릭**한 다음 [워드패드]를 **클릭**합니다.

> **Tip**
> 워드패드는 문서를 작성하거나 편집할 수 있는 프로그램입니다.

**2** 워드패드가 실행되면 다음과 같이 **문서를 작성**합니다.

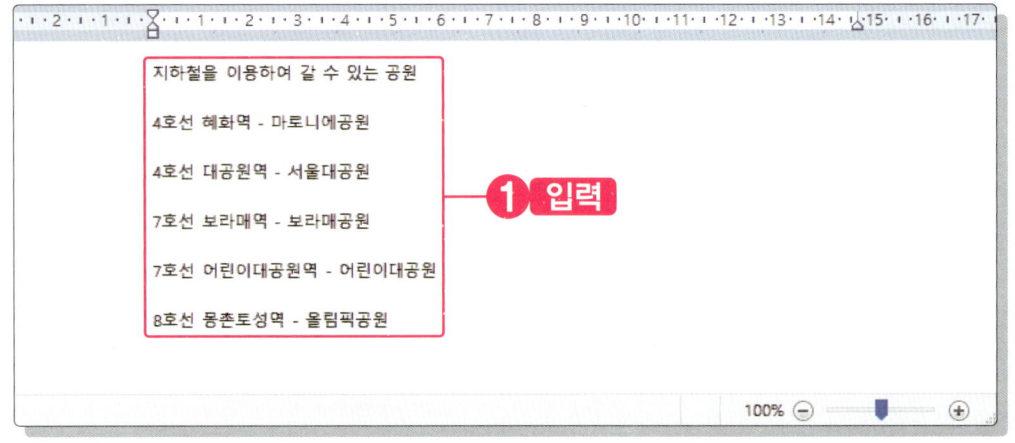

> **Tip**
> 한 칸을 띄울 때는 [SpaceBar]를 누르고, 줄을 바꿀 때는 [Enter]를 누릅니다.

**3** 글자 모양을 지정하기 위해 **제목(지하철을 이용하여 갈 수 있는 공원)을 드래그하여 선택**한 후 **[홈] 탭을 클릭**한 다음 [글꼴] 그룹에서 **글꼴 패밀리(HY수평선M), 글꼴 크기(20), 텍스트 색(생생한 파랑)을 선택**합니다.

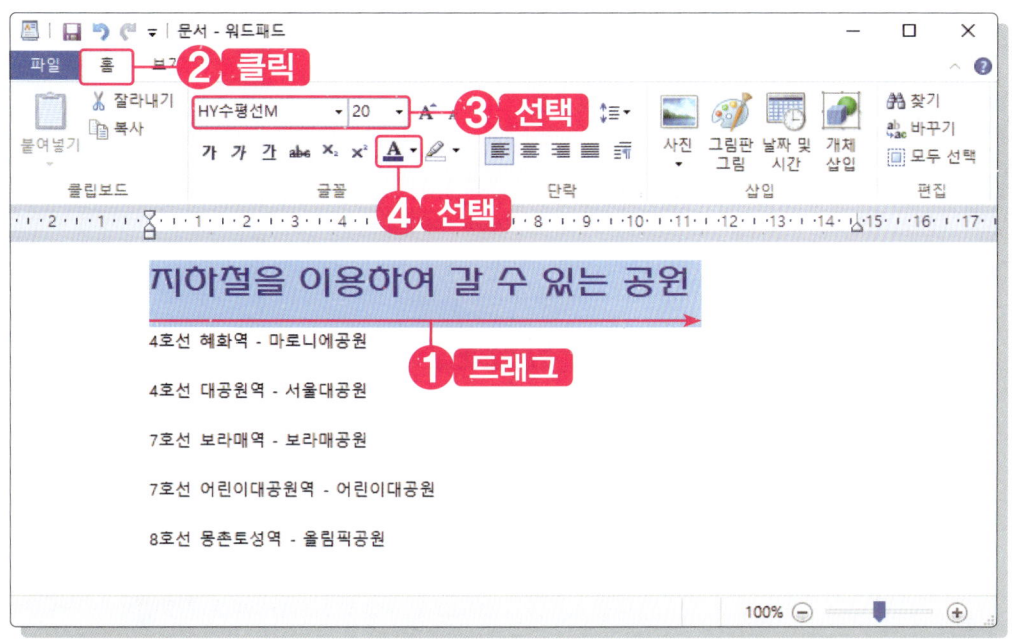

**4** 문서를 저장하기 위해 **[파일] 탭을 클릭**한 후 **[저장]을 클릭**합니다.

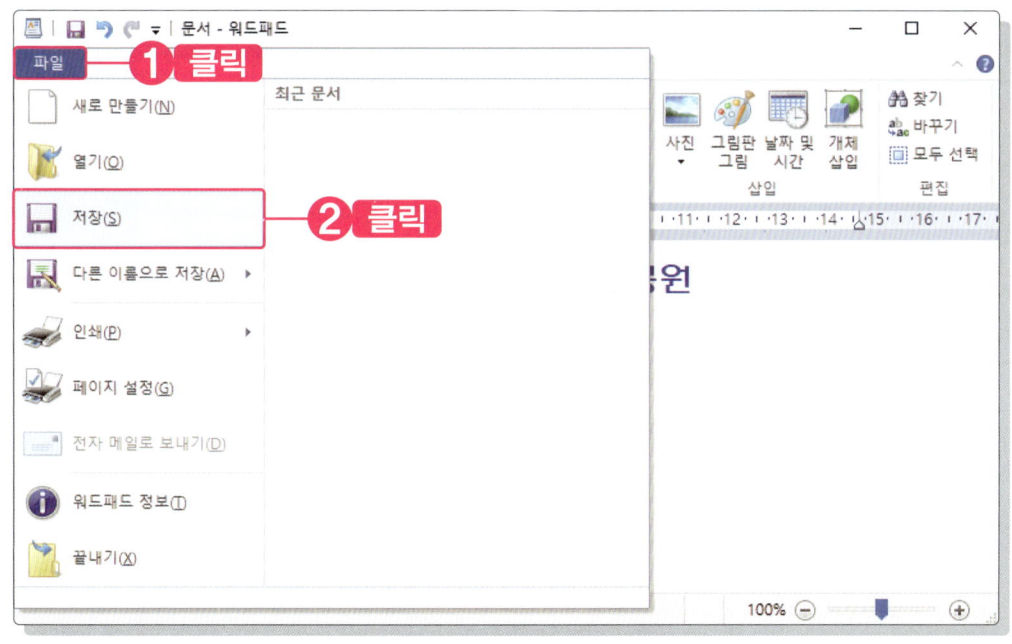

> Tip
> Ctrl+S를 눌러 문서를 저장할 수도 있습니다.

**5** [다른 이름으로 저장] 대화상자가 나타나면 **저장 위치(문서)를 선택**한 후 **파일 이름(공원)을 입력**한 다음 **[저장] 단추를 클릭**합니다.

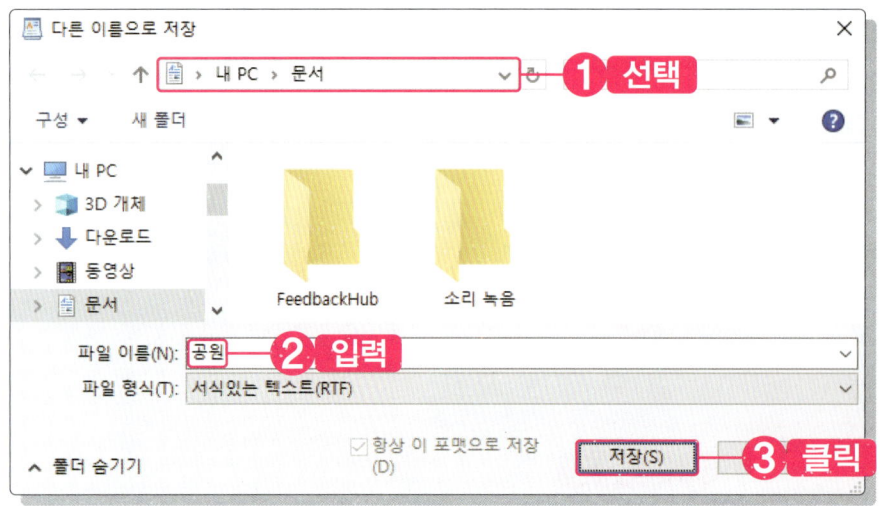

**6** 문서가 저장되면 워드패드를 종료하기 위해 ⊠[닫기] 단추를 클릭합니다.

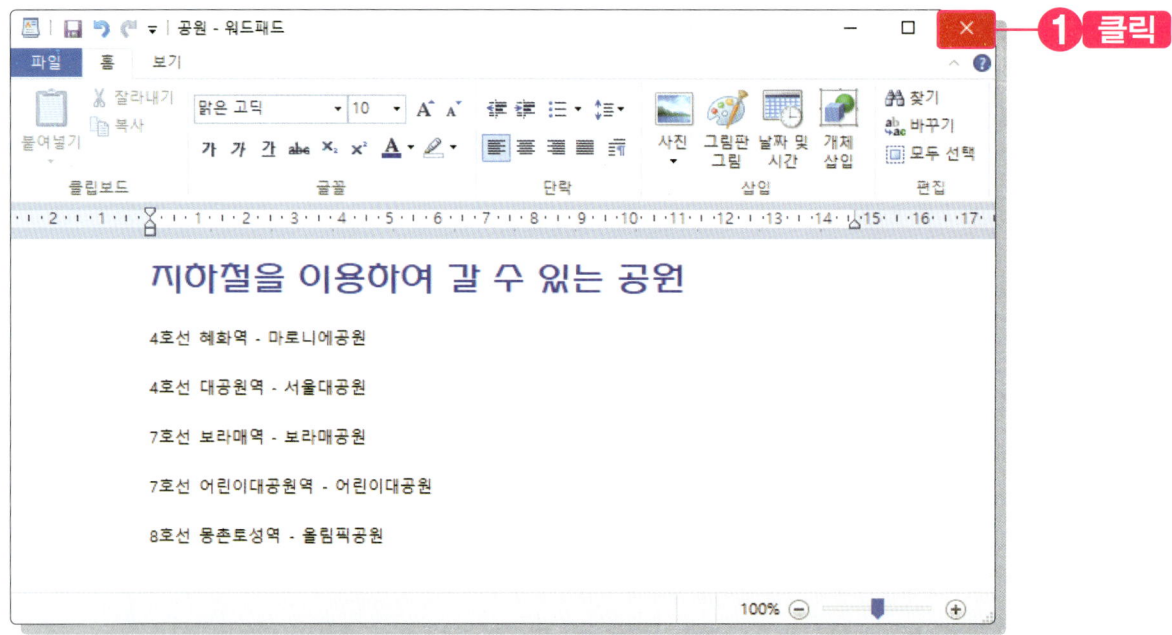

**7** 워드패드가 종료됩니다.

> **Tip**
> 파일 탐색기를 실행한 후 탐색 창에서 '문서' 폴더를 선택하면 문서가 저장된 것을 확인할 수 있습니다.

## Step 02 그림판 3D 사용하기

**1** 그림판 3D를 실행하기 위해 ⊞[시작] 단추를 클릭한 후 앱 뷰에서 [그림판 3D]를 클릭합니다.

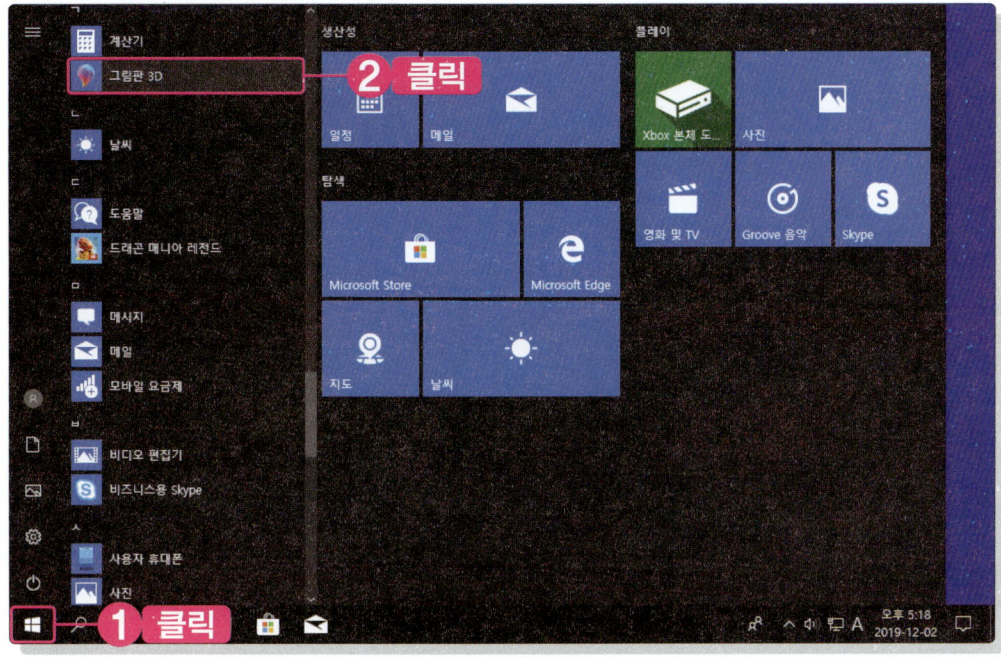

> 그림판 3D는 다차원 그림을 그리거나 편집할 수 있는 프로그램입니다.

**2** 시작 화면이 나타나면 [새로 만들기]를 클릭합니다.

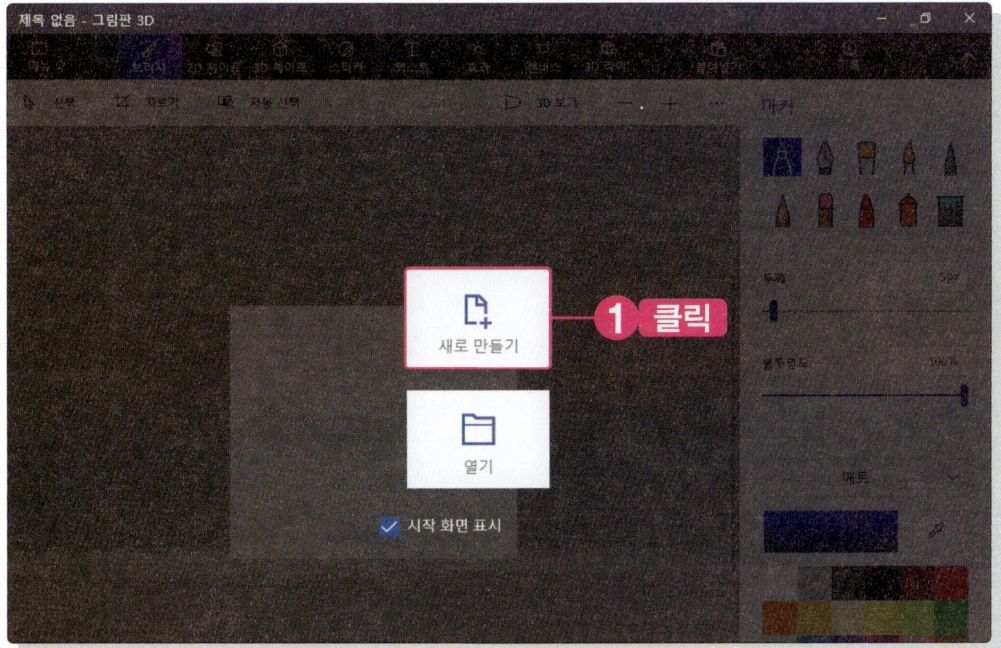

Chapter 07 – 보조프로그램 사용하기 **63**

**3** 그림판 3D가 실행되면 3D 모델을 삽입하기 위해 **[3D 라이브러리]를 클릭**한 후 **[Space]를 클릭**합니다.

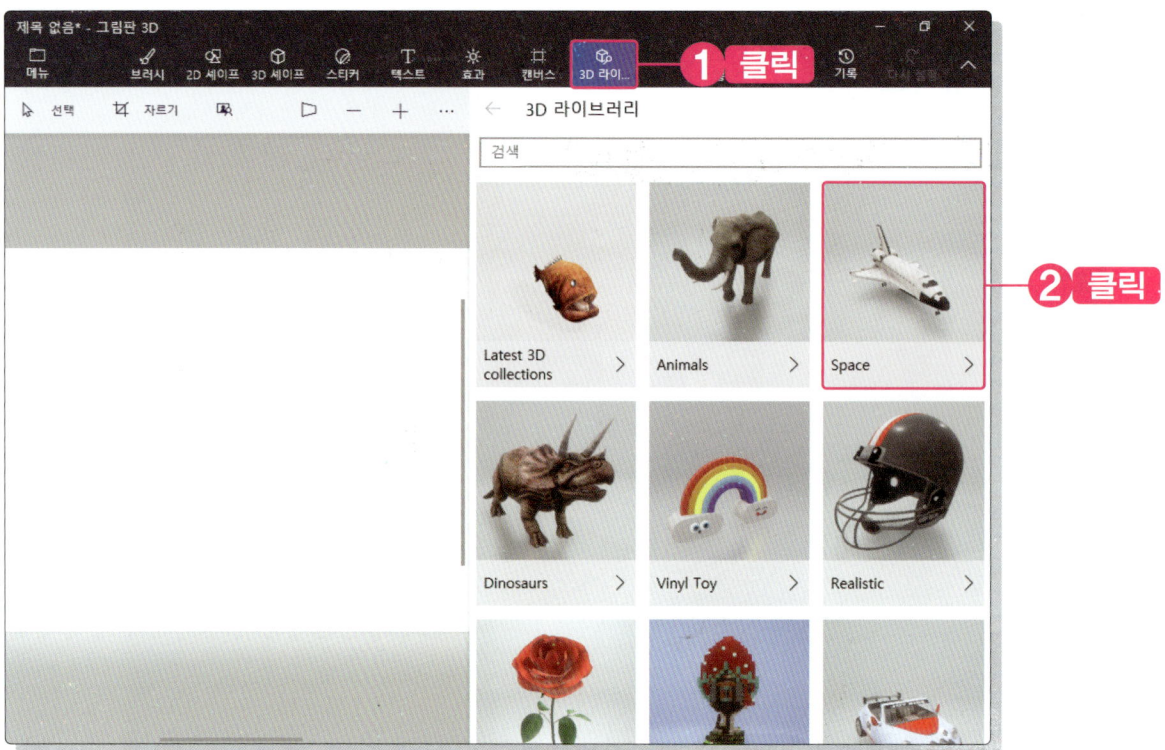

**4** 우주 목록이 나타나면 **[Space Shuttle]을 클릭**합니다.

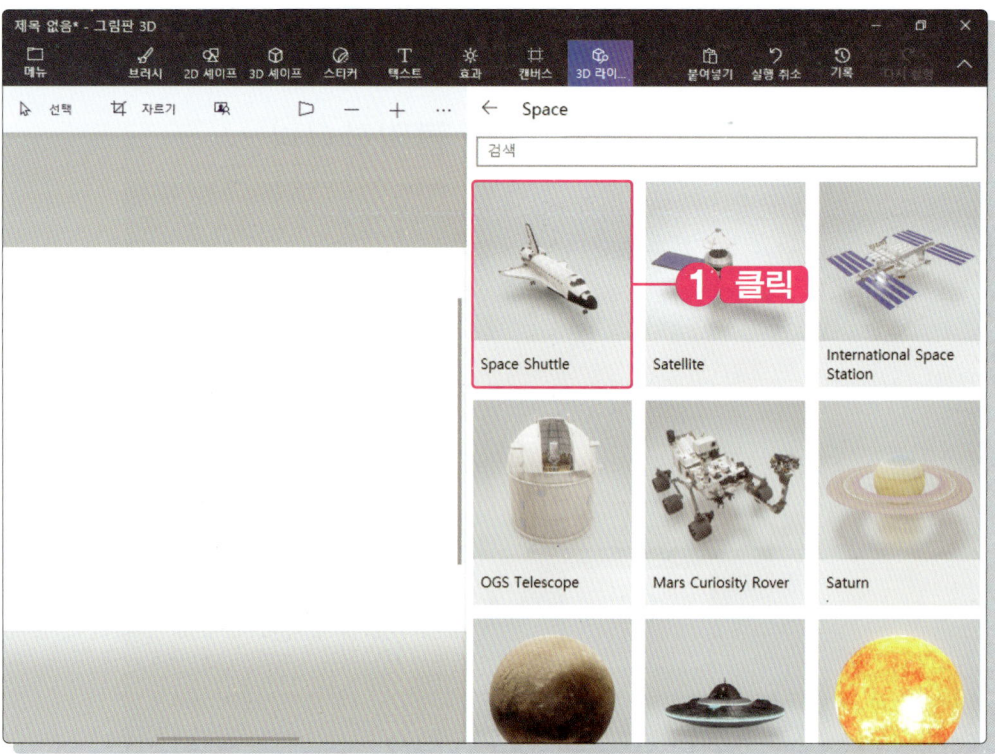

**5** 우주 왕복선이 삽입되면 다음과 같이 **우주 왕복선의 크기를 조정**한 후 우주 왕복선을 이동하기 위해 **우주 왕복선을 드래그**합니다. 그런 다음 우주 왕복선을 아래쪽으로 회전하기 위해 ㉠를 **드래그**합니다.

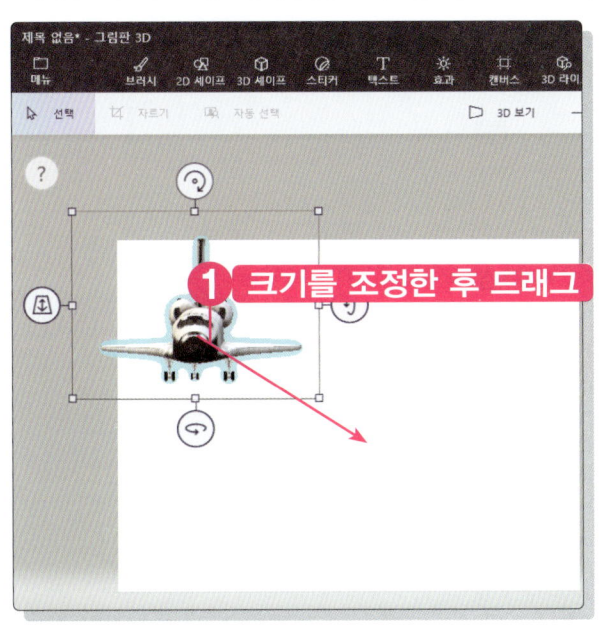 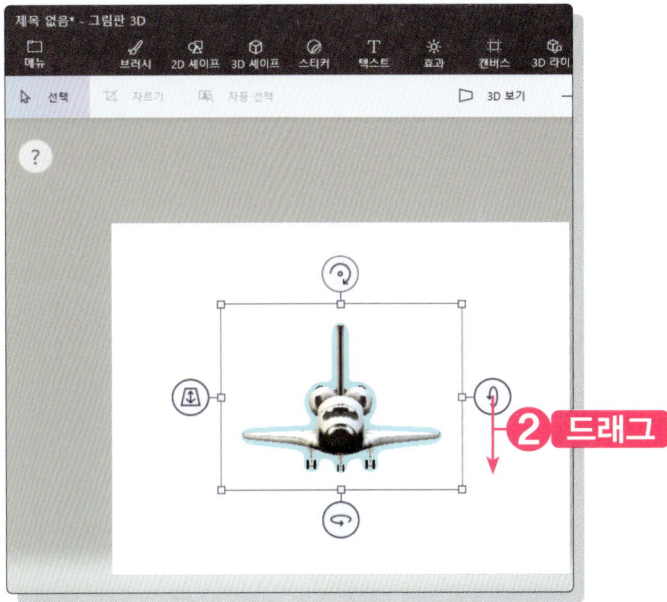

### 잠깐만요!

**3D 모델 회전하고 앞쪽으로 가져오거나 뒤쪽으로 보내기**

- ⓐ : 시계 방향이나 시계 반대 방향으로 회전시킵니다.
- ⓑ : 위쪽이나 아래쪽으로 회전시킵니다.
- ⓒ : 왼쪽이나 오른쪽으로 회전시킵니다.
- ⓓ : 앞쪽으로 가져오거나 뒤쪽으로 보냅니다.

**6** 같은 방법으로 다음과 같이 **우주 왕복선을 회전**시킵니다. 그런 다음 그림판 3D 프로젝트로 저장하기 위해 **[메뉴]를 클릭**합니다.

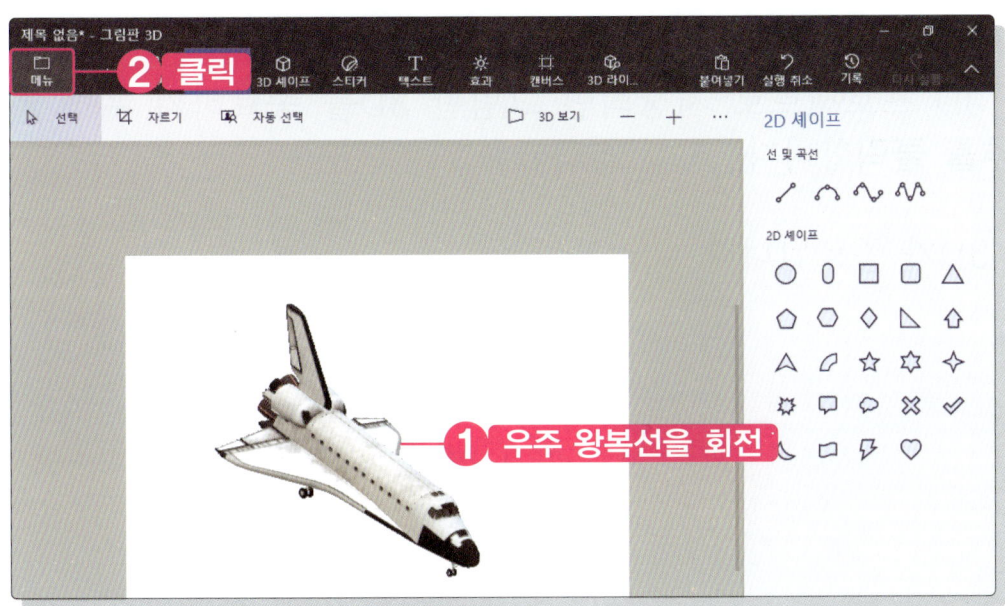

Chapter 07 – 보조프로그램 사용하기 **65**

**7** 메뉴가 나타나면 [다른 이름으로 저장]을 클릭한 후 [그림판 3D 프로젝트로 저장]을 클릭합니다.

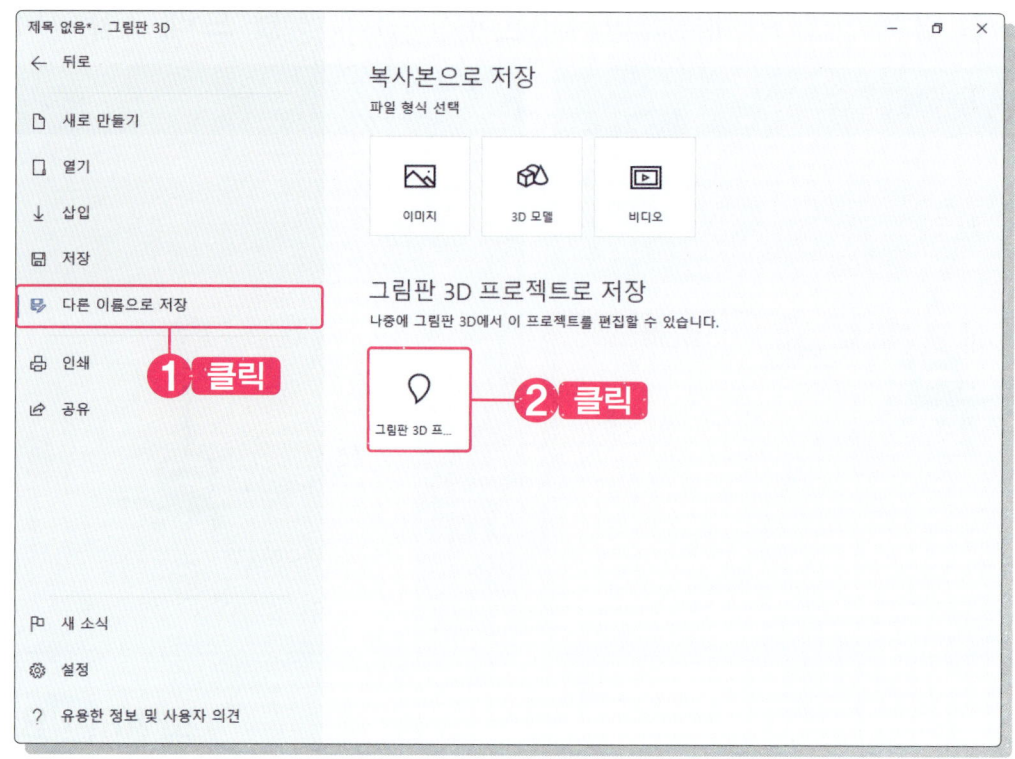

> Tip
> [다른 이름으로 저장]을 클릭한 후 [이미지]나 [3D 모델]을 클릭하면 현재 프로젝트에 영향을 주지 않고 복사본으로 저장할 수 있습니다.

**8** [프로젝트 이름 지정] 대화상자가 나타나면 **프로젝트 이름(우주 왕복선)을 입력**한 후 [그림판 3D에 저장] **단추를 클릭**합니다.

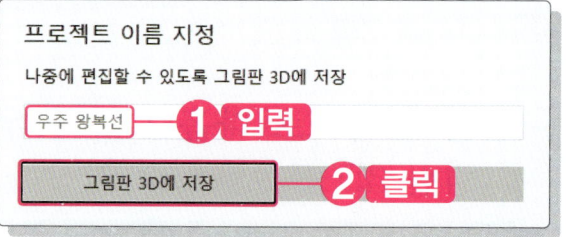

**9** 그림판 3D 프로젝트로 저장되면 그림판 3D를 종료하기 위해 [닫기] 단추를 클릭합니다.

**10** 그림판 3D가 종료됩니다.

# Step 03 스티커 메모 사용하기

**1** 스티커 메모를 실행하기 위해 ⊞[시작] 단추를 클릭한 후 앱 뷰에서 [스티커 메모]를 클릭합니다.

> **Tip**
> 스티커 메모는 메모를 작성하거나 편집할 수 있는 프로그램입니다.

**2** 스티커 메모가 실행되면 다음과 같이 **메모를 작성**합니다.

> **Tip**
> - 로그인 화면이 나타나면 [나중에]를 클릭합니다.
> - 메모를 작성하면 노트 목록에도 작성한 메모가 나타납니다.
> - 노트 목록에서 ＋[새 메모]를 클릭하거나 스티커 메모에서 ＋[새 메모]를 클릭하면 새 스티커 메모를 만들 수 있습니다.

**3** 스티커 메모의 색을 변경하기 위해 ⋯[메뉴]를 클릭한 후 ■[녹색]을 클릭합니다.

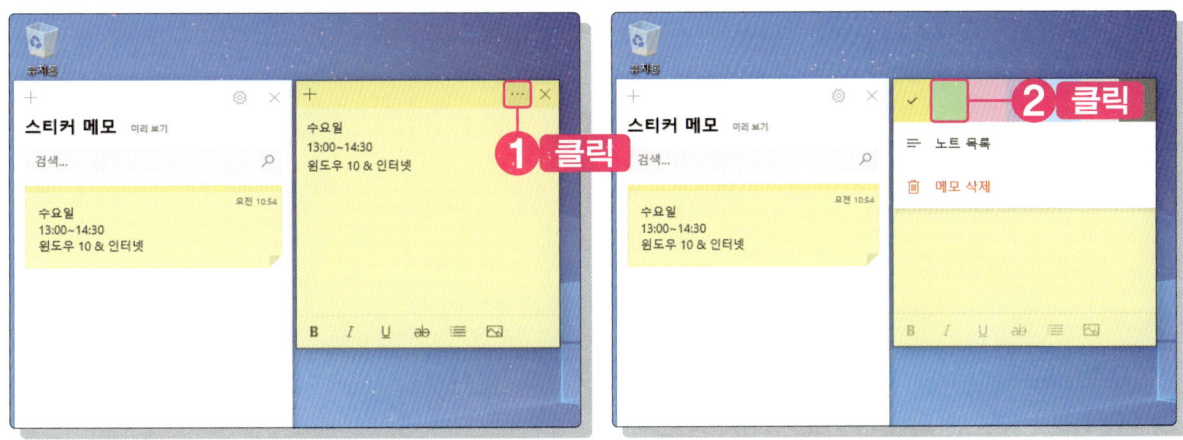

> **Tip**
> ⋯[메뉴]는 스티커 메모를 선택하면 나타나고, 선택 해제하면 숨겨집니다.

Chapter 07 – 보조프로그램 사용하기 **67**

**4** 스티커 메모를 삭제하기 위해 [메뉴]를 클릭한 후 [메모 삭제]를 클릭합니다.

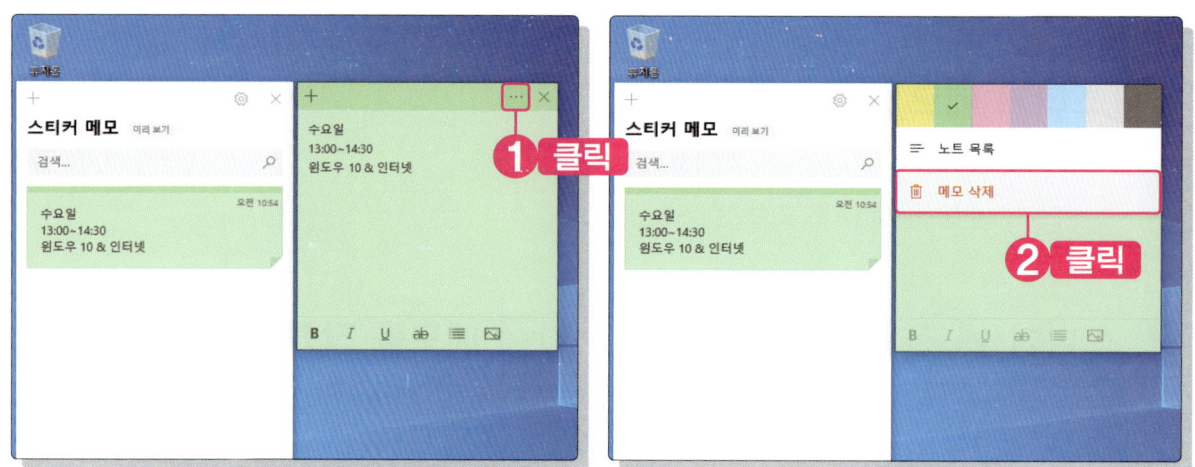

**5** '이 메모를 삭제하시겠습니까?'라고 묻는 대화상자가 나타나면 [삭제] 단추를 클릭합니다.

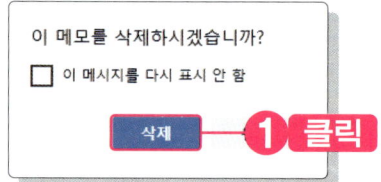

**6** 스티커 메모가 삭제됩니다.

> **Tip**
> 스티커 메모를 삭제하지 않고 컴퓨터를 다시 시작하면 스티커 메모가 나타납니다. 즉, 스티커 메모는 삭제하지 않으면 언제든지 메모를 확인할 수 있습니다.

**보조프로그램**
- **메모장** : 텍스트 문서를 작성하거나 편집할 수 있는 프로그램입니다.
- **계산기** : 덧셈이나 뺄셈 등의 계산을 할 수 있는 프로그램입니다. 계산기는 [시작] 단추를 클릭한 후 앱 뷰에서 [계산기]를 클릭하면 실행할 수 있습니다.
- **캡처 도구** : 화면을 캡처할 수 있는 프로그램입니다.

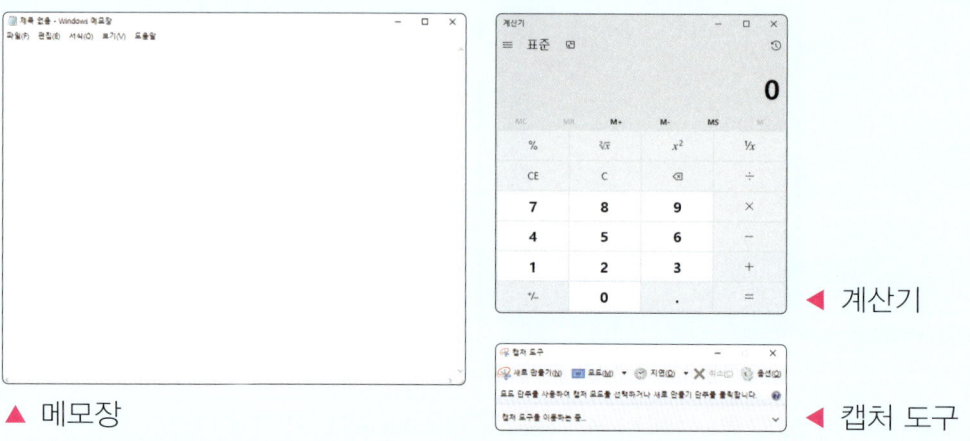

▲ 메모장　◀ 계산기　◀ 캡처 도구

# 실전 연습 문제

**01** 다음과 같이 워드패드를 사용하여 문서를 작성한 후 저장해 보세요.
- 제목에 글자 모양 지정 : 글꼴 패밀리(HY강B), 글꼴 크기(20), 텍스트 색(생생한 빨강)
- 문서 저장 : 저장 위치(문서), 파일 이름(산행지)

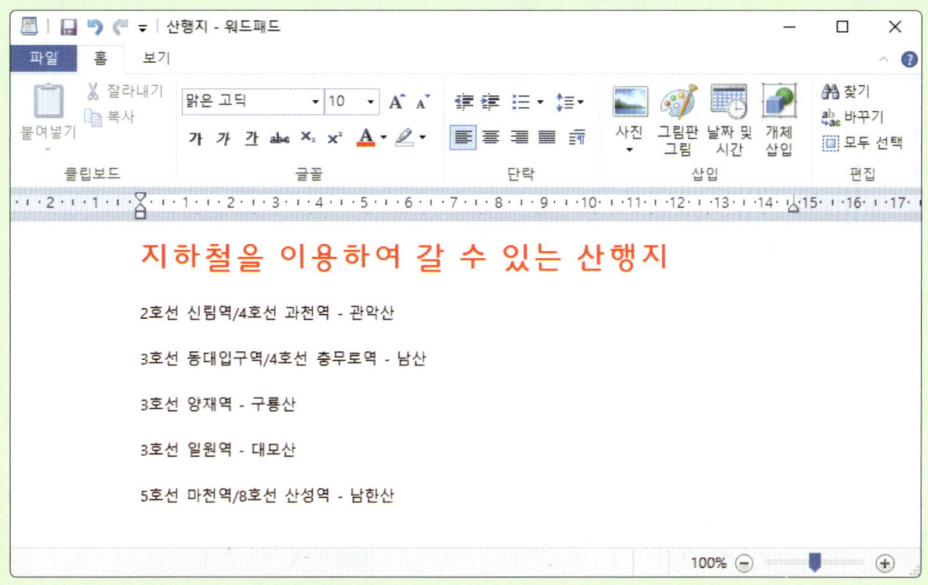

**02** 다음과 같이 그림판 3D를 사용하여 3D 모델을 삽입한 후 그림판 3D 프로젝트로 저장해 보세요.
- 3D 모델 삽입 : 3D 모델 분류(Animals), 3D 모델 이름(Bear)
- 그림판 3D 프로젝트로 저장 : 프로젝트 이름(곰)

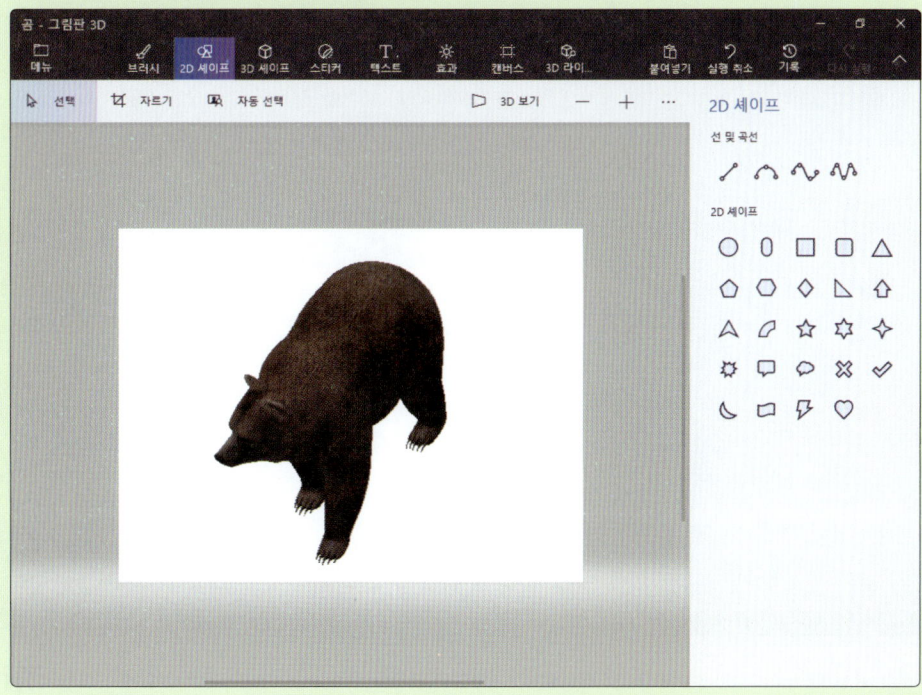

Windows 10 기본

## Chapter 08 윈도우 화면 캡처하기

윈도우에서 화면의 캡처 방법은 단축키를 이용한 방법과 응용 프로그램을 실행하여 캡처 기능을 사용하는 방법이 있습니다. 또한 윈도우 10에서는 캡처 후 이미지를 간단히 편집할 수 있도록 캡처 및 스케치 기능을 제공합니다. 그럼 윈도우에서의 캡처 기능을 사용하는 방법에 대해 알아보겠습니다.

### Step 01 단축키를 이용하여 전체 화면 캡처하기

**1** 윈도우 바탕화면 상태에서 키보드의 `PrintScreen`을 눌러 바탕 화면 전체를 캡처합니다.

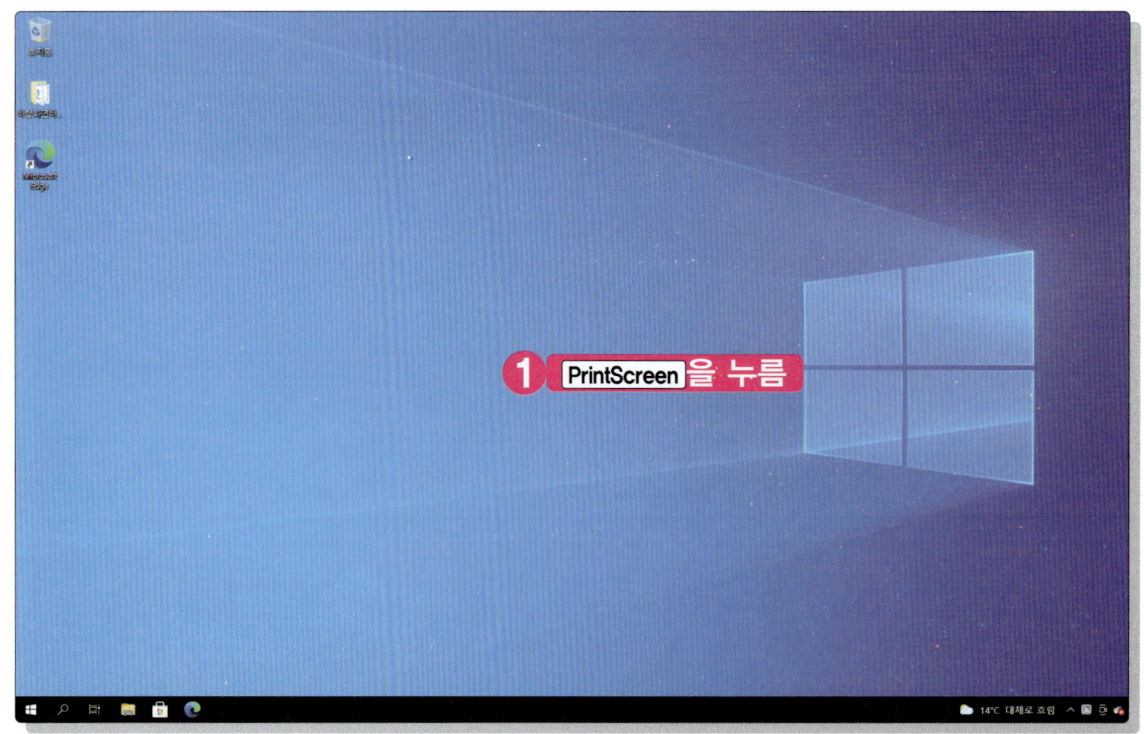

> **Tip**
> 키보드의 종류에 따라 `PrintScreen` 키를 `Prt Sc`로 표시할 수도 있습니다.

**2** ⊞[시작] 단추를 **클릭**한 후 [Windows 보조프로그램]-[그림판]을 클릭합니다.

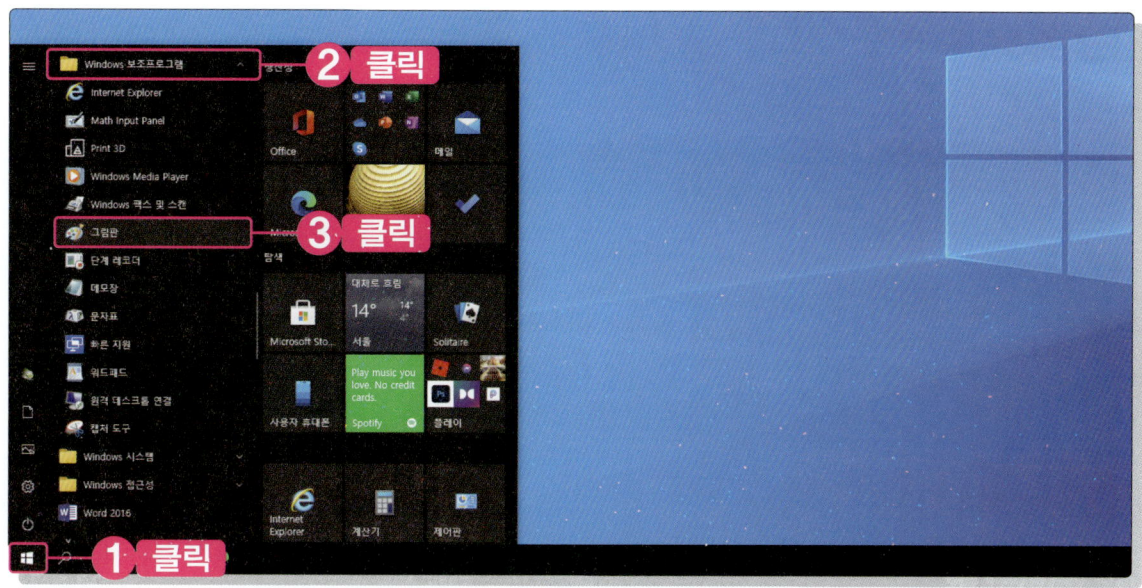

**3** 그림판 프로그램이 실행되면 📋[**붙여넣기**]를 **클릭**합니다. 그림판 프로그램에 캡처한 바탕 화면이 전체가 표시됩니다.

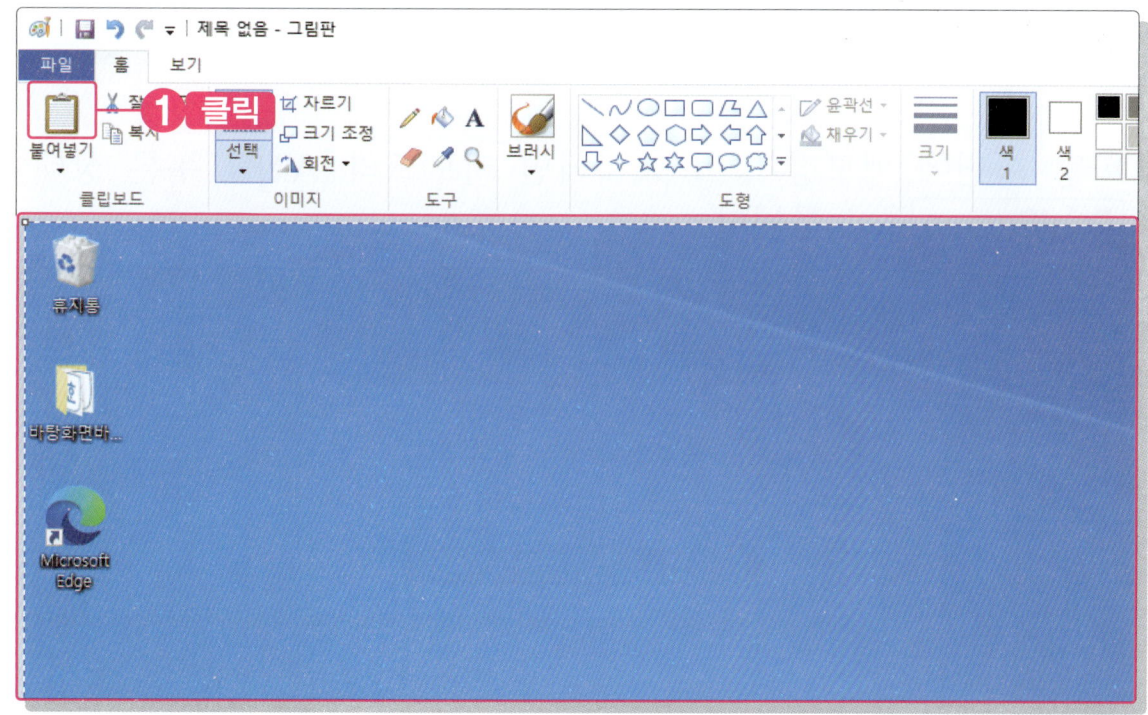

> **Tip**
> 그림판 프로그램에서 💾[저장] 단추를 클릭하면 캡처한 이미지를 저장할 수 있습니다.

**4** 그림판에서 ×[**닫기**]를 **클릭**하여 그림판 프로그램을 종료합니다.

## Step 02 단축키를 이용하여 활성화 창 캡처하기

**1** ⊞[시작] 단추를 클릭한 후 [Windows 보조프로그램]-[메모장]을 클릭합니다.

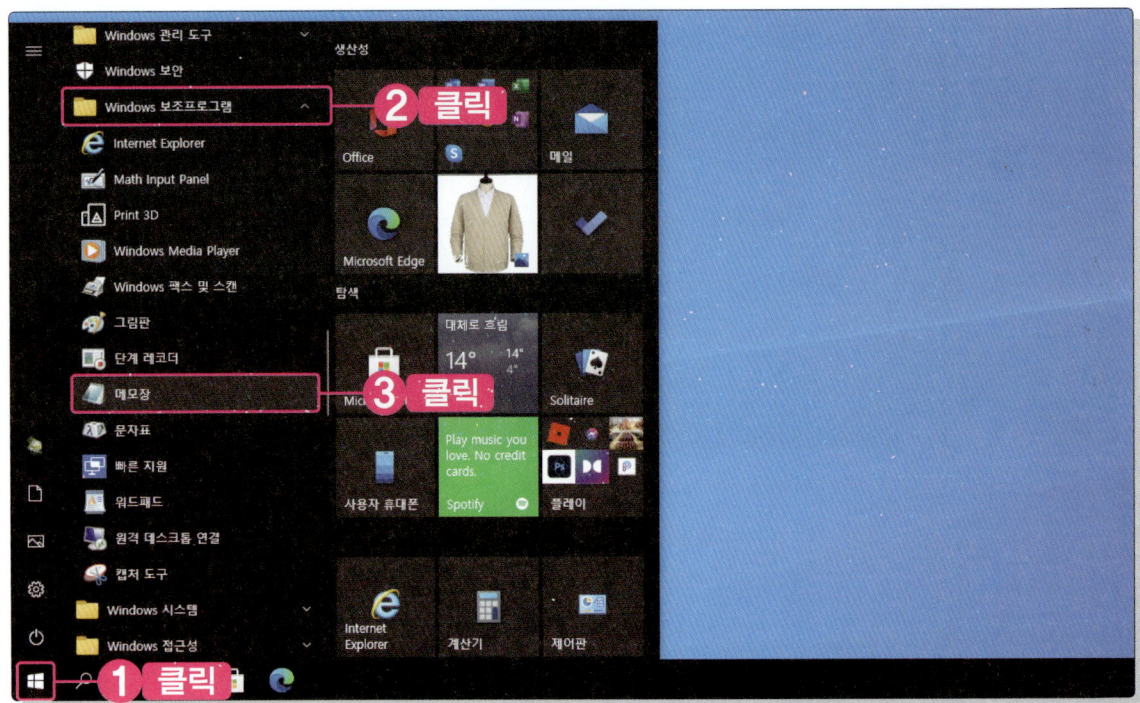

**2** 바탕 화면에 메모장 창이 표시되면 키보드의 Alt 를 누른 상태에서 PrintScreen 을 누릅니다.

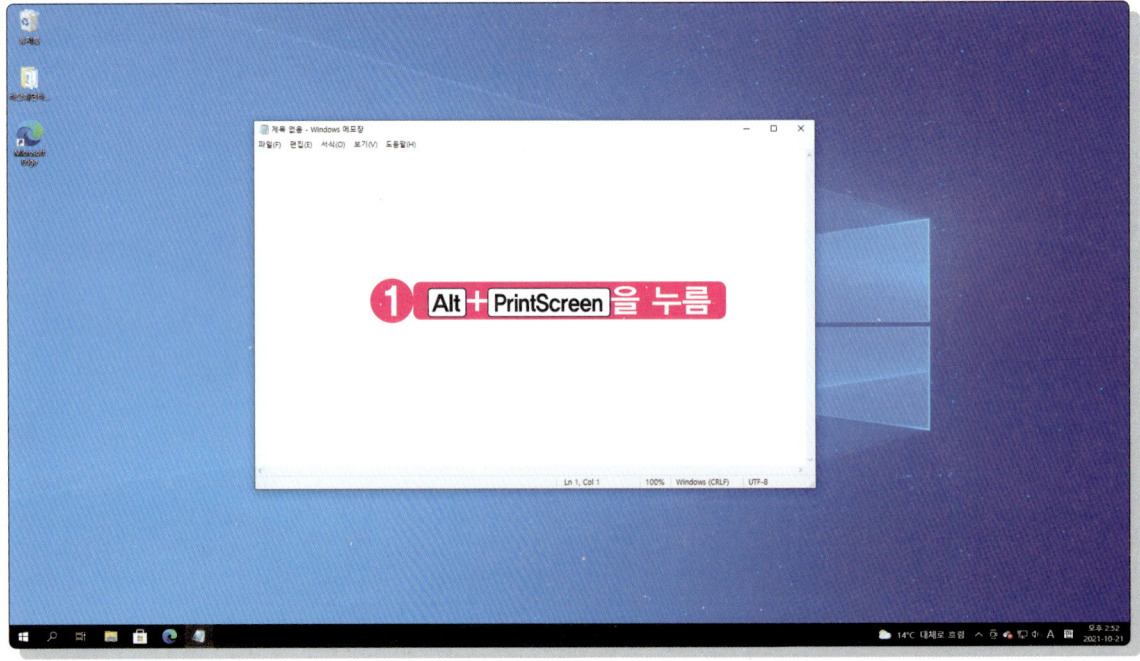

**3** ⊞[시작] 단추를 클릭한 후 [Windows 보조프로그램]-[그림판]을 클릭합니다.

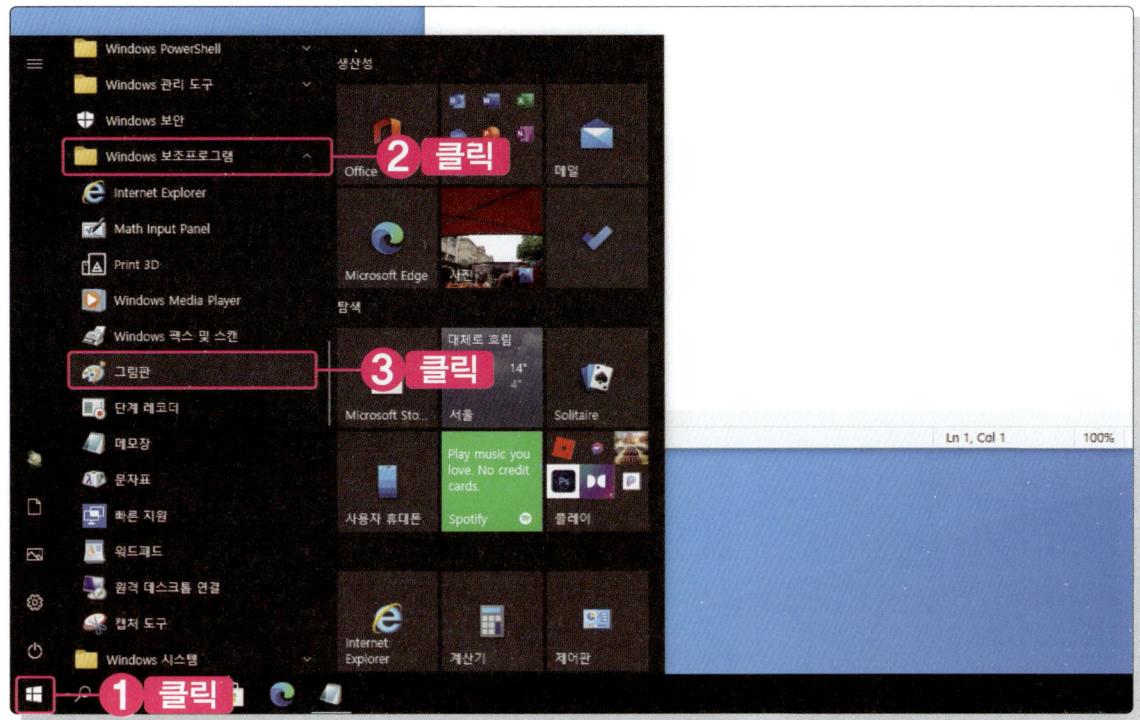

**4** 그림판 프로그램이 실행되면 📋[붙여넣기]를 클릭합니다. 그림판 프로그램에 활성화 된 메모장 창이 캡처되어 화면에 표시됩니다.

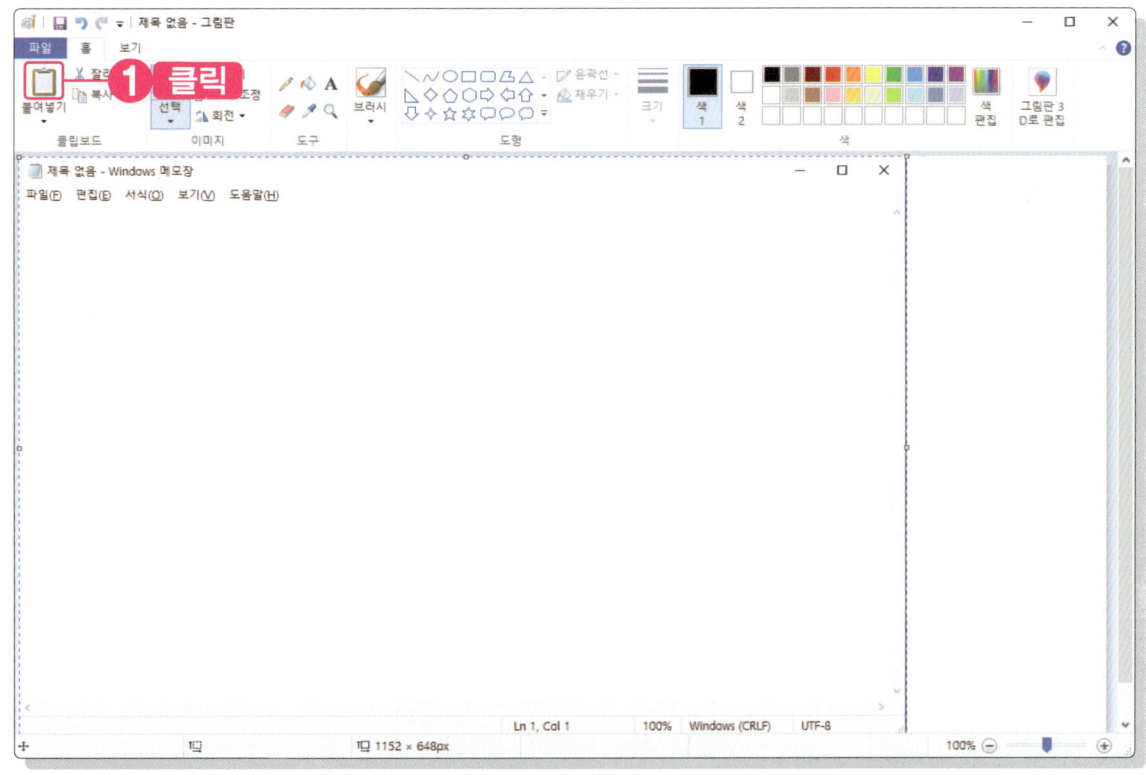

**5** 그림판에서 ×[닫기]를 클릭하여 그림판 프로그램을 종료합니다.

## Step 03 캡처 도구를 이용하여 캡처하기

**1** ⊞[시작] 단추를 클릭한 후 [Windows 보조프로그램]-[캡처 도구]를 클릭합니다.

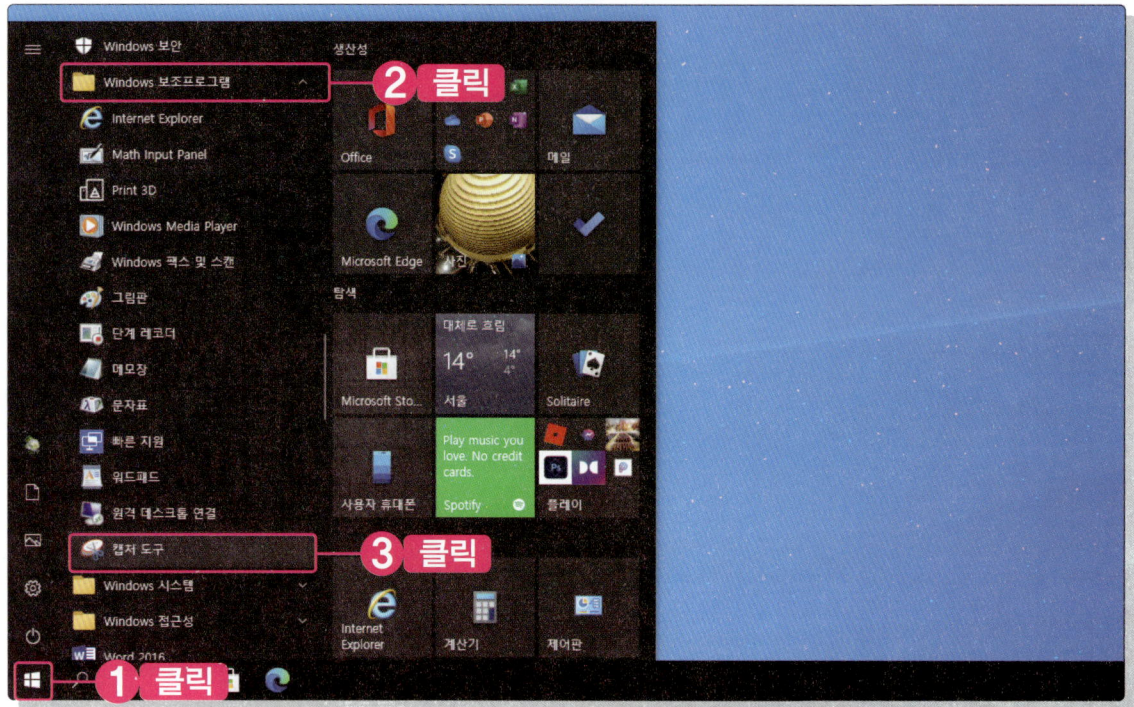

**2** [캡처 도구] 창이 나타나면 [모드]의 ▼[목록 단추]를 클릭한 후 [사각형 캡처]를 선택합니다.

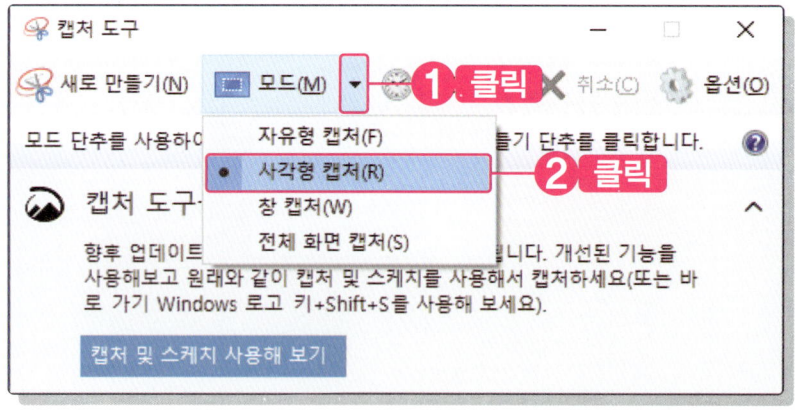

> **Tip**
> - 자유형 캡처 : 마우스를 드래그하여 원하는 모양으로 캡처합니다.
> - 사각형 캡처 : 마우스를 드래그하여 사각형 모양으로 캡처합니다.
> - 창 캡처 : 원하는 창에서 마우스를 클릭하여 해당하는 창만 캡처합니다.
> - 전체 화면 캡처 : 전체 화면을 자동으로 캡처합니다.

**3** 화면이 흐리게 표시되면 캡처할 영역을 **마우스로 드래그**합니다.

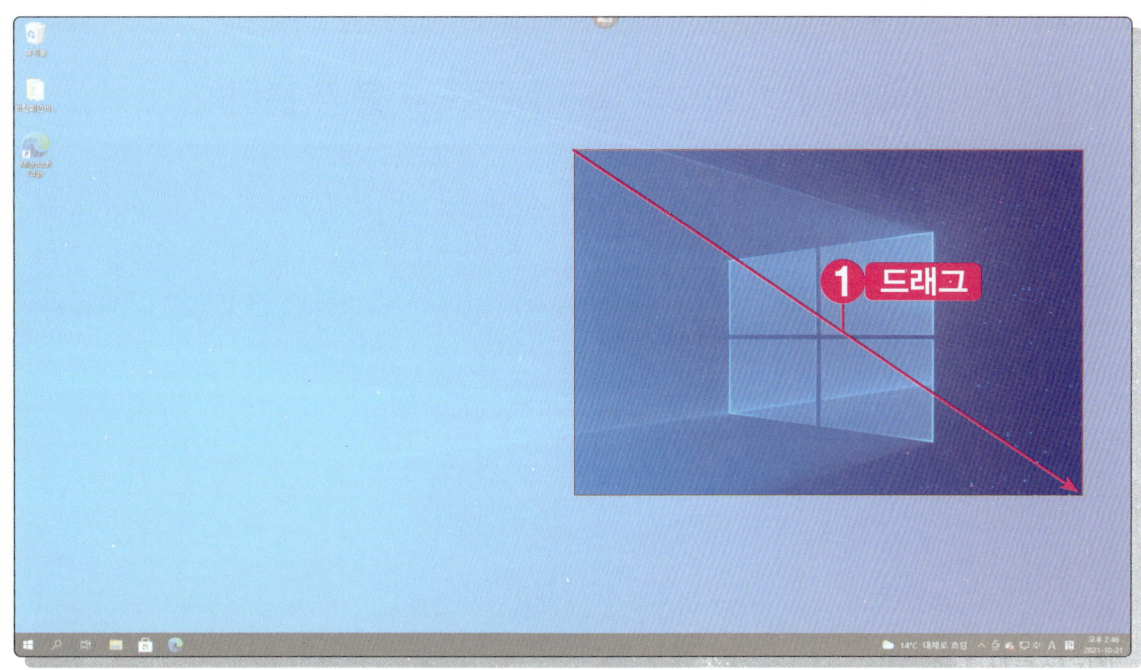

**4** [캡처 도구] 창에 캡처한 이미지가 표시되며 필기 도구를 이용하여 이미지에 필기( ) 및 클립 보드로 복사( ), 저장( ) 등을 할 수 있습니다.

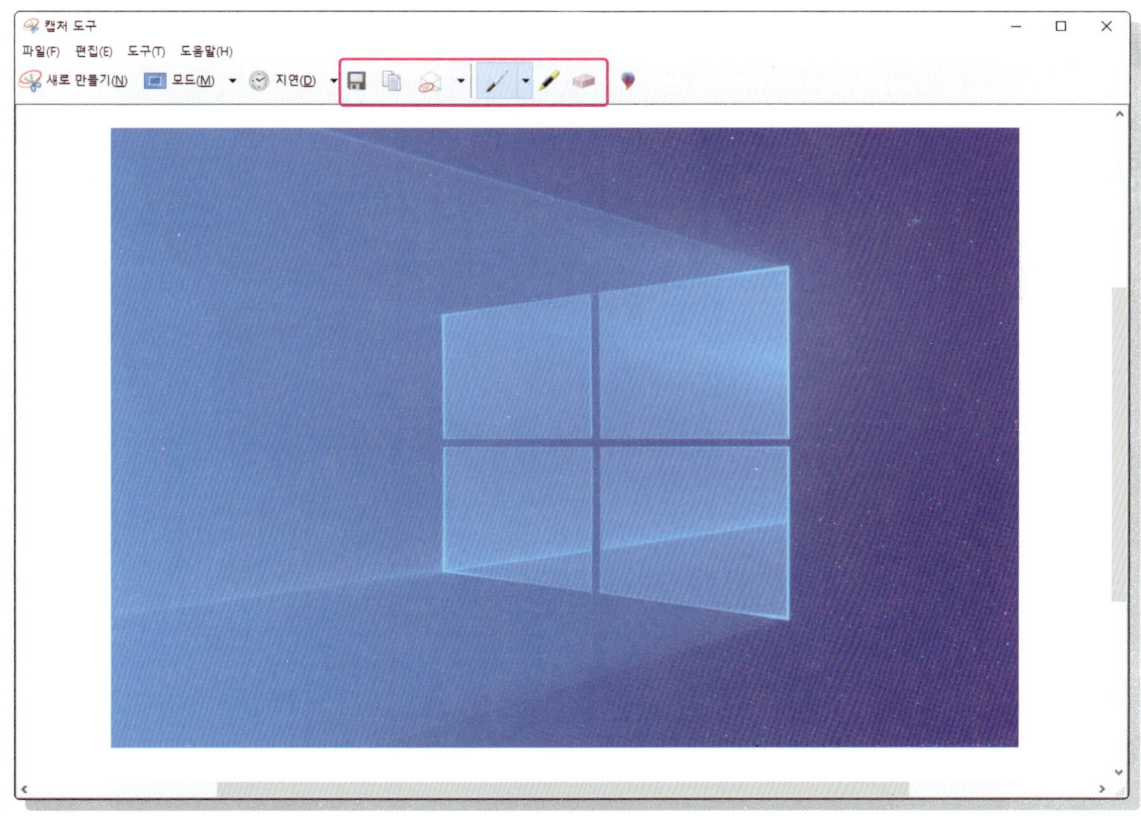

**5** [캡처 도구] 창의 **닫기(×)를 클릭**하여 창을 종료합니다.

Chapter 08 - 윈도우 화면 캡처하기

## Step 04 윈도우 키를 이용한 화면 캡처하기

**1** 바탕 화면 상태에서 키보드의 ⊞+PrintScreen 을 누릅니다.

**2** 화면이 잠깐 깜빡거리면 📁[파일 탐색기]를 클릭 후 [내 PC] ▶ [사진] ▶ [스크린샷] 폴더로 이동하면 바탕 화면 전체가 캡처되어 이미지 파일로 저장된 것을 확인할 수 있습니다.

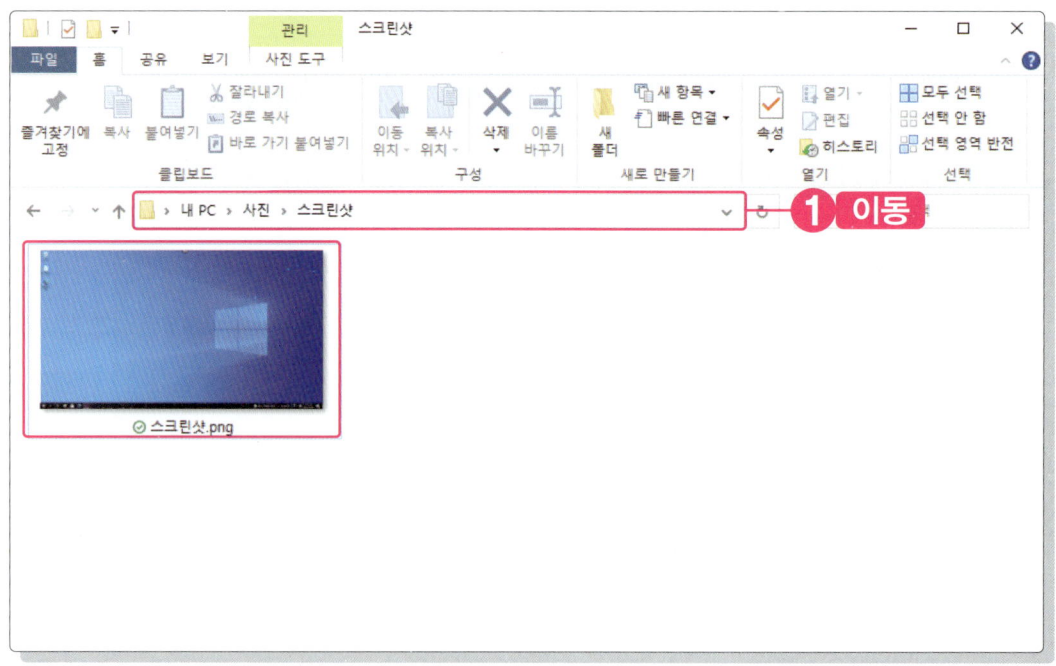

**3** [스크린샷] 폴더 창의 ×[닫기]를 클릭하여 창을 종료합니다.

**4** 이번에는 키보드의 ⊞+Shift+S를 누릅니다. 화면 위쪽에 캡처 도구가 표시되면 **사각형(□) 도구를 클릭**한 후 캡처할 부분을 드래그합니다.

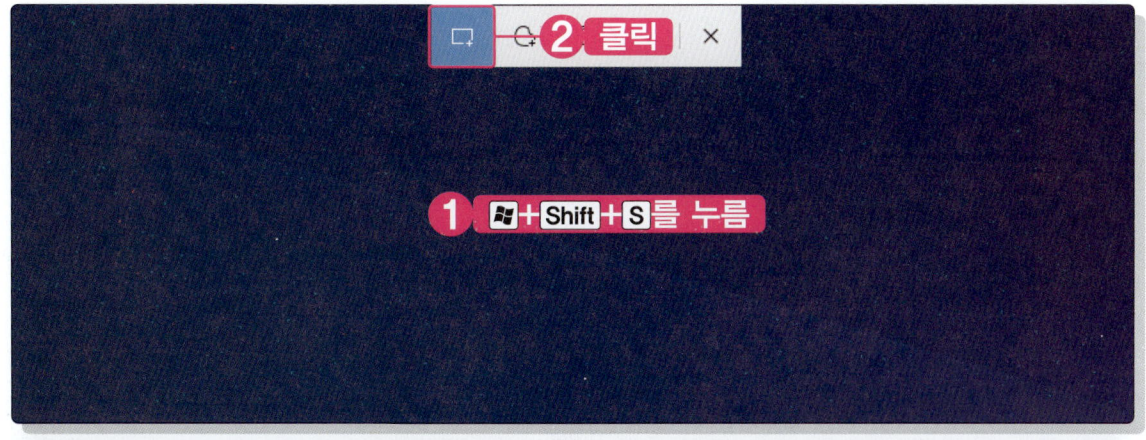

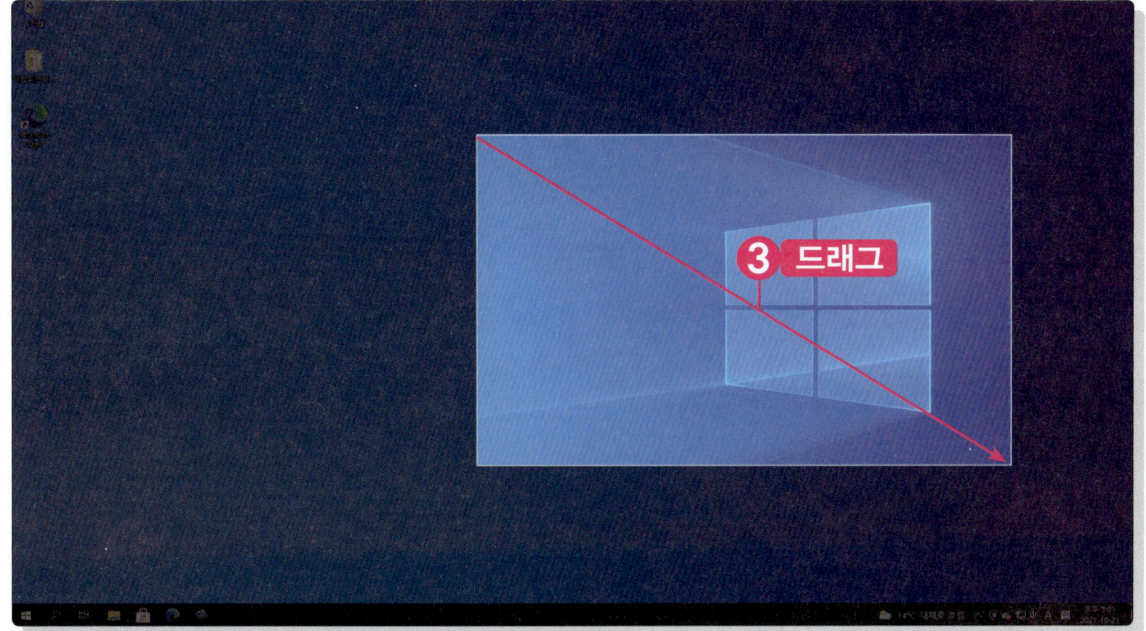

### 윈도우 캡처 도구 살펴보기

❶ 사각형 캡처 : 사각형 모양으로 캡처합니다.
❷ 자유형 캡처 : 자유형 모양으로 캡처합니다.
❸ 창 캡처 : 활성화된 창 단위로 캡처합니다.
❹ 전체 화면 캡처 : 전체 화면을 캡처합니다.
❺ 닫기 : 캡처 프로그램을 종료합니다.

**5** 화면 오른쪽 아래에 캡처 및 스케치 화면이 표시되면 **캡처 그림을 클릭**합니다.

**6** [캡처 및 스케치] 창에 캡처 이미지가 표시되면 필기를 하기 위해 ▽[볼펜]을 클릭 후 **색(빨강) 및 크기(5) 등을 지정**합니다.

> **Tip**
> 캡처 및 스케치 창에서는 캡처된 이미지에 볼펜 및 연필, 형광펜 등을 이용하여 이미지에 필기 또는 그림 등을 그리거나 특정 부분을 자를 수 있습니다.

**7** 마우스 포인터를 드래그하면 지정한 펜을 이용, 필기를 할 수 있습니다. 캡처 이미지의 저장을 위해 🖫[**저장**]을 **클릭**합니다.

**8** [다른 이름으로 저장] 대화상자가 표시되면 **저장 위치(내 PC ▶ 사진) 지정 및 파일 이름(사진)을 입력**한 후 [저장] 단추를 **클릭**합니다.

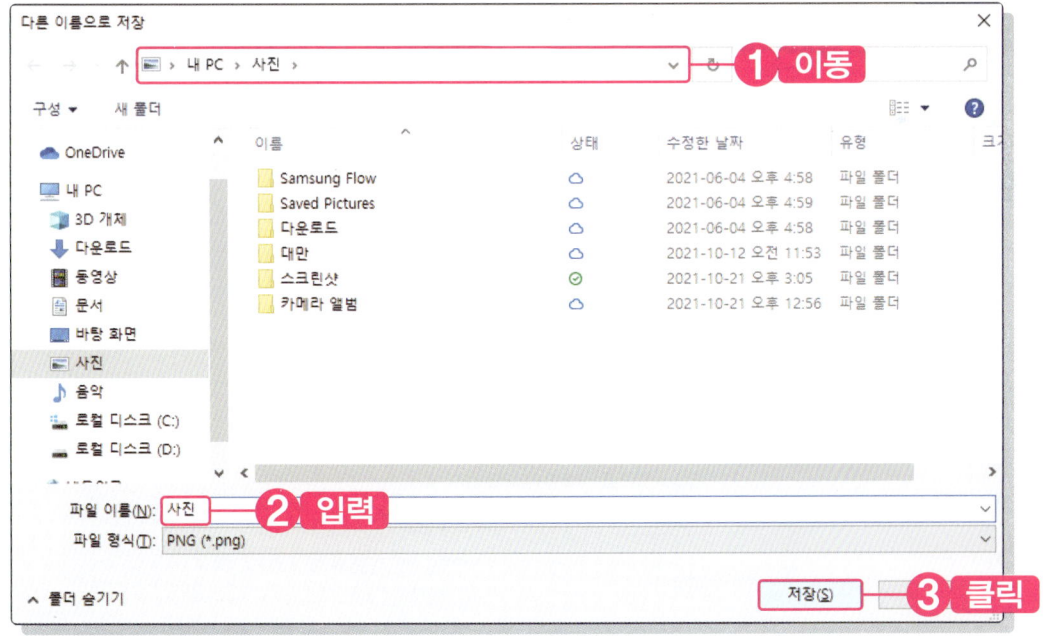

Chapter 08 - 윈도우 화면 캡처하기

## PrintScreen을 눌러 윈도우 캡처 기능 실행하기

윈도우 캡처 기능은 ⊞+Shift+S를 눌러 실행하지만 PrintScreen키를 눌러 하나의 키로 바로 실행할 수 있습니다. 방법은 시스템 설정을 이용한 접근성 키보드 설정에서 Print Screen 바로 가기 단추를 사용하여 화면 캡처 사용하기를 활성화 설정하면 됩니다. 단, 이때 상황에 따라 윈도우를 다시 시작해야 기능이 사용이 적용될 수도 있습니다.

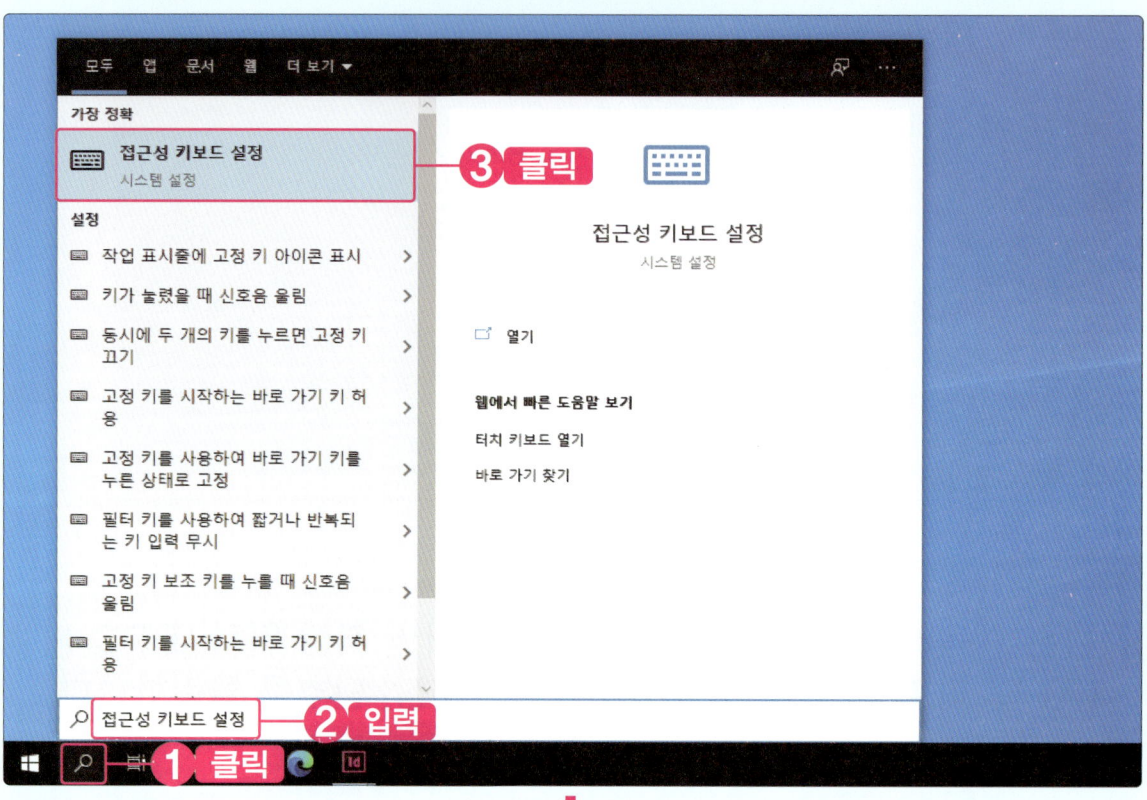

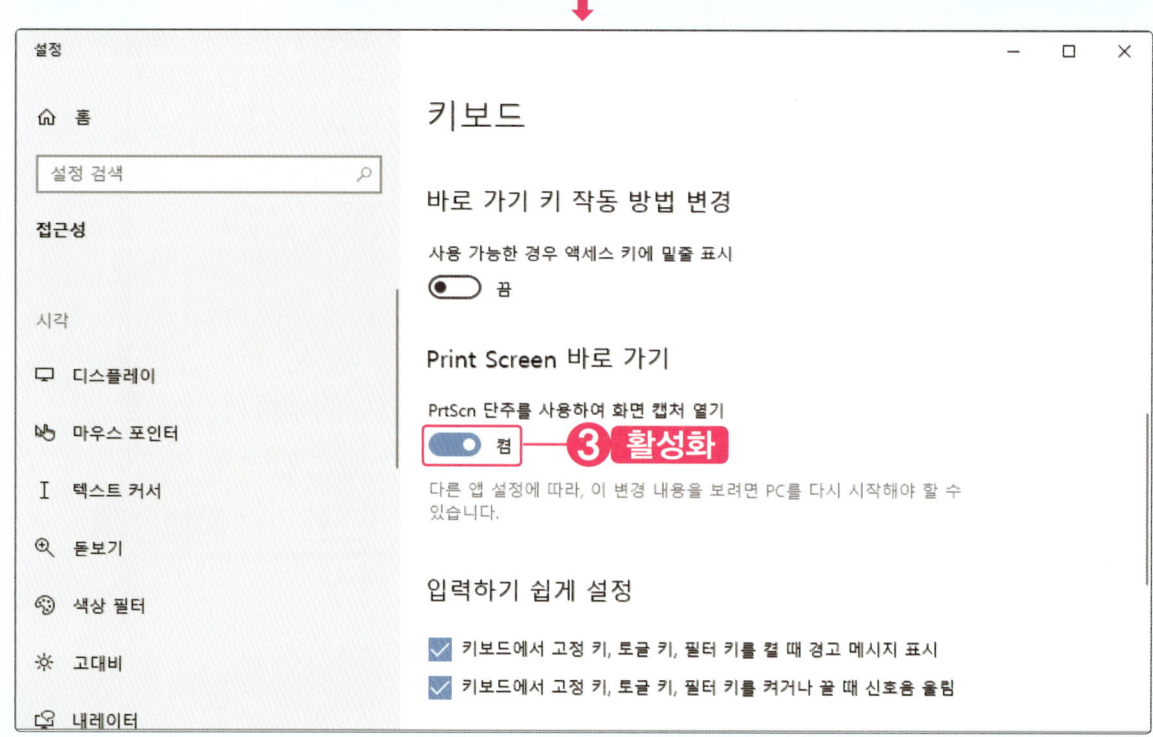

# 실전 연습 문제

**01** 키보드의 [PrintScreen]을 이용하여 윈도우 캡처 기능이 실행되도록 설정해 보세요.

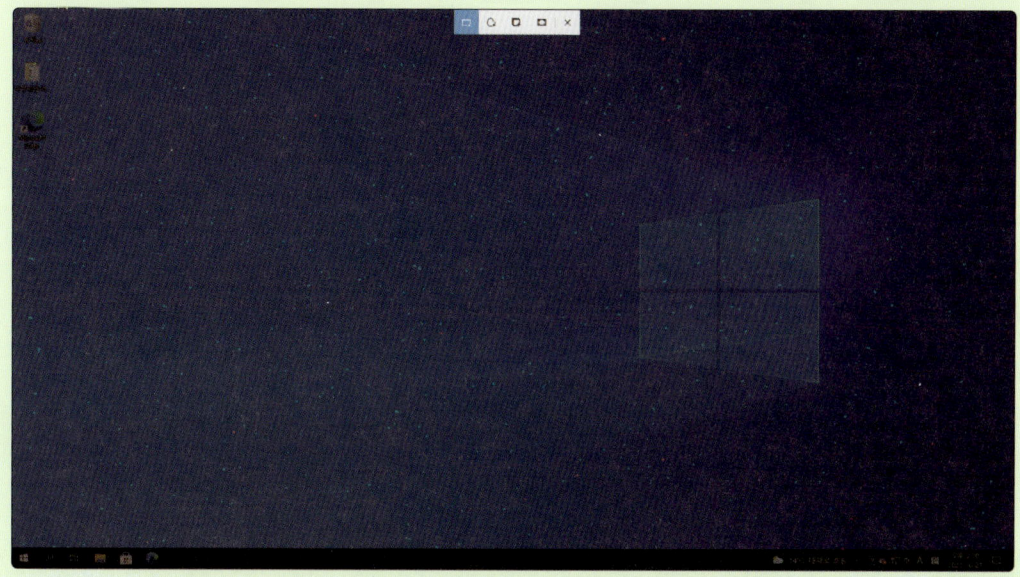

**Hint**
윈도우 설정 중 접근성 키보드 설정의 Print Screen 단추를 사용하여 화면 캡처 사용하기를 활성화 한 후 키보드의 [PrintScreen]을 누름

**02** 윈도우 캡처 기능을 이용하여 임의로 캡처한 후 필기 기능을 사용해 보세요.

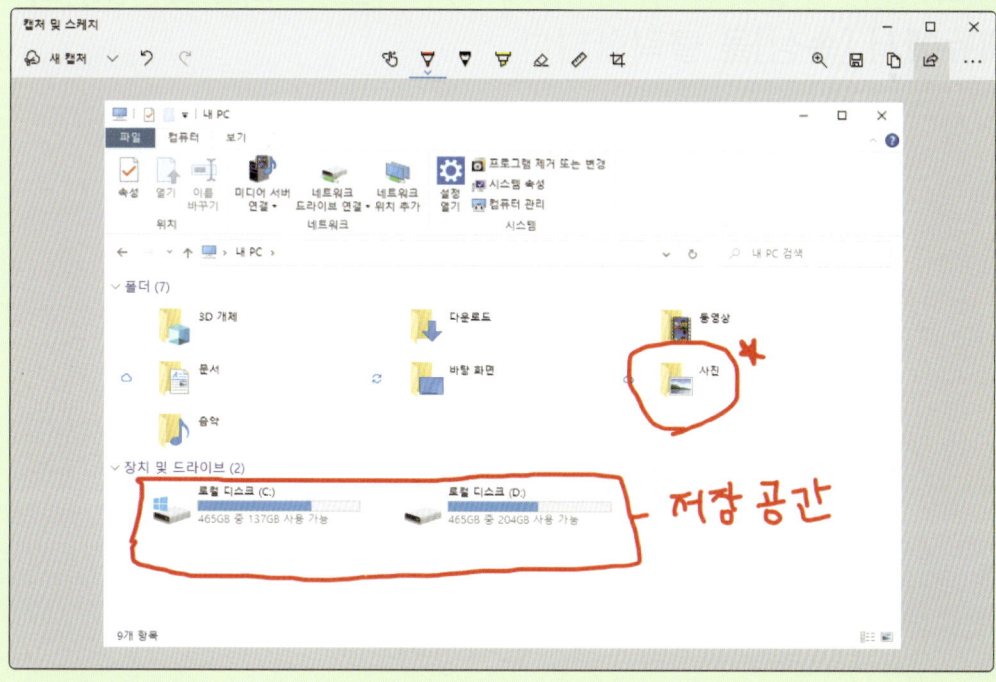

**Hint**
[PrintScreen]을 눌러 윈도우 캡처 상황에서 원하는 부분 캡처

Windows 10 기본

# Chapter 09 컴퓨터 관리하기

디스크 정리, 드라이브 최적화 및 조각 모음, 프로그램 제거 등은 컴퓨터를 관리할 수 있는 기능인데요. 컴퓨터를 관리하면 컴퓨터를 효율적으로 사용할 수 있습니다. 그럼 컴퓨터를 관리하는 방법에 대해 알아보겠습니다.

## Step 01 디스크 정리하고 디스크 최적화 및 조각 모음하기

**1** 파일 탐색기를 실행하기 위해 ⊞[시작] 단추를 클릭한 후 앱 뷰에서 [Windows 시스템]을 클릭한 다음 [파일 탐색기]를 클릭합니다.

**2** 파일 탐색기가 실행되면 탐색 창에 있는 [로컬 디스크 (C:)]의 바로 가기 메뉴에서 [속성]을 클릭합니다.

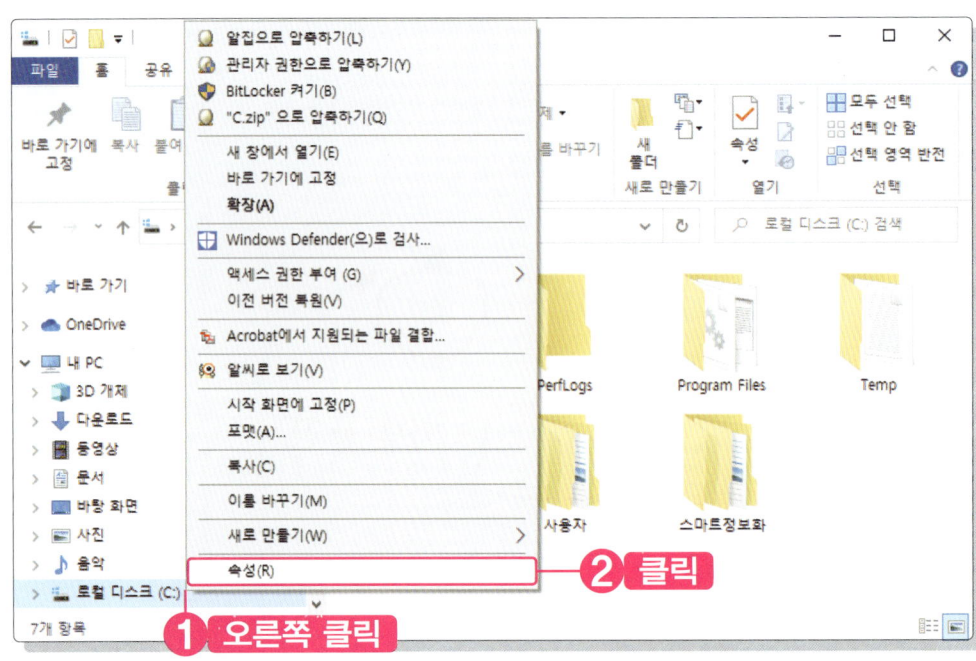

**3** [로컬 디스크 (C:) 속성] 대화상자가 나타나면 디스크 정리를 하기 위해 [일반] 탭에서 **[디스크 정리] 단추를 클릭**합니다.

> **Tip**
> 디스크 정리는 필요하지 않은 파일을 삭제하여 하드 디스크의 여유 공간을 확보하는 기능입니다.

**4** 얼마만큼의 디스크 공간을 비울 수 있는지 계산한 후 [디스크 정리: (C:)] 대화상자가 나타나면 [삭제할 파일]에서 **모든 파일을 선택**한 다음 **[확인] 단추를 클릭**합니다.

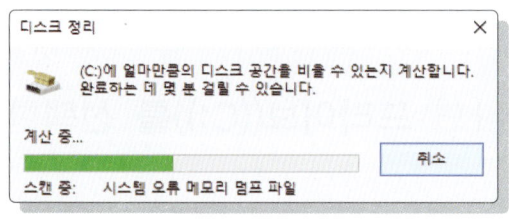

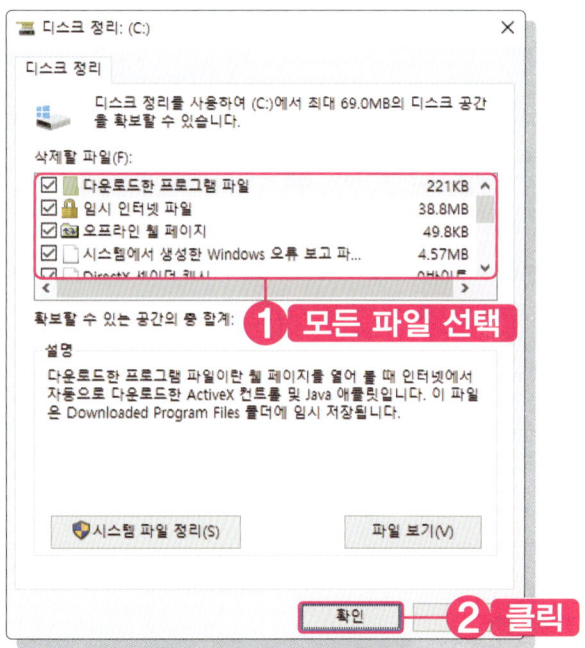

**5** '이 파일을 완전히 삭제하시겠습니까?'라고 묻는 대화상자가 나타나면 **[파일 삭제] 단추를 클릭**합니다.

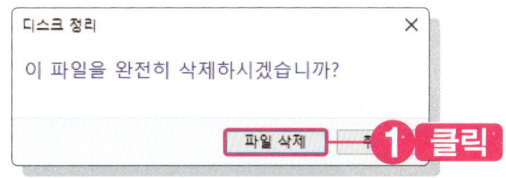

Chapter 09 – 컴퓨터 관리하기 **83**

**6** 다음과 같이 디스크 정리를 합니다.

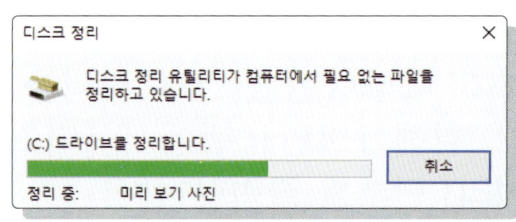

**7** 드라이브 최적화 및 조각 모음을 하기 위해 [로컬 디스크 (C:) 속성] 대화상자의 [도구] 탭에서 **[최적화] 단추를 클릭**합니다.

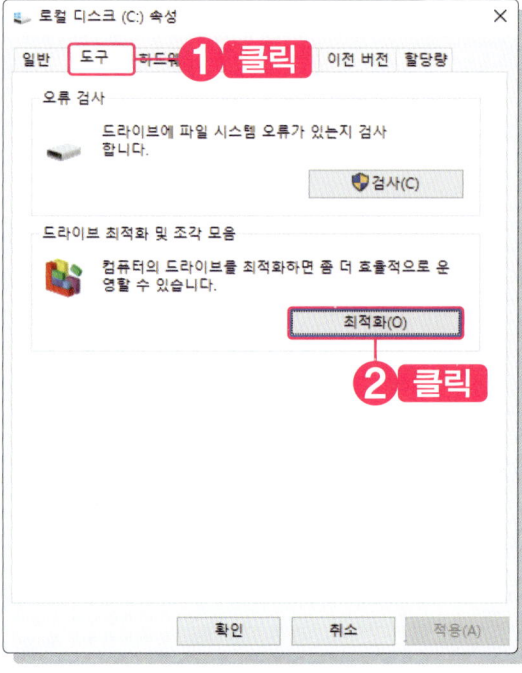

> **Tip**
> 드라이브 최적화 및 조각 모음은 하드 디스크에 분산되어 저장된 데이터를 모아서 컴퓨터의 처리 속도를 향상시키는 기능입니다.

**8** [드라이브 최적화] 대화상자가 나타나면 **드라이브((C:))를 선택**한 후 **[최적화] 단추를 클릭**합니다.

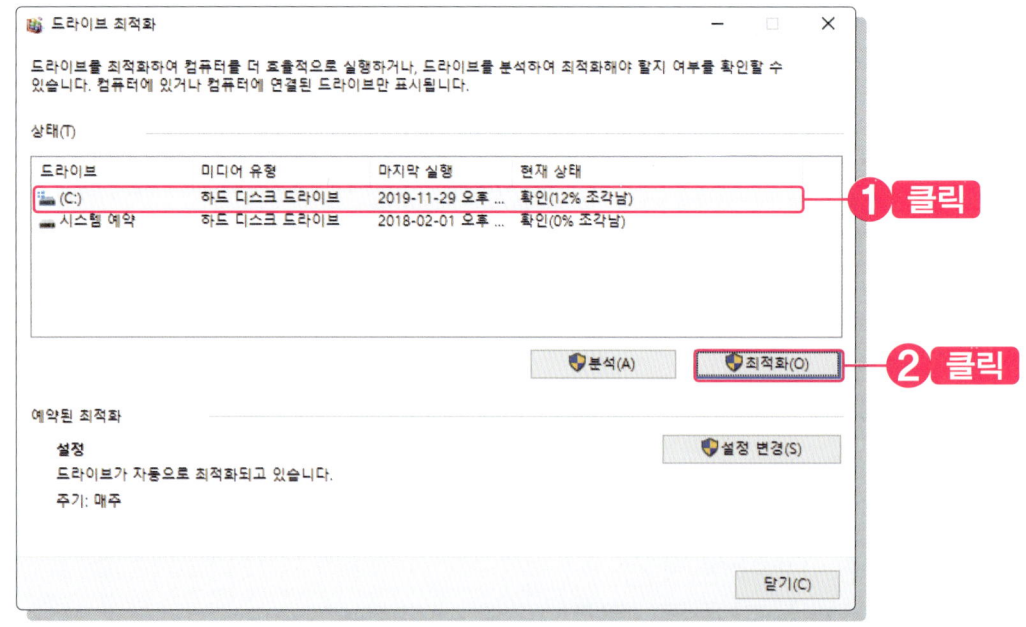

> **Tip**
> [분석] 단추를 클릭하면 데이터가 하드 디스크에 분산되어 저장된 비율을 확인할 수 있는데요. 비율이 10%를 넘으면 드라이브 최적화 및 조각 모음을 하는 것이 좋습니다.

**9** 다음과 같이 드라이브 최적화 및 조각 모음을 합니다.

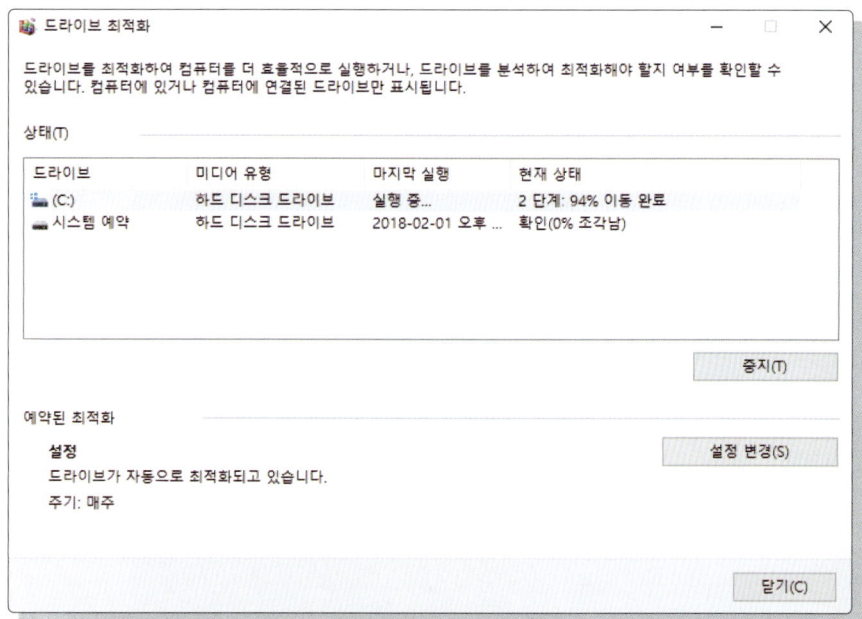

**10** 드라이브 최적화 및 조각 모음을 마치면 **[닫기] 단추를 클릭**합니다.

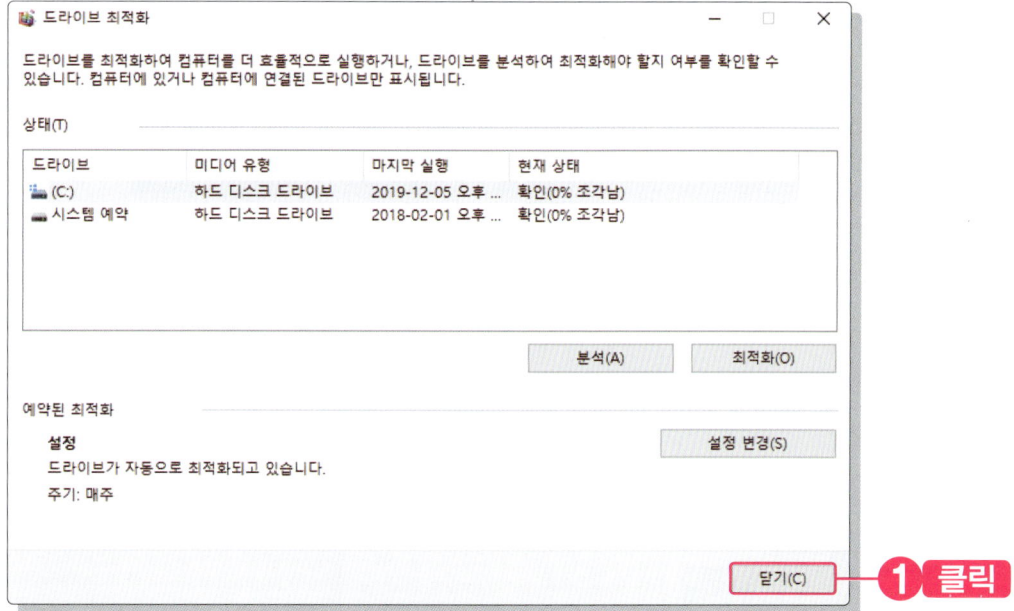

**11** [로컬 디스크 (C:) 속성] 대화상자가 다시 나타나면 **[확인] 단추를 클릭**합니다.

**12** [로컬 디스크 (C:) 속성] 대화상자가 닫히면 **파일 탐색기를 종료**합니다.

## Step 02 프로그램 제거하기

**1** 제어판을 실행하기 위해 ⊞[시작] 단추를 클릭한 후 앱 뷰에서 [Windows 시스템]을 클릭한 다음 [제어판]을 클릭합니다.

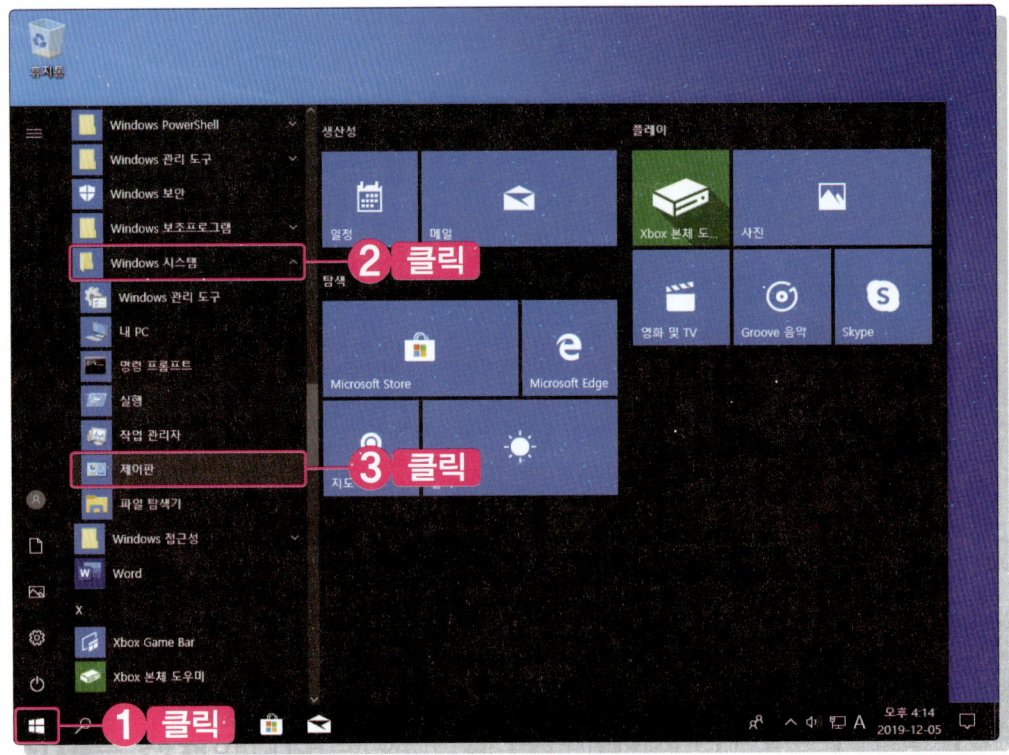

**2** 제어판이 실행되면 보기 기준(범주)을 선택한 후 [프로그램 제거]를 클릭합니다.

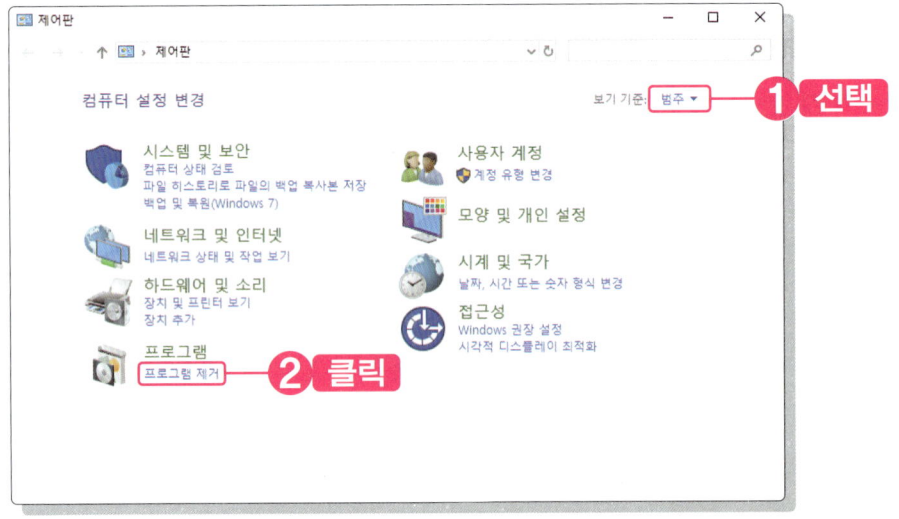

> **Tip**
> [보기 기준]에서 [범주]/[큰 아이콘]/[작은 아이콘]을 선택하면 제어판을 해당 보기로 볼 수 있는데요. 범주는 서로 관련 있는 기능을 묶어서 표시하고, 큰 아이콘과 작은 아이콘은 모든 기능을 개별적으로 표시합니다.

**3** [프로그램 및 기능] 창이 나타나면 **제거할 프로그램(여기서는 알집 11.03)을 선택**한 후 **[제거]를 클릭**합니다.

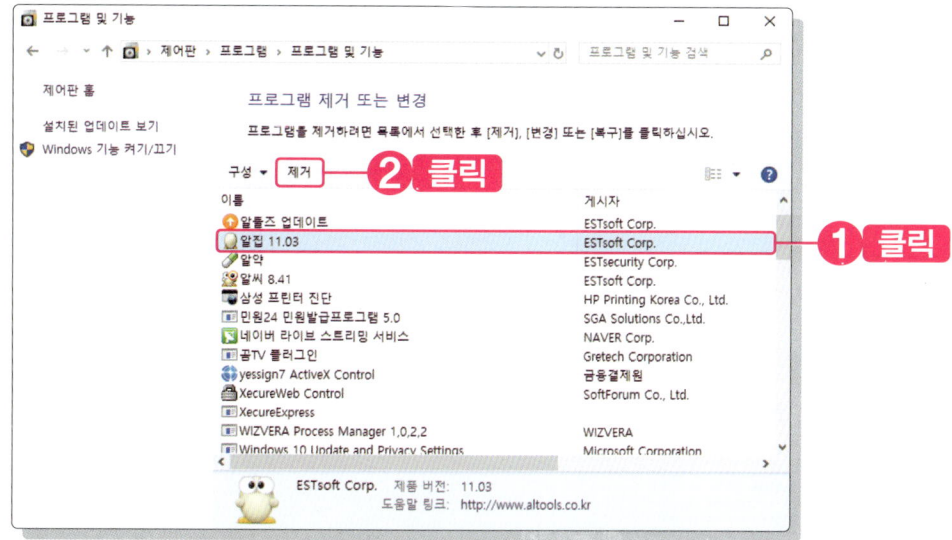

**4** '이 앱이 디바이스를 변경할 수 있도록 허용하시겠어요?'라고 묻는 대화상자가 나타나면 **[예] 단추를 클릭**합니다.

**5** '정말로 알집을 제거하시겠습니까?'라고 묻는 대화상자가 나타나면 **[예] 단추를 클릭**합니다.

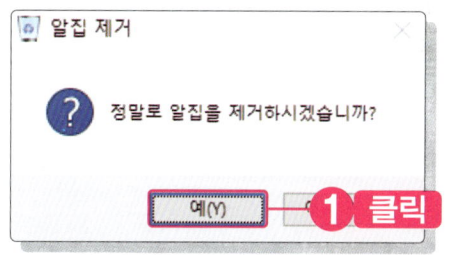

**6** 알집을 제거한 후 '재부팅후 알집의 제거가 완료됩니다.'라는 내용의 대화상자가 나타나면 **[확인] 단추를 클릭**합니다.

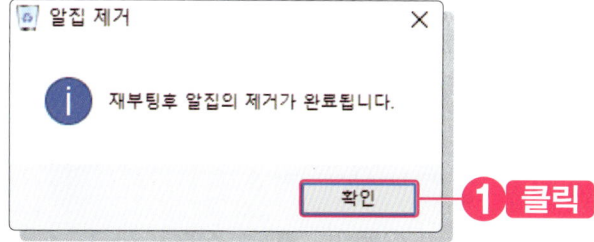

**7** [프로그램 및 기능] 창을 닫기 위해 ⨯**[닫기] 단추를 클릭**합니다.

**8** [프로그램 및 기능] 창이 닫힙니다.

## 실전 연습 문제

**01** 다음과 같이 디스크 정리를 해 보세요.
- 삭제할 파일 : 임시 인터넷 파일, 시스템에서 생성한 Windows 오류 보고 파일, 배달 최적화 파일

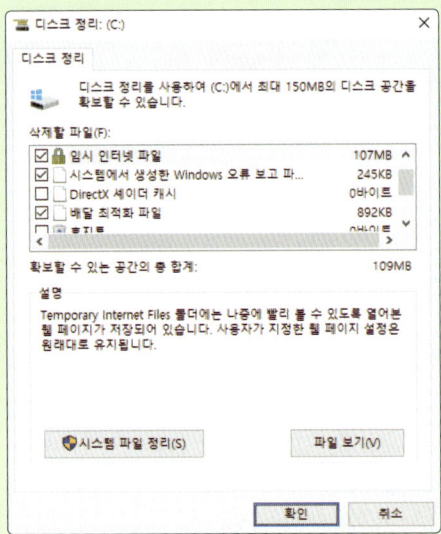

**02** 다음과 같이 드라이브 최적화 및 조각 모음을 해야 하는지 분석해 보세요.

> **Hint**
> 분석하기 : [로컬 디스크 (C:) 속성] 대화상자의 [도구] 탭에서 [최적화] 단추를 클릭 → [드라이브 최적화] 대화상자에서 드라이브((C:))를 선택한 후 [분석] 단추를 클릭

**03** 알씨를 제거해 보세요.

- 01장 · 인터넷 시작하고 종료하기
- 02장 · 마이크로소프트 엣지 사용하기
- 03장 · 시작 페이지 지정하고 앱 뷰에 사이트 추가하기
- 04장 · 즐겨찾기 사용하기
- 05장 · 검색엔진 사용하기
- 06장 · 내 컴퓨터로 정보 가져오기
- 07장 · 이메일 사용하기
- 08장 · 최신 뉴스 보고 실시간으로 방송 보기
- 09장 · 부동산 정보 알아보고 길 찾아가기

# 인터넷 엣지

Microsoft Edge

## 화면 구성

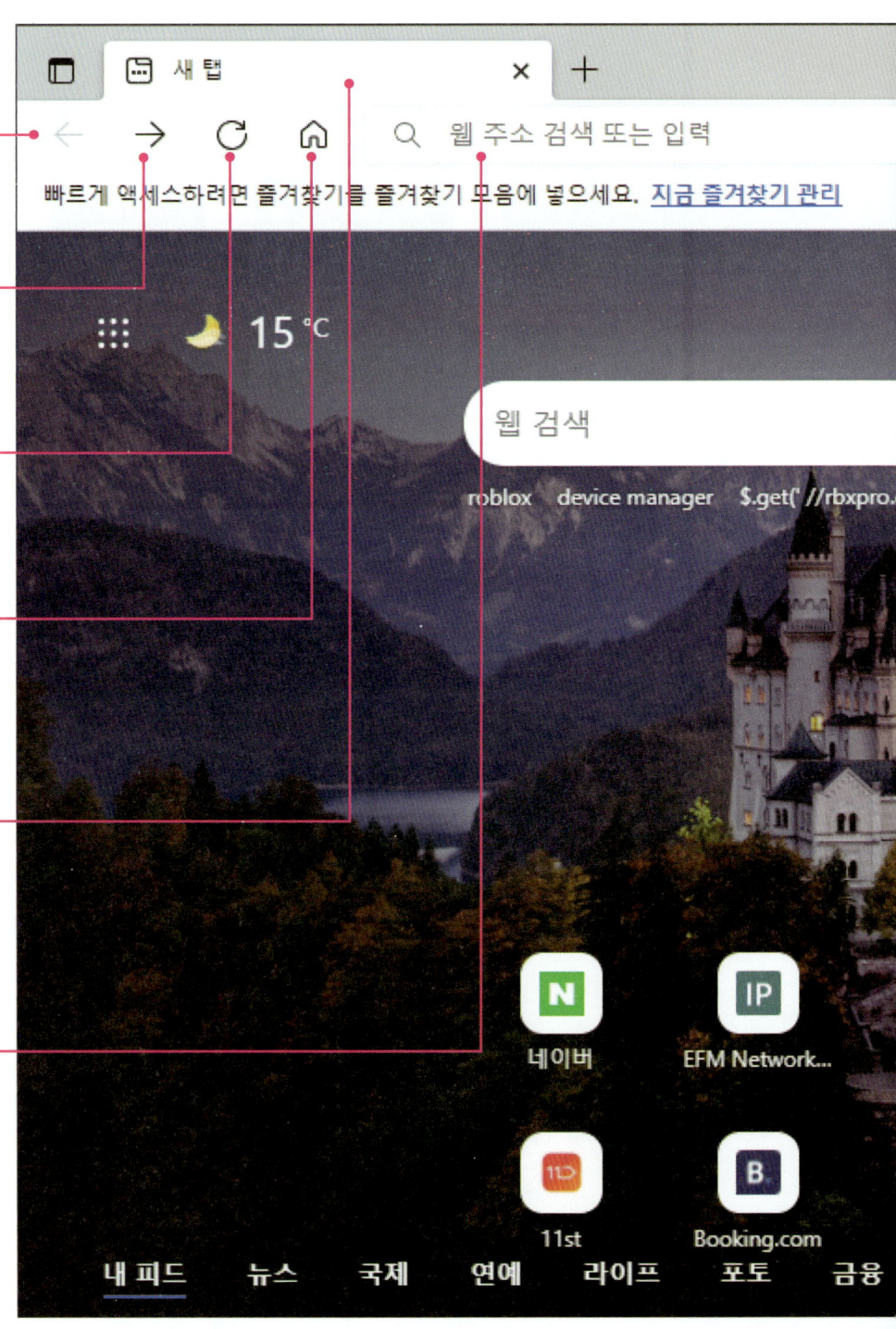

**뒤로**
이전 페이지로 이동합니다.

**앞으로**
다음 페이지로 이동합니다.

**새로 고침**
인터넷 페이지를 다시 불러옵니다.

**홈**
시작 페이지로 이동합니다.

**탭**
접속된 페이지를 나타낸 것입니다. 탭에는 접속된 페이지의 제목이 표시됩니다.

**주소 표시줄**
접속된 페이지의 주소가 표시되는 곳입니다.

마이크로소프트의 엣지 화면은 주소 표시줄, 탭, 홈 등으로 구성되어 있습니다.

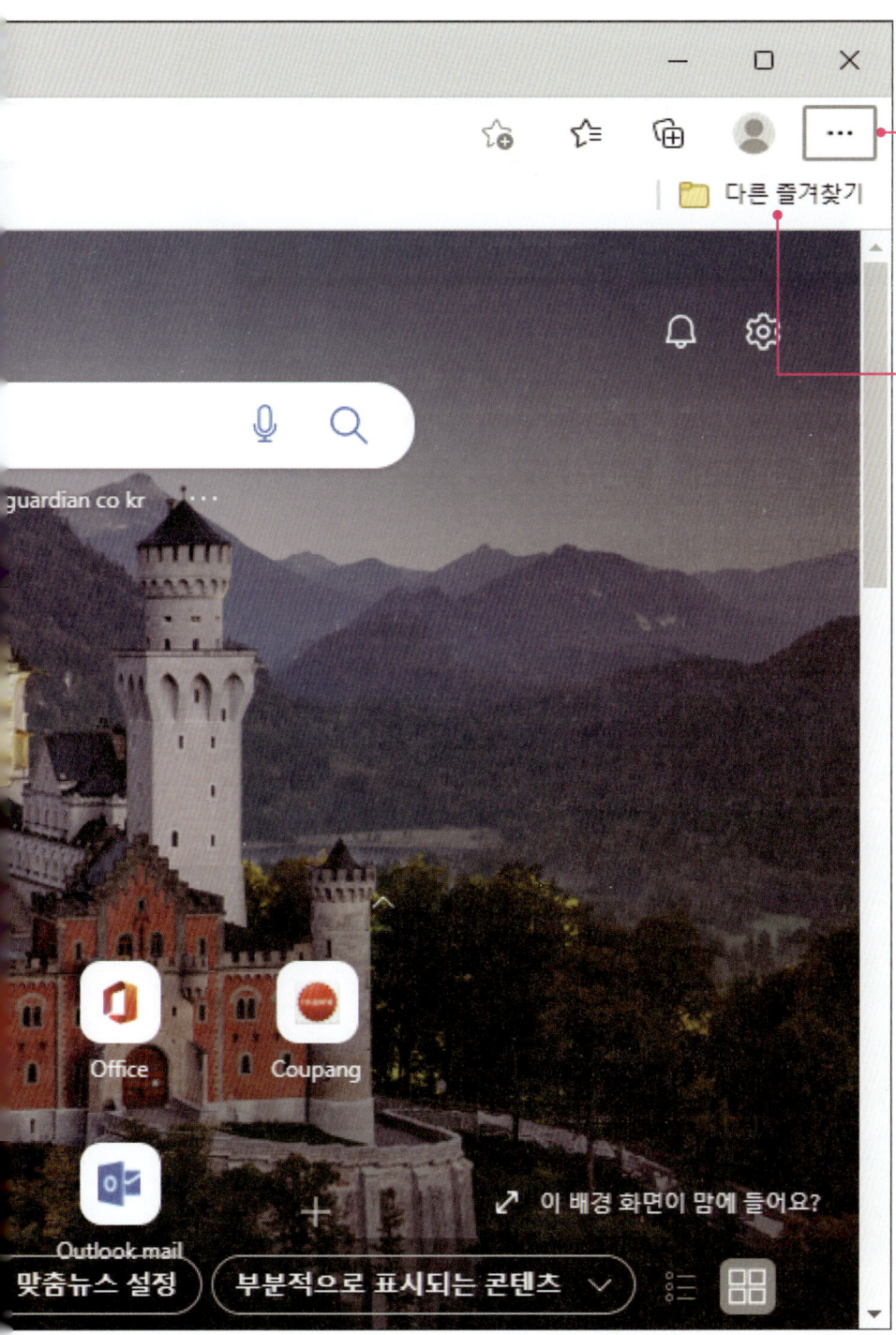

**설정 및 기타**
페이지를 인쇄하거나 인터넷 옵션을 설정하는 등의 작업을 할 수 있습니다.

**즐겨찾기**
자주 접속하는 사이트를 즐겨찾기에 추가하거나 관리하는 등의 작업을 할 수 있습니다.

Microsoft Edge

# 인터넷 시작하고 종료하기

인터넷은 전 세계의 컴퓨터와 네트워크를 서로 연결하여 이루어진 거대한 통신망인데요. 인터넷으로 할 수 있는 일은 정보 검색, 인터넷 뱅킹, 인터넷 쇼핑 등 헤아릴 수 없을 정도로 많습니다. 그럼 인터넷을 시작하고 종료하는 방법에 대해 알아보겠습니다.

## Step 01 인터넷 시작하기

**1** 마이크로소프트 엣지를 실행하기 위해 ⊞[시작] 단추를 클릭한 후 앱 뷰 목록에서 [Microsoft Edge]를 클릭합니다.

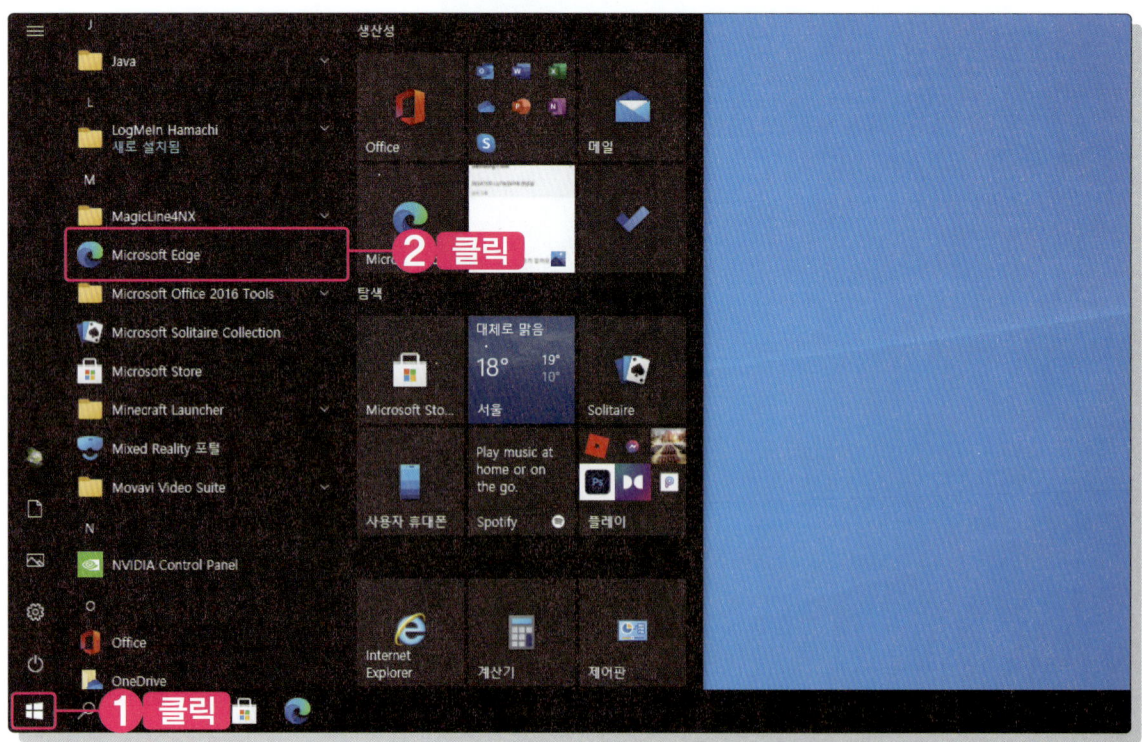

**2** 시작 페이지가 나타나면 네이버 사이트에 접속하기 위해 **주소 표시줄에 '네이버'를 입력**한 후 Enter 를 누릅니다.

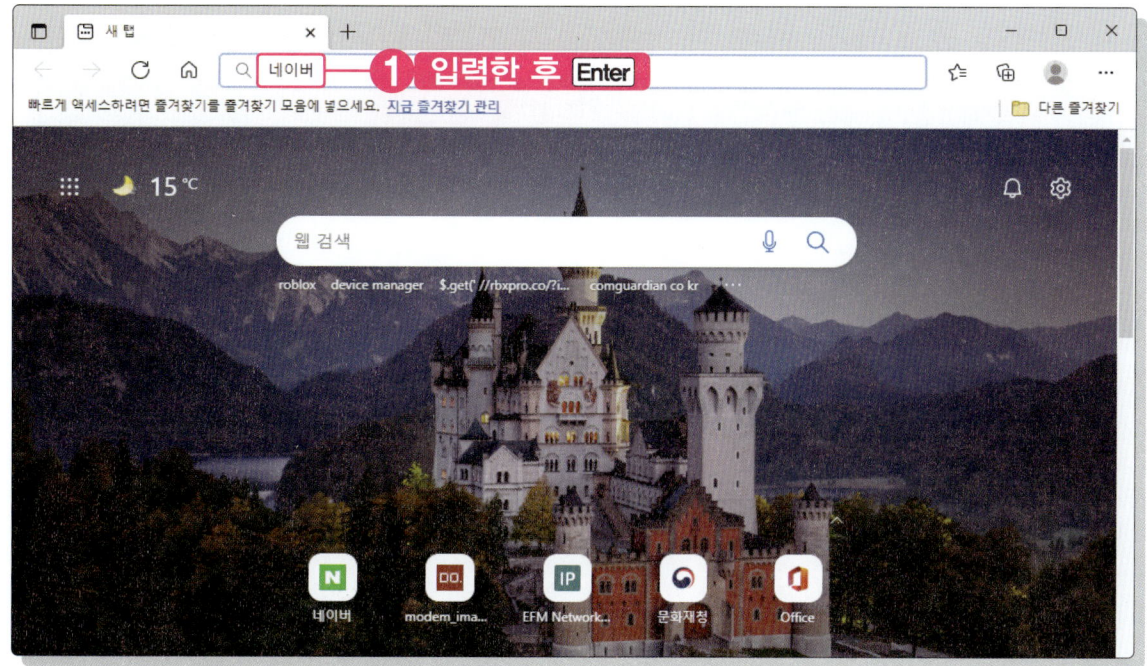

**Tip**
마이크로소프트 엣지가 실행되었을 때 처음 화면에 나타나는 페이지를 '시작 페이지'라고 하는데요. 시작 페이지는 마이크로소프트 엣지마다 다르게 지정되어 있을 수 있습니다.

**3** '네이버'에 대한 검색 결과가 나타나면 **[네이버 – NAVER]를 클릭**합니다.

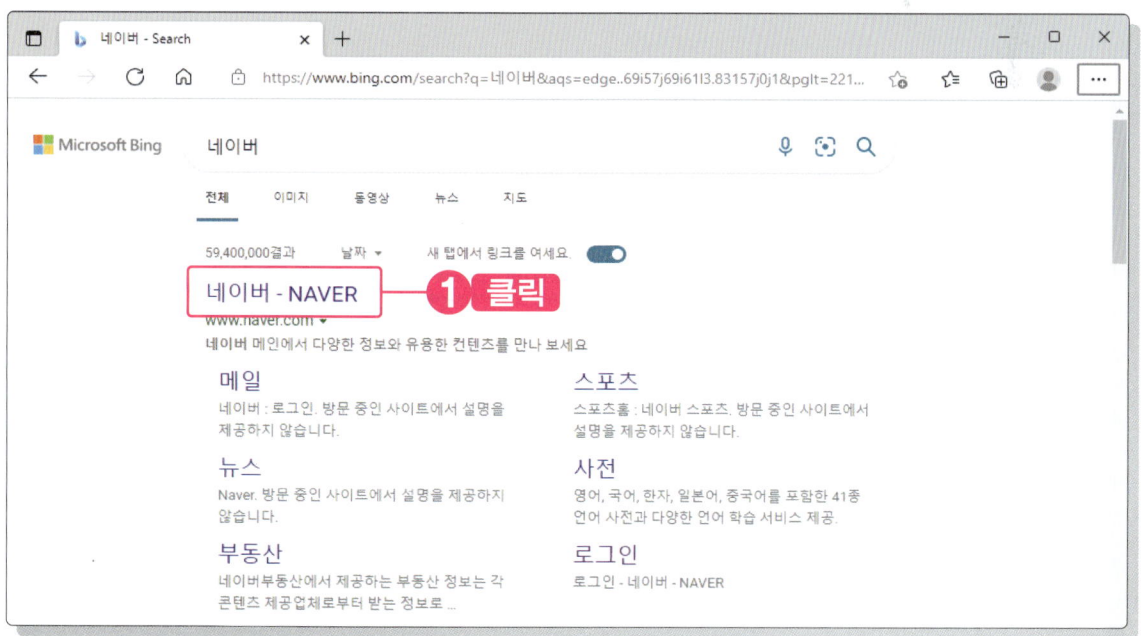

**4** 네이버 홈 페이지가 나타납니다.

Chapter 01 – 인터넷 시작하고 종료하기 **5**

### Step 02 인터넷 종료하기

**1** 네이버를 종료하기 위해 네이버 탭의 ×[탭 닫기] 단추를 클릭합니다.

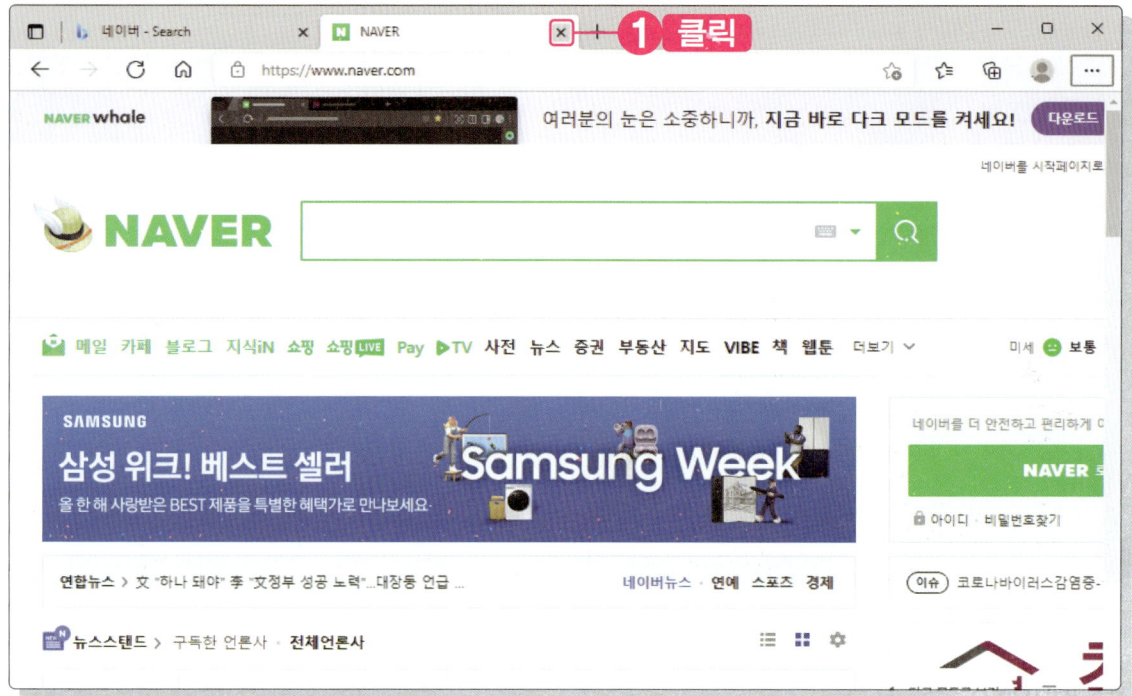

**2** 네이버 탭이 종료됩니다. 이번엔 마이크로소프트 엣지를 종료하기 위해 ×[닫기] 단추를 클릭합니다.

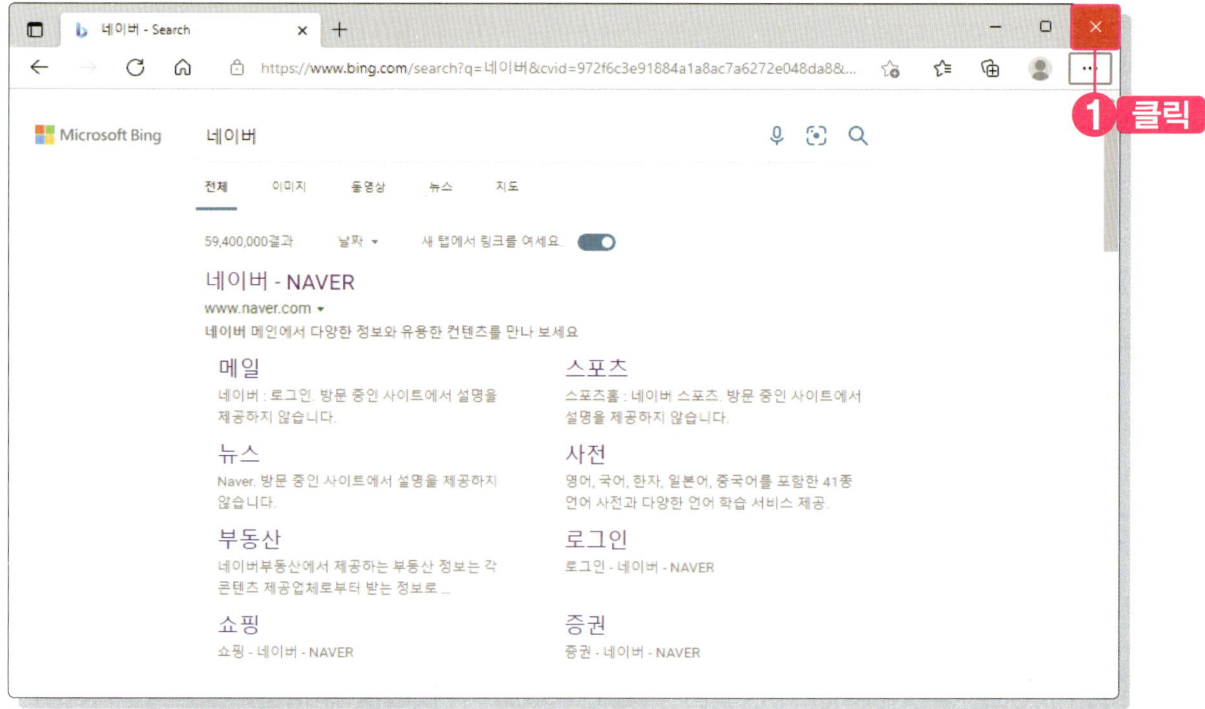

**3** 마이크로소프트 엣지가 종료됩니다.

# 실전 연습 문제

**01** 다음은 마이크로소프트 엣지의 화면 구성입니다. 화면 구성 요소의 이름을 적어 보세요.

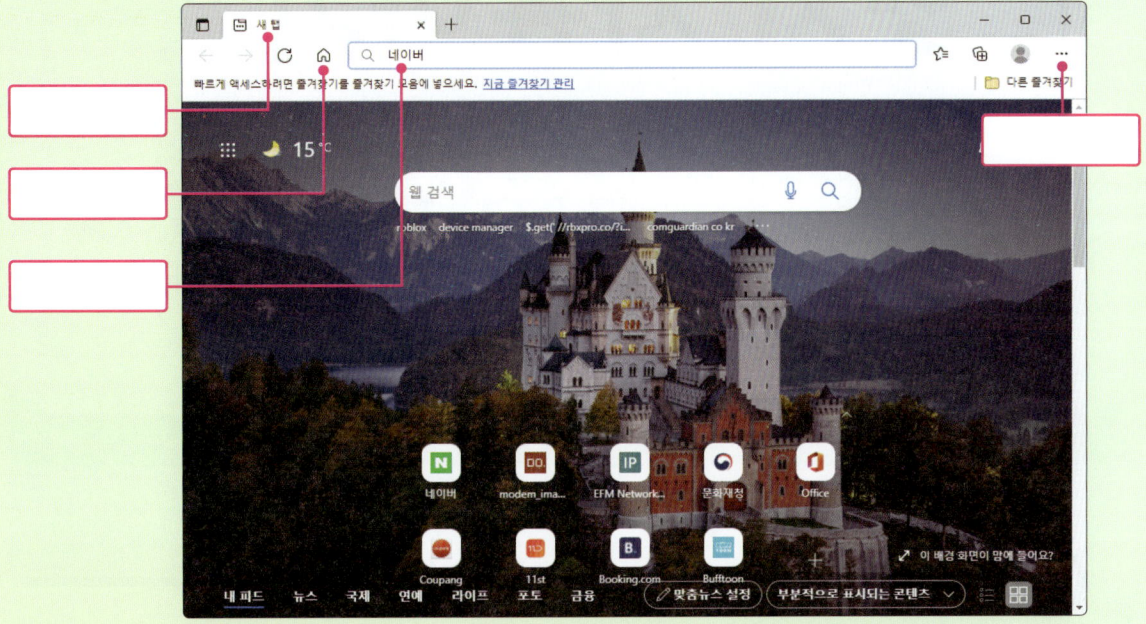

**02** 다음과 같이 마이크로소프트 엣지를 실행한 후 '다음(Daum)' 사이트에 접속한 다음 마이크로소프트 엣지를 종료해 보세요.

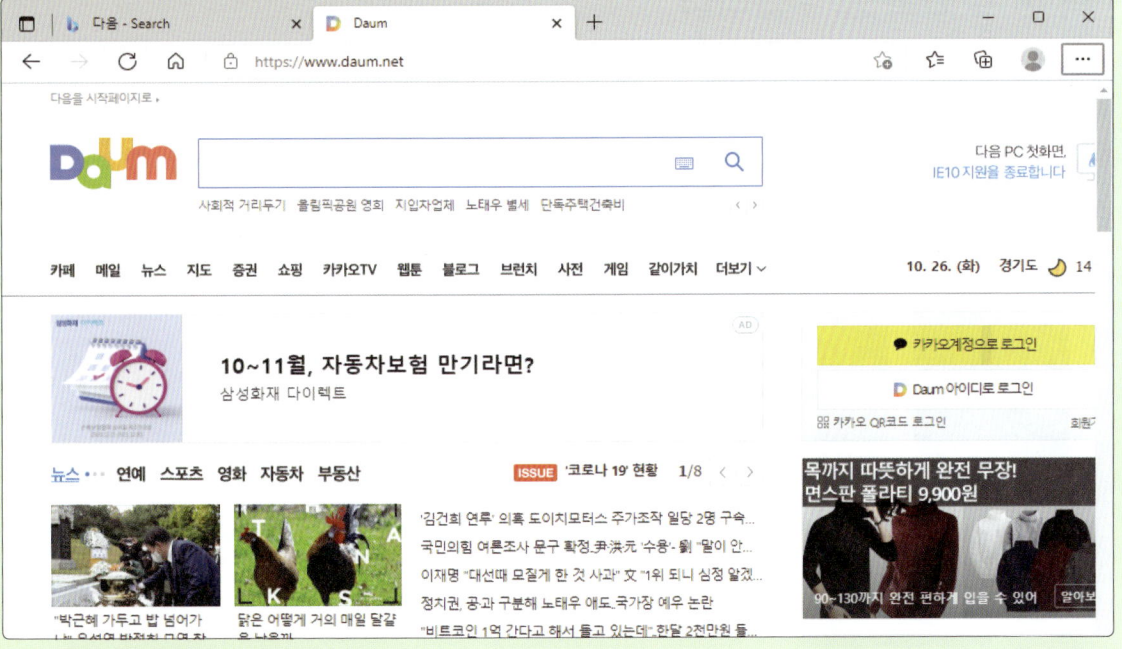

**Hint**

'다음(Daum)' 사이트에 접속하기 : 마이크로소프트 엣지를 실행한 후 주소 표시줄에 '다음'을 입력한 다음 Enter 를 누름 → '다음'에 대한 검색 결과가 나타나면 [www.daum.net]을 클릭

Chapter 01 - 인터넷 시작하고 종료하기

Microsoft Edge

# 마이크로소프트 엣지 사용하기

웹 브라우저에는 엣지, 마이크로소프트 엣지, 크롬, 파이어폭스 등이 있는데요. 윈도우에 기본 내장되어 있으며 많이 사용하는 웹 브라우저는 마이크로소프트 엣지입니다. 그럼 마이크로소프트 엣지를 사용하는 방법에 대해 알아보겠습니다.

## Step 01 마이크로소프트 엣지의 화면 확대하기

**1** **마이크로소프트 엣지를 실행**한 후 고척스카이돔 사이트에 접속하기 위해 **주소 표시줄에** 'www.sisul.or.kr/open_content/skydome'을 입력한 후 Enter를 누릅니다.

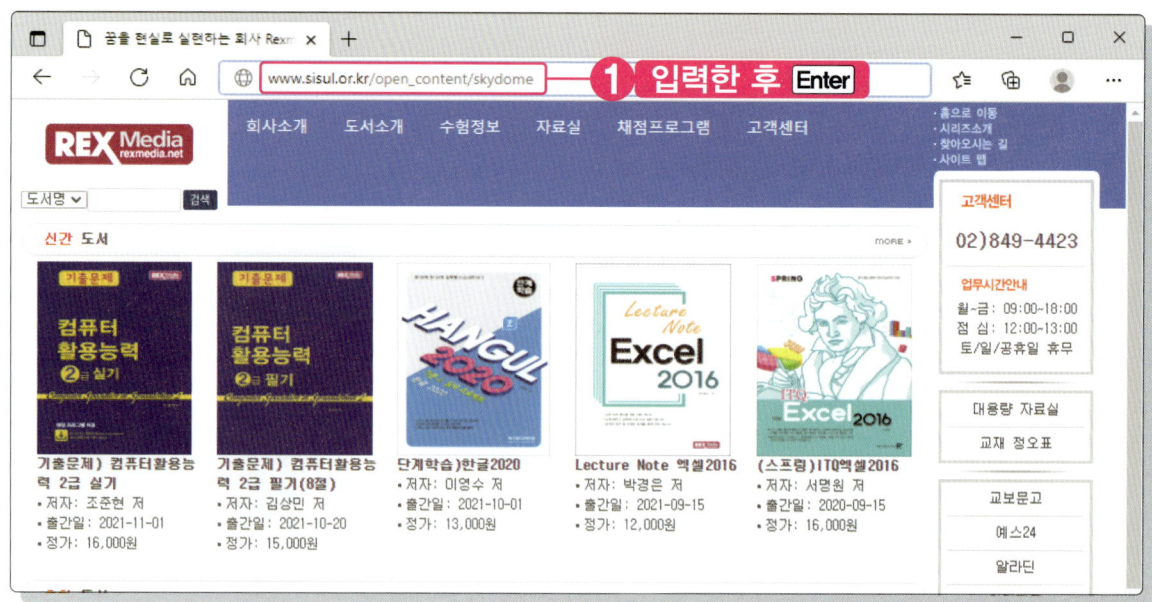

**Tip**
주소 표시줄에 'www.sisul.or.kr/open_content/skydome'을 입력한 후 Enter를 누르면 현재 탭에 고척스카이돔 홈 페이지가 나타나고, Alt + Enter를 누르면 새 탭에 고척스카이돔 홈 페이지가 나타납니다.

8 인터넷(엣지)

**2** 고척스카이돔 홈 페이지가 나타나면 …[설정 및 기타]를 클릭한 후 [확대/축소] 항목의 ＋[확대]를 클릭합니다.

> **Tip**
> - Ctrl+＋를 눌러 마이크로소프트 엣지의 화면을 확대할 수도 있습니다.
> - …[설정 및 기타]를 클릭한 후 [확대/축소] 항목의 ＋[확대]를 클릭하거나 Ctrl+＋를 누를 때마다 마이크로소프트 엣지의 화면이 10%~100%씩 확대됩니다.

**3** 다음과 같이 마이크로소프트 엣지의 화면이 확대됩니다.

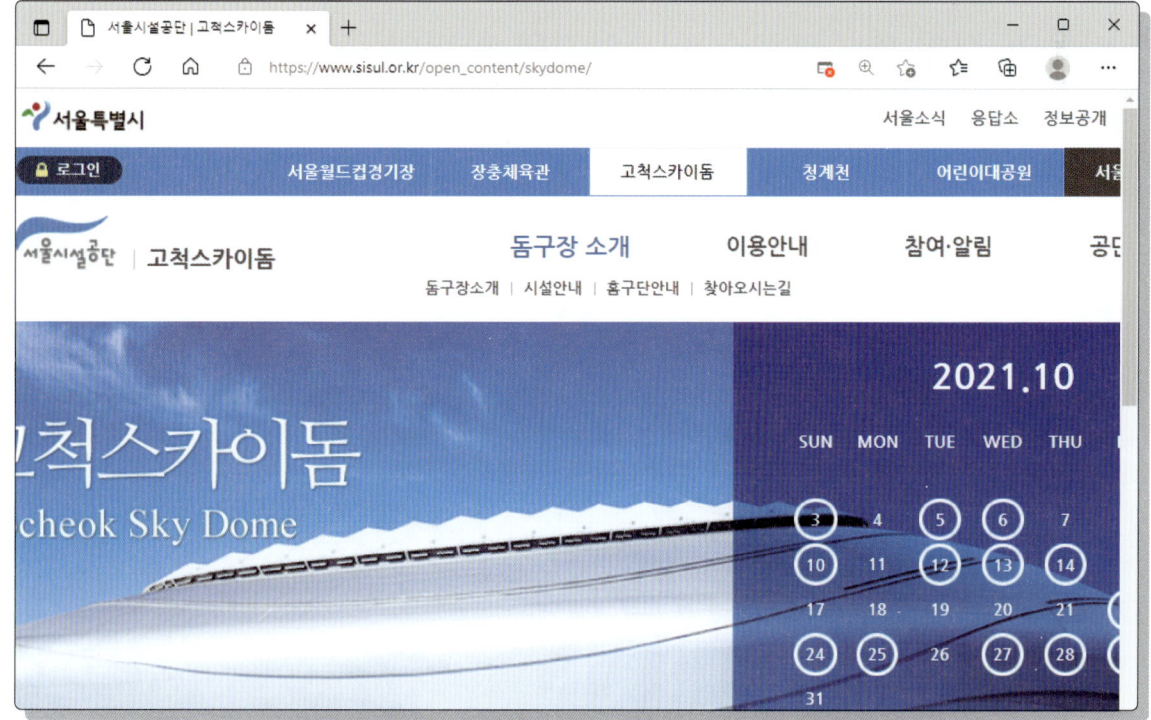

## Step 02 마이크로소프트 엣지의 화면 축소하기

**1** ···[설정 및 기타]를 클릭한 후 [확대/축소] 항목의 −[축소]를 클릭합니다.

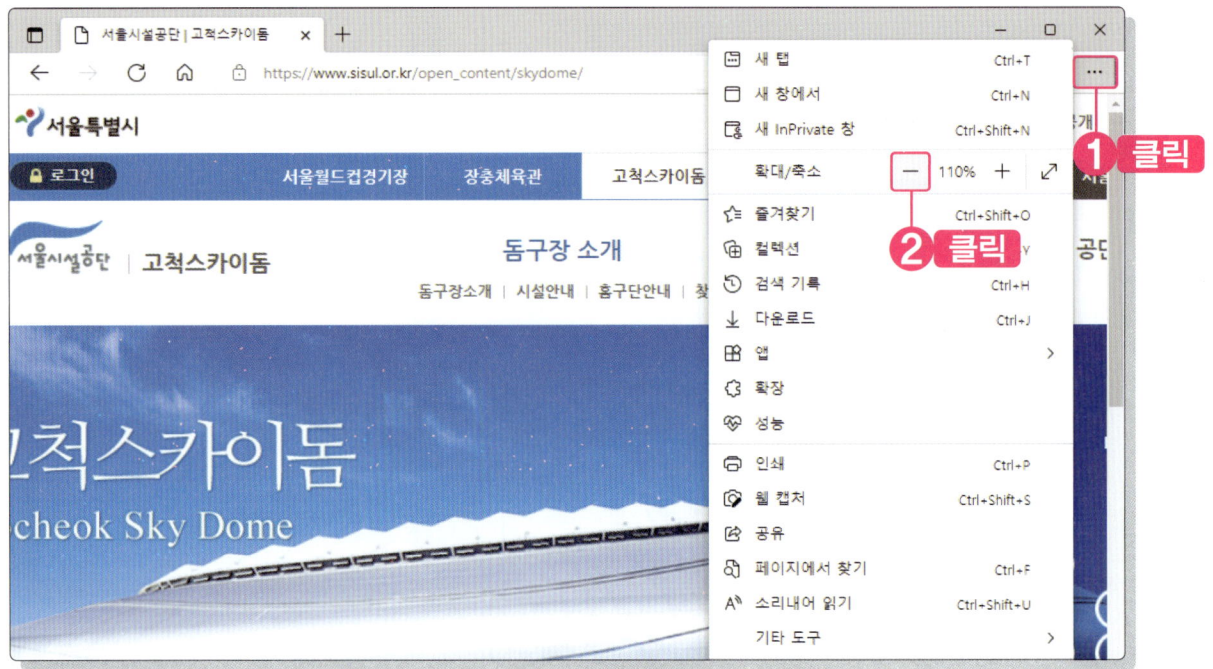

> **Tip**
> - Ctrl + − 를 눌러 마이크로소프트 엣지의 화면을 축소할 수도 있습니다.
> - ···[설정 및 기타]를 클릭한 후 [확대/축소] 항목의 −[축소]를 클릭하거나 Ctrl + − 를 누를 때마다 마이크로소프트 엣지의 화면이 10%~100%씩 축소됩니다.

**2** 다음과 같이 마이크로소프트 엣지의 화면이 축소됩니다.

## Step 03 페이지 이동하기

**1** 청계천 사이트에 접속하기 위해 [청계천]을 클릭합니다.

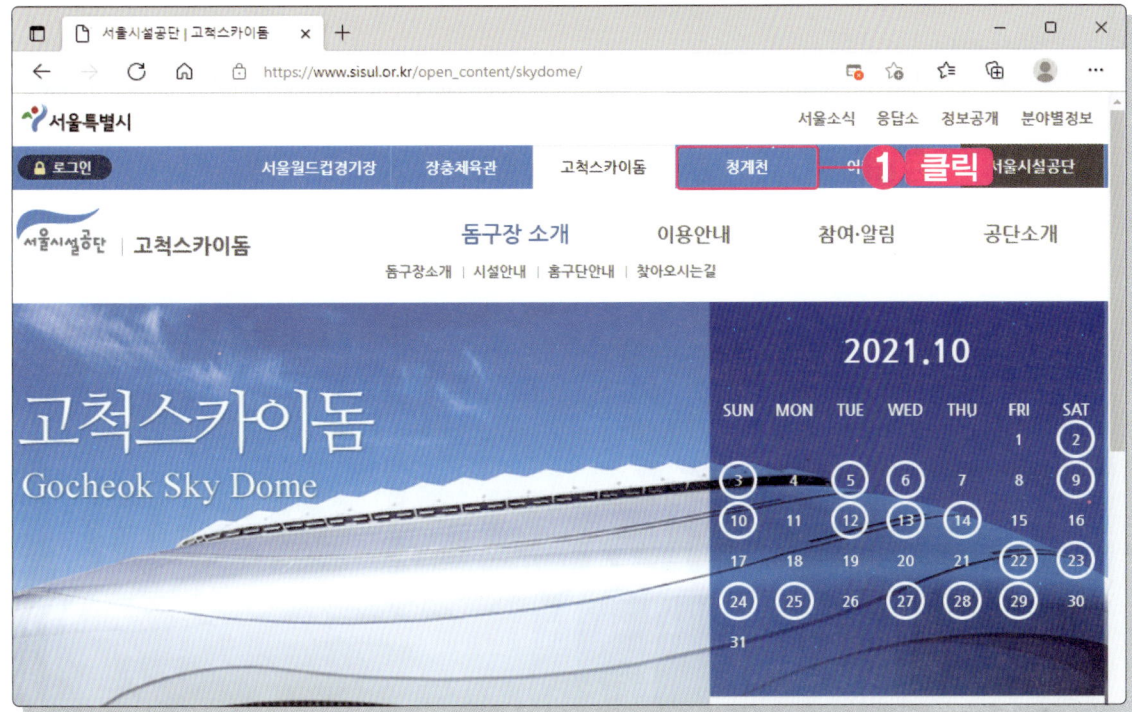

**2** 청계천 홈 페이지가 나타나면 서울어린이대공원 사이트에 접속하기 위해 [어린이대공원]을 클릭합니다.

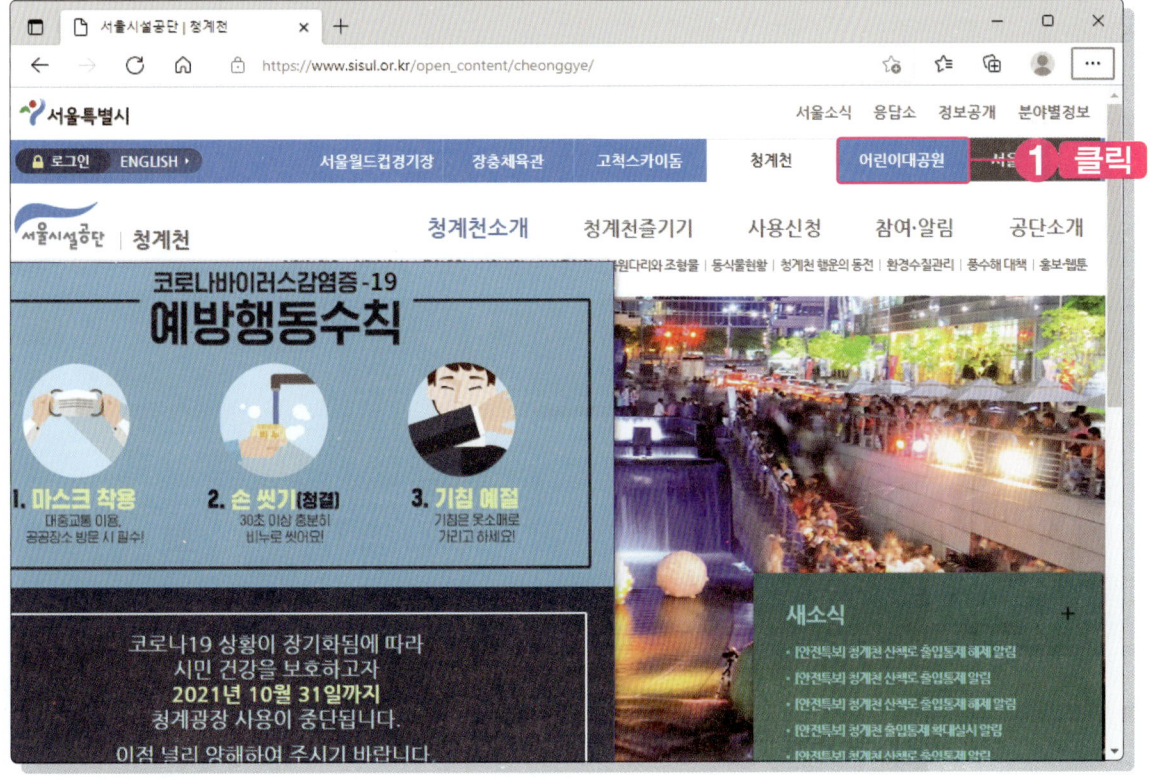

Chapter 02 - 마이크로소프트 엣지 사용하기  **11**

**3** 서울어린이대공원 홈 페이지가 나타나면 이전 페이지로 이동하기 위해 ←[뒤로] 단추를 클릭합니다.

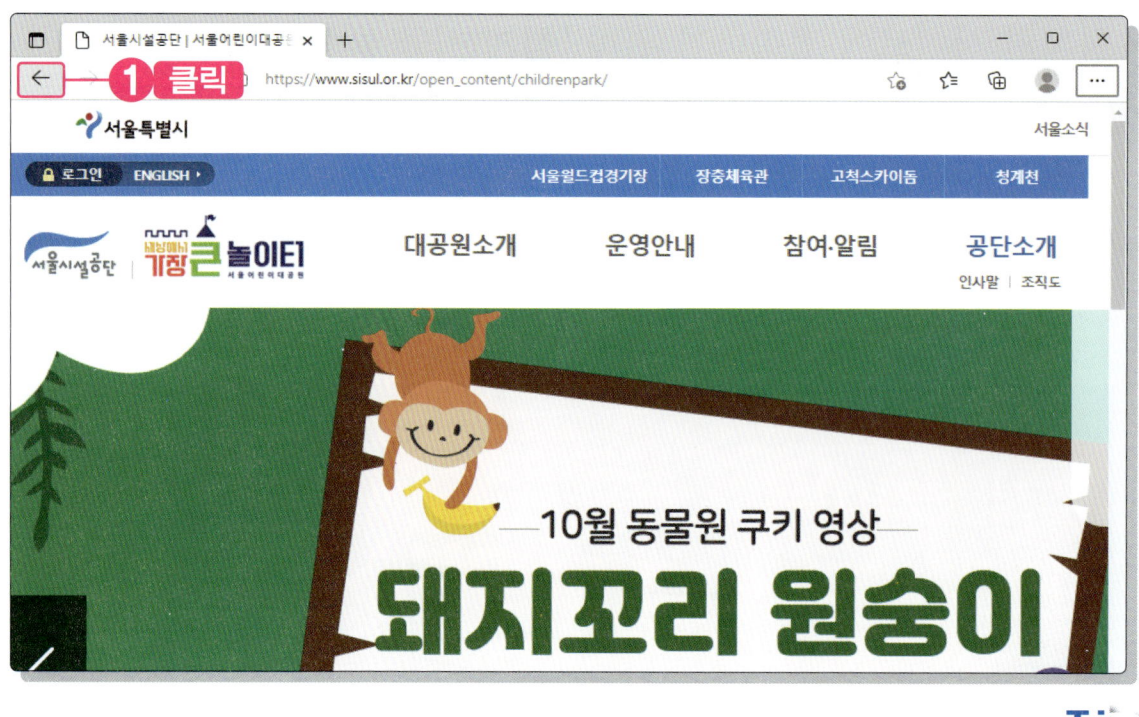

Tip
Alt+← 를 눌러 이전 페이지로 이동할 수도 있습니다.

**4** 청계천 홈 페이지가 다시 나타나면 다음 페이지로 이동하기 위해 →[앞으로] 단추를 클릭합니다.

Tip
Alt+→ 를 눌러 다음 페이지로 이동할 수도 있습니다.

**5** 서울어린이대공원 홈 페이지가 다시 나타나면 ←[뒤로] 단추를 2초 이상 누르고 있으면 바로 가기 메뉴가 표시되며, [서울시설공단 | 고척스카이돔]을 클릭합니다.

**6** 다음과 같이 고척스카이돔 홈 페이지가 다시 나타납니다.

Chapter 02 – 마이크로소프트 엣지 사용하기 **13**

## Step 04 탭 사용하기

**1** 새 탭에 청계천 홈 페이지를 나타내기 위해 [청계천]의 바로 가기 메뉴에서 [새 탭에서 링크 열기]를 클릭합니다.

### Tip
+[새 탭]을 클릭하면 새 탭이 나타나는데요. 새 탭의 주소 표시줄에 주소를 입력한 후 Enter 를 눌러 새 탭에 홈 페이지를 나타낼 수도 있습니다.

### 잠깐만요!

**새 창에 홈 페이지 나타내기**
[청계천]의 바로 가기 메뉴에서 [새 창에서 링크 열기]를 클릭하면 다음과 같이 새 창에 청계천 홈 페이지가 나타납니다.

14 인터넷(엣지)

**2** 새 탭에 청계천 홈 페이지가 나타나면 **[서울시설공단 | 청계천] 탭을 클릭**합니다.

**3** [서울시설공단 | 청계천] 탭이 선택되면 해당 탭을 닫기 위해 [서울시설공단 | 청계천] 탭에서 ✕**[탭 닫기]를 클릭**합니다.

**4** [서울시설공단 | 청계천] 탭이 닫힙니다.

## 팝업 창의 정의 및 팝업 창 표시하기

팝업 창이란 특정 웹 페이지에 접속했을 때 새롭게 생성되어 여러 가지 사항을 안내하는 창으로 연결된 웹 페이지에 팝업 창이 차단 된 경우 주소 표시줄 끝에 [팝업 차단] 표시가 나타나며, 클릭 후 [항상 팝업 및 리디렉션 허용]을 클릭하면 해당 웹 페이지의 팝업 창을 표시할 수 있습니다.

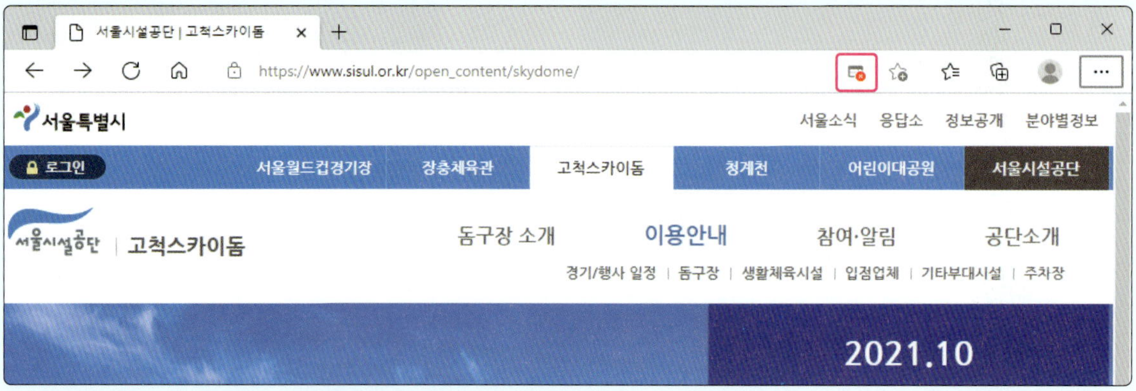

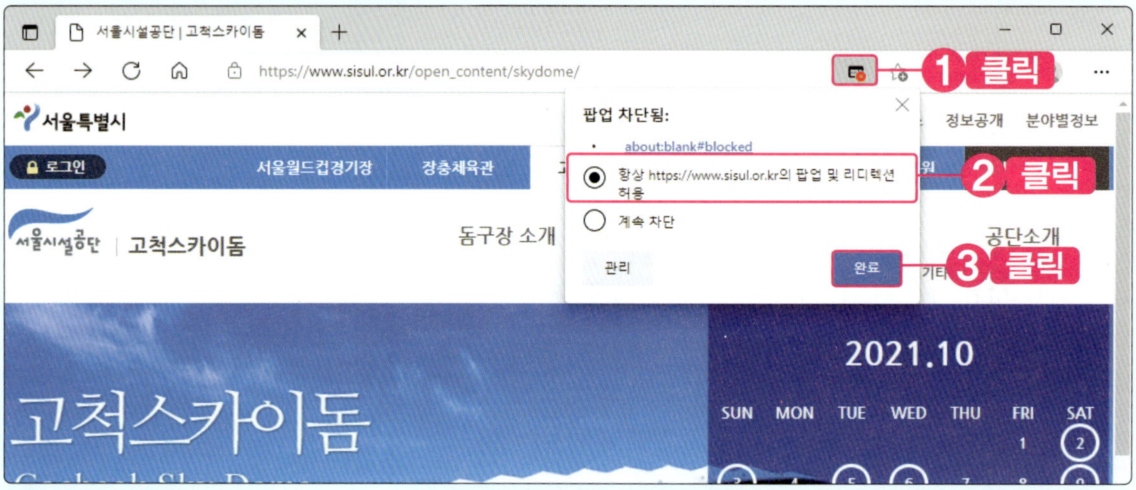

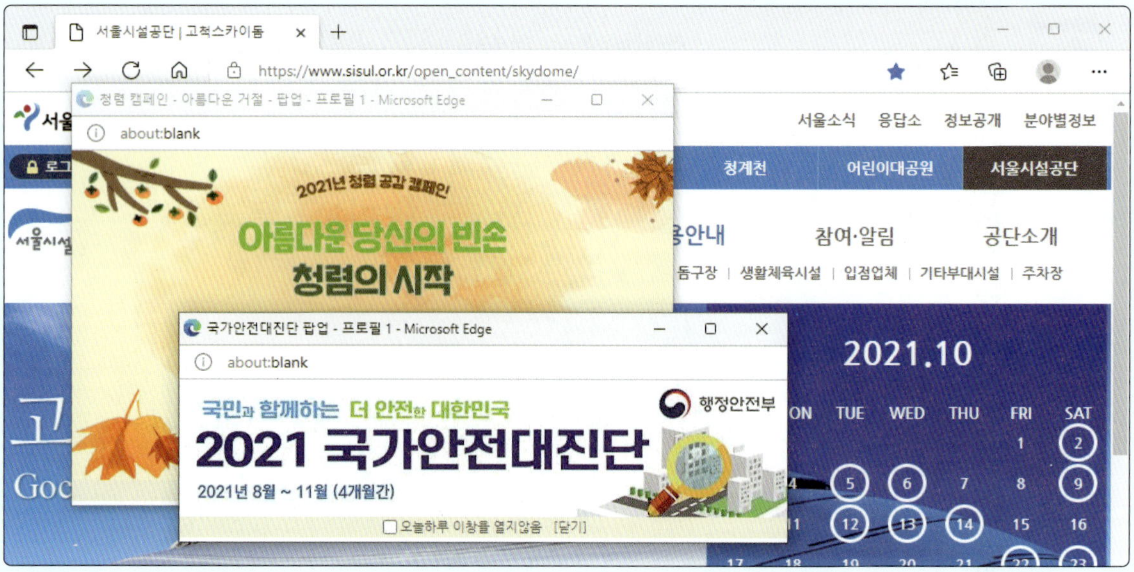

▲ 표시된 팝업 창의 ✕[닫기]를 클릭하면 해당 창을 닫을 수 있습니다.

## 실전 연습 문제

**01** 다음과 같이 인터넷우체국 사이트(www.epost.go.kr)에 접속한 후 마이크로소프트 엣지의 화면을 150%로 확대해 보세요.

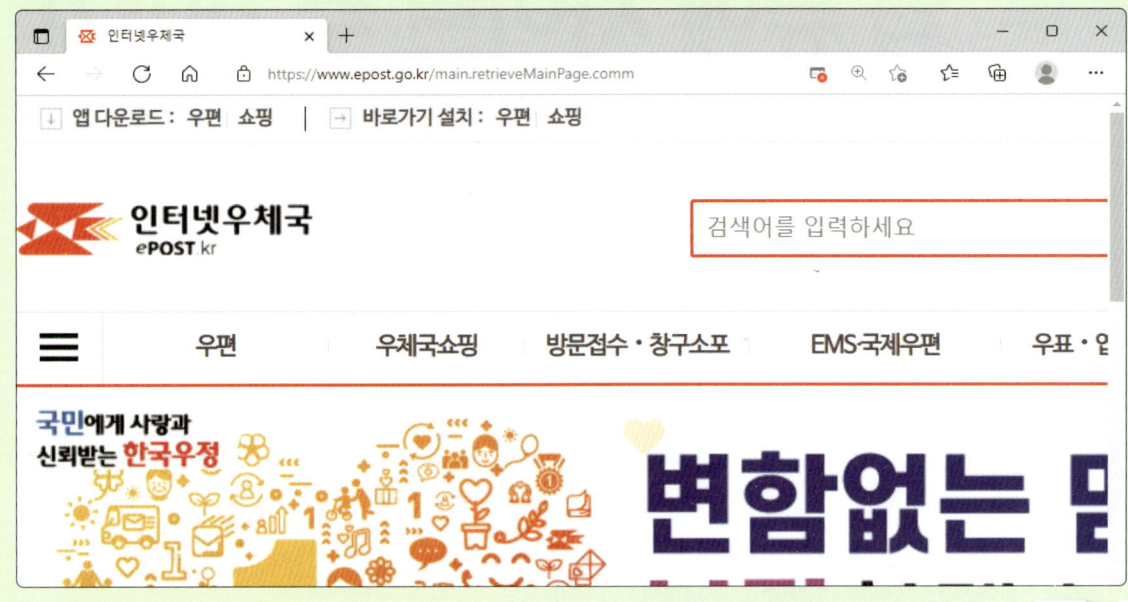

**Hint**
마이크로소프트 엣지의 화면을 150%로 확대하기 : …[설정 및 기타]를 클릭한 후 [확대/축소] 항목의 +[확대]를 3번 클릭하여 150%로 맞춤

**02** 다음과 같이 새 탭에 우체국쇼핑 페이지를 나타낸 후 마이크로소프트 엣지의 화면을 100%로 축소해 보세요.

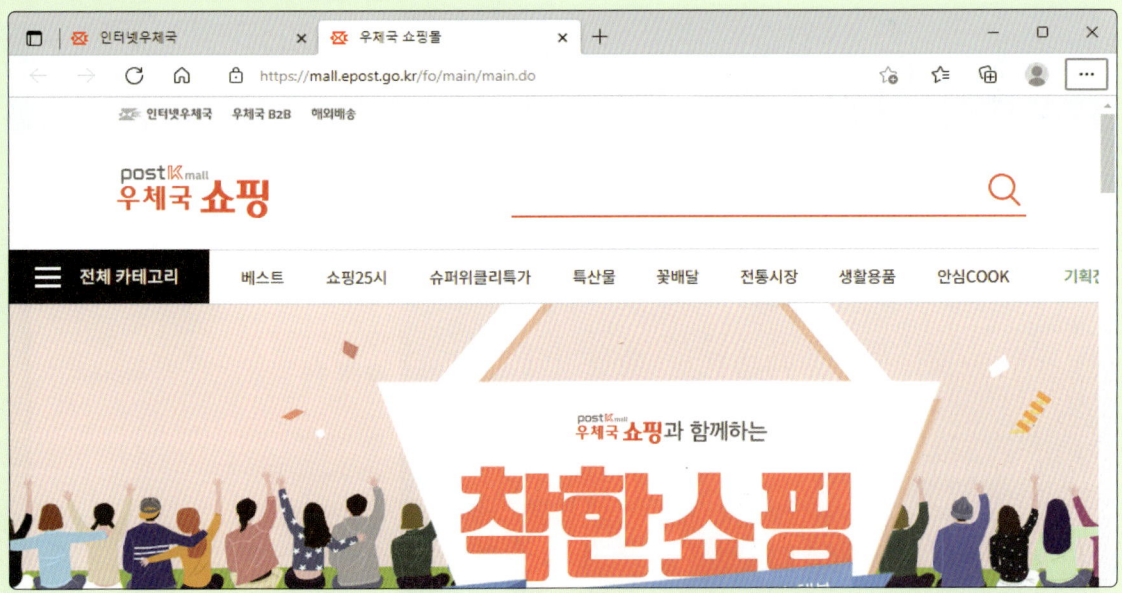

**Hint**
새 탭에 우체국쇼핑 페이지 나타내기 : [우체국쇼핑]의 바로 가기 메뉴에서 [새 탭에서 링크 열기]를 클릭

# Chapter 03 시작 페이지 지정하고 앱 뷰에 사이트 추가하기

시작 페이지를 특정 사이트로 지정하거나 앱 뷰에 특정 사이트를 추가하면 인터넷을 할 때마다 특정 사이트에 맨 처음 접속할 수 있습니다. 그럼 시작 페이지를 지정하고 앱 뷰에 사이트를 추가하는 방법에 대해 알아보겠습니다.

## Step 01 시작 페이지 지정하기

**1** 마이크로소프트 엣지를 실행한 후 …[설정 및 기타]를 클릭한 후 [설정] 메뉴를 클릭합니다.

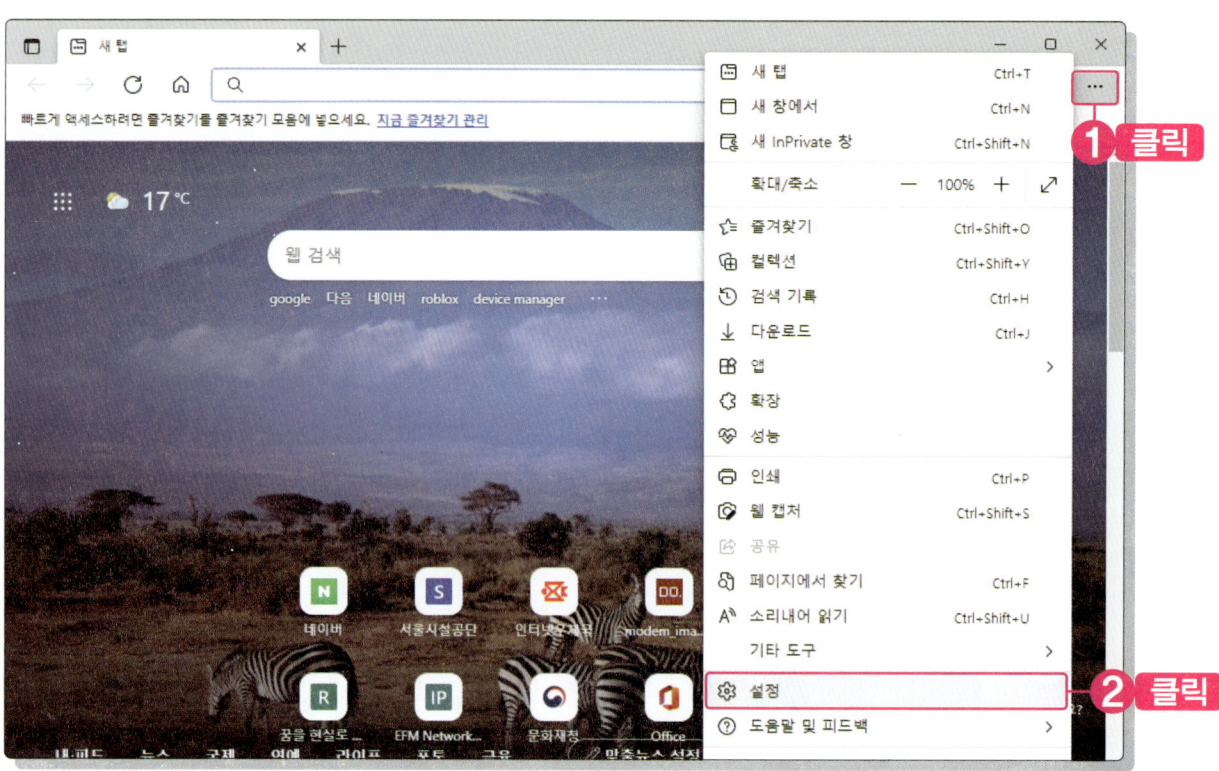

> Tip
> 여기서는 시작 페이지를 구글 사이트로 지정할 것입니다.

**2** [설정] 창이 나타나면 ≡[메뉴]를 클릭한 후 [시작, 홈 및 새 탭]을 클릭합니다.

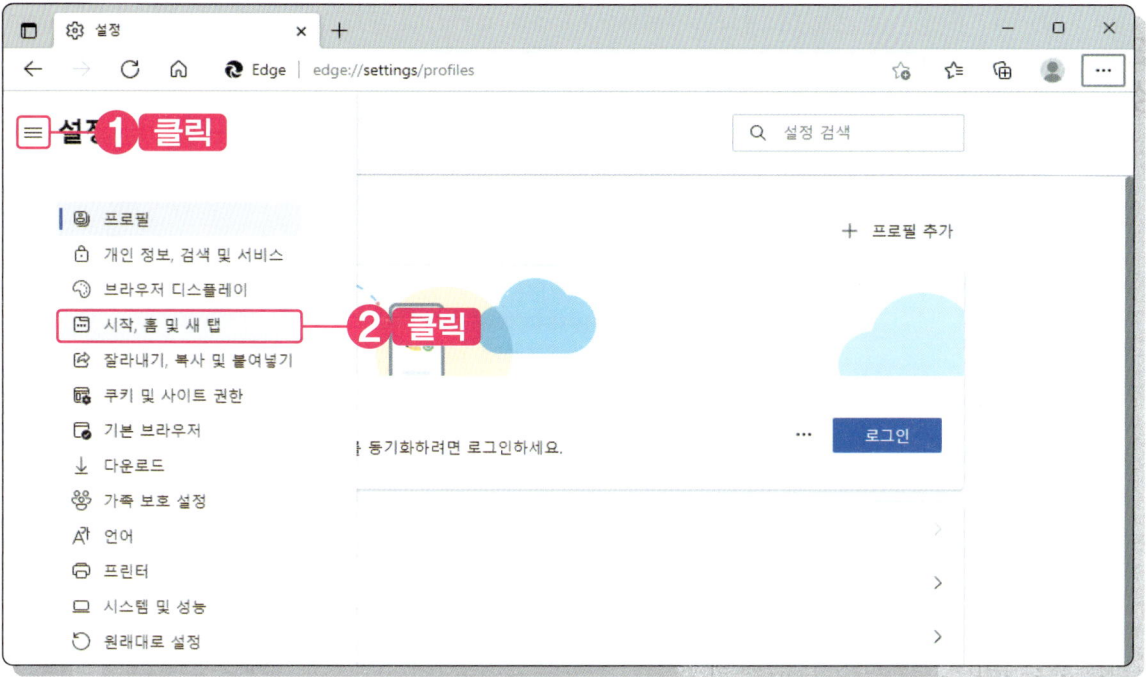

**3** [시작, 홈 및 새 탭] 화면이 나타나면 Edge가 시작되는 경우의 [다음 페이지를 열 수 있습니다.]를 선택한 후 [새 페이지 추가]를 클릭합니다.

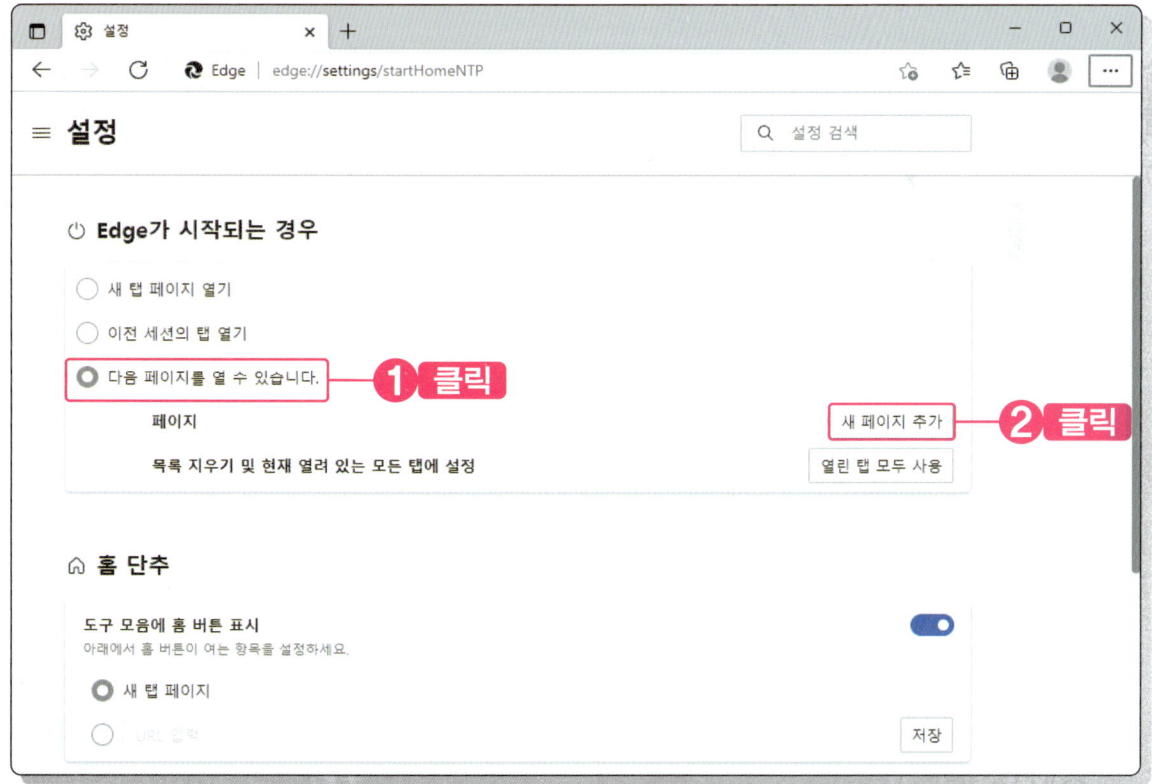

**4** [새 페이지 추가] 대화상자가 나타나면 URL 입력란에 **새 페이지 주소(www.google.co.kr)를 입력**한 후 **[추가] 단추를 클릭**, [설정] 창의 페이지 항목에 시작 페이지(google)가 지정되어 표시되는지 확인합니다.

Tip

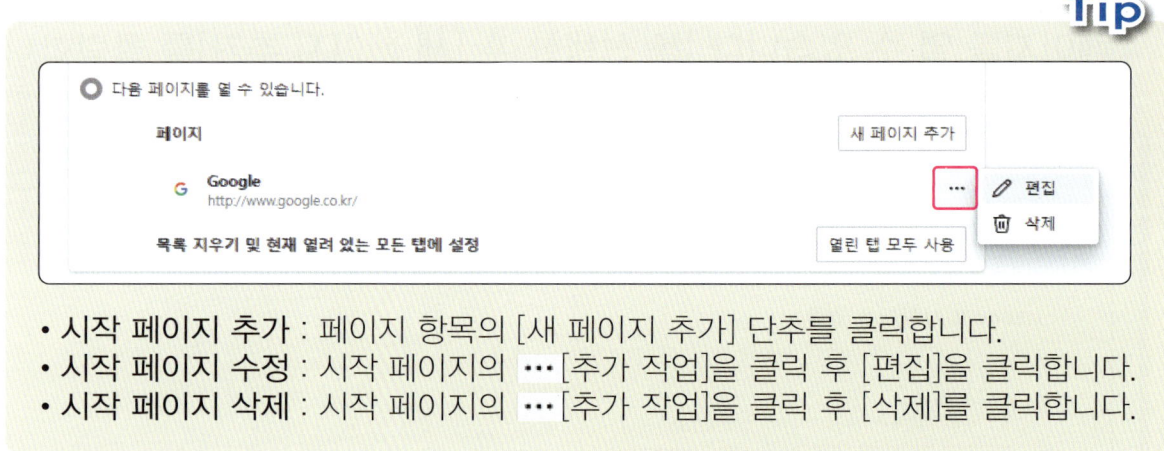

- **시작 페이지 추가** : 페이지 항목의 [새 페이지 추가] 단추를 클릭합니다.
- **시작 페이지 수정** : 시작 페이지의 ⋯[추가 작업]을 클릭 후 [편집]을 클릭합니다.
- **시작 페이지 삭제** : 시작 페이지의 ⋯[추가 작업]을 클릭 후 [삭제]를 클릭합니다.

**5** 시작 페이지가 지정된 것을 확인하기 위해 ×**[닫기]를 클릭**하여 마이크로소프트 엣지를 종료한 후 다시 실행하면 구글 홈페이지가 시작 페이지로 지정된 것을 확인할 수 있습니다.

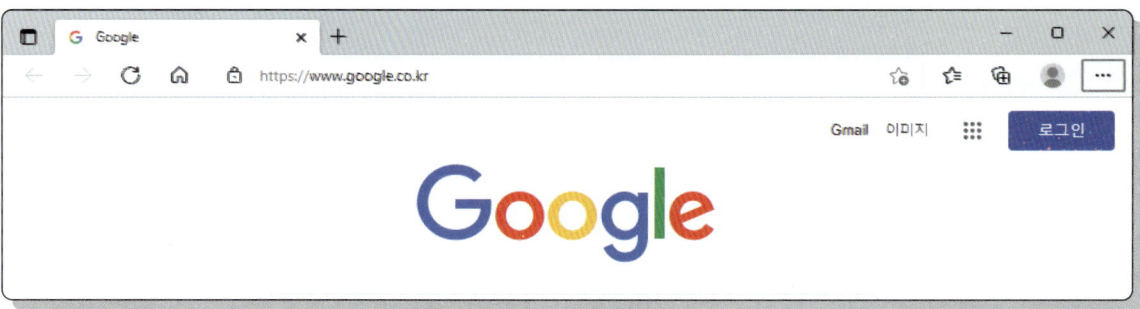

## ⌂[홈] 단추를 눌렀을 때 시작되는 인터넷 사이트 지정하기

다음과 같이 ⋯[설정 및 기타]를 클릭한 후 [설정] 메뉴를 클릭, [설정] 창이 표시되면 ≡[메뉴]를 클릭한 다음 [시작, 홈 및 새 탭]을 선택합니다. 홈 단추의 도구 모음에 홈 버튼 표시가 활성화(🔘)되어 있는지 확인한 다음 홈 단추를 눌렀을 때의 주소(www.naver.com)를 지정하고 [저장] 단추를 클릭합니다. 도구 모음의 ⌂[홈] 단추를 클릭하면 입력한 인터넷 주소의 사이트(www.naver.com)로 바뀐것을 확인할 수 있습니다.

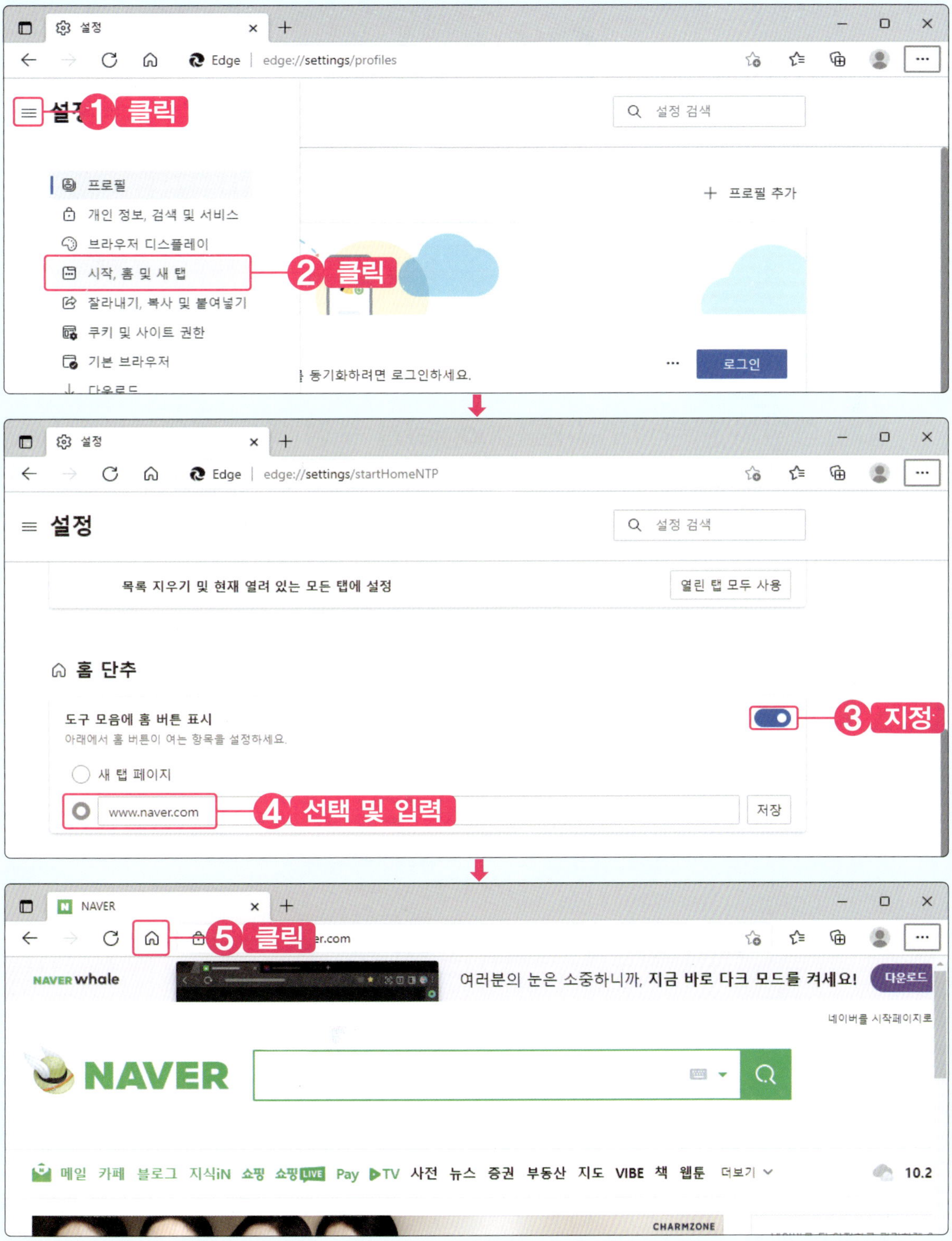

## Step 02 앱 뷰에 사이트 추가하기

**1** 앱 뷰에 구글 사이트를 추가하기 위해 ⋯[설정 및 기타]를 **클릭**한 후 [앱]-[이 사이트를 앱으로 설치]를 **클릭**합니다.

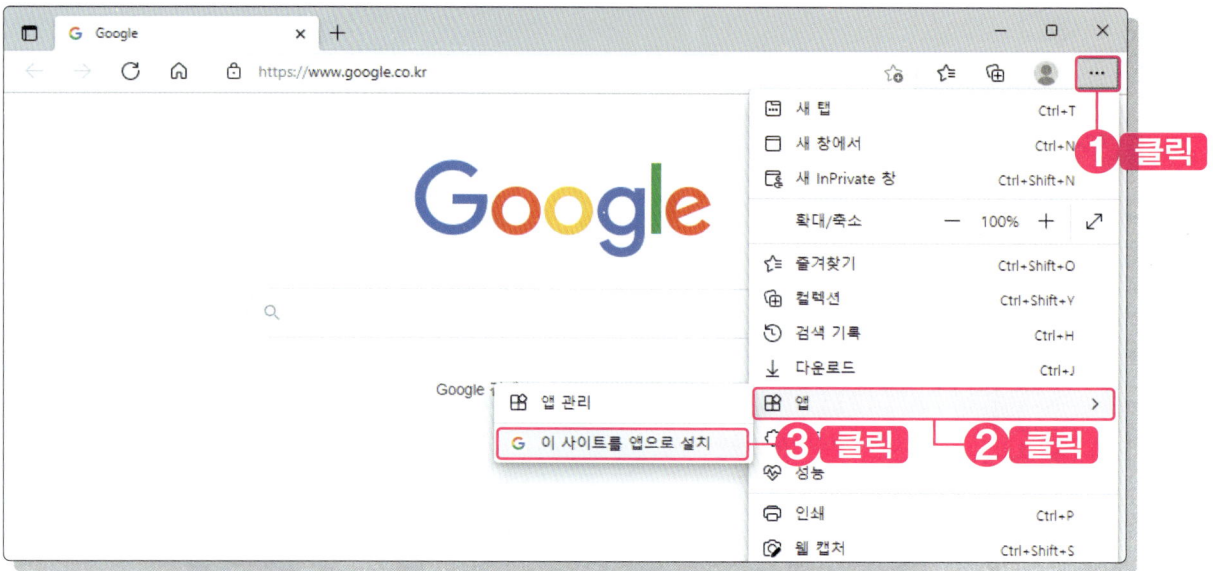

**2** 앱 설치 화면이 나타나면 **이름(google)을 수정 또는 확인** 한 후 [설치] **단추를 클릭**합니다. 설치된 앱 화면에서 [시작 화면에 고정]을 체크 후 **나머지는 체크 해제**한 다음 [허용] 단추를 클릭합니다.

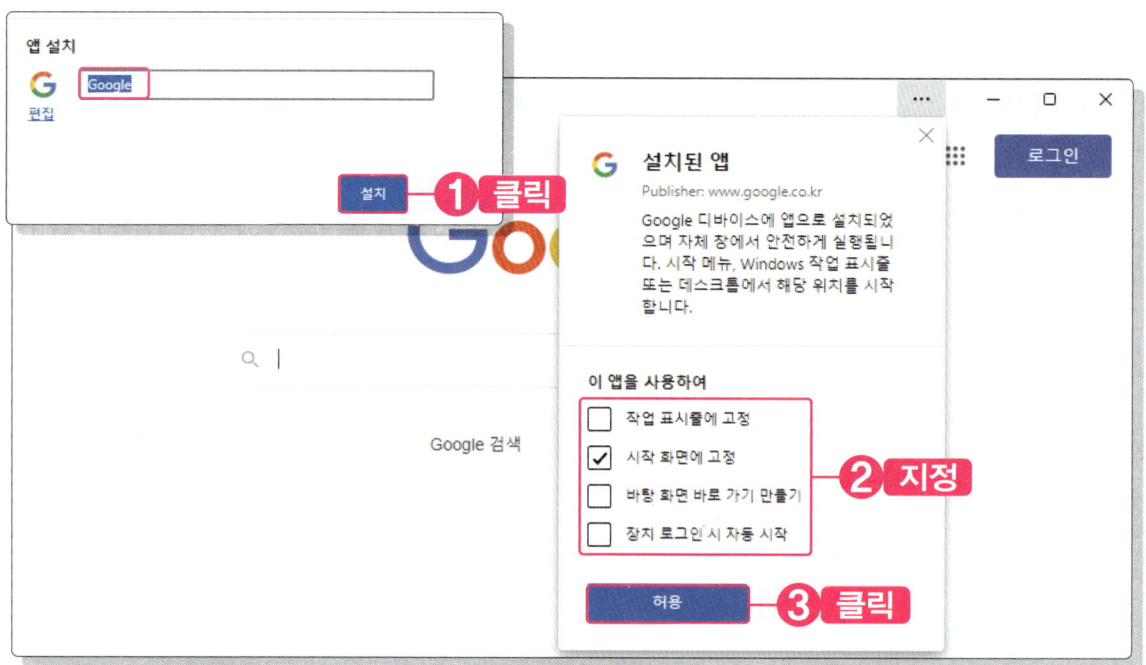

Tip
- 작업 표시줄에 고정 : 작업 표시줄에 설치된 앱을 고정하여 표시합니다.
- 바탕 화면 바로 가기 만들기 : 설치된 앱을 바탕 화면에 바로 가기 아이콘으로 만듭니다.

**3** 구글(google) 및 마이크로소프트 엣지의 ×[닫기]를 눌러 모두 종료합니다.

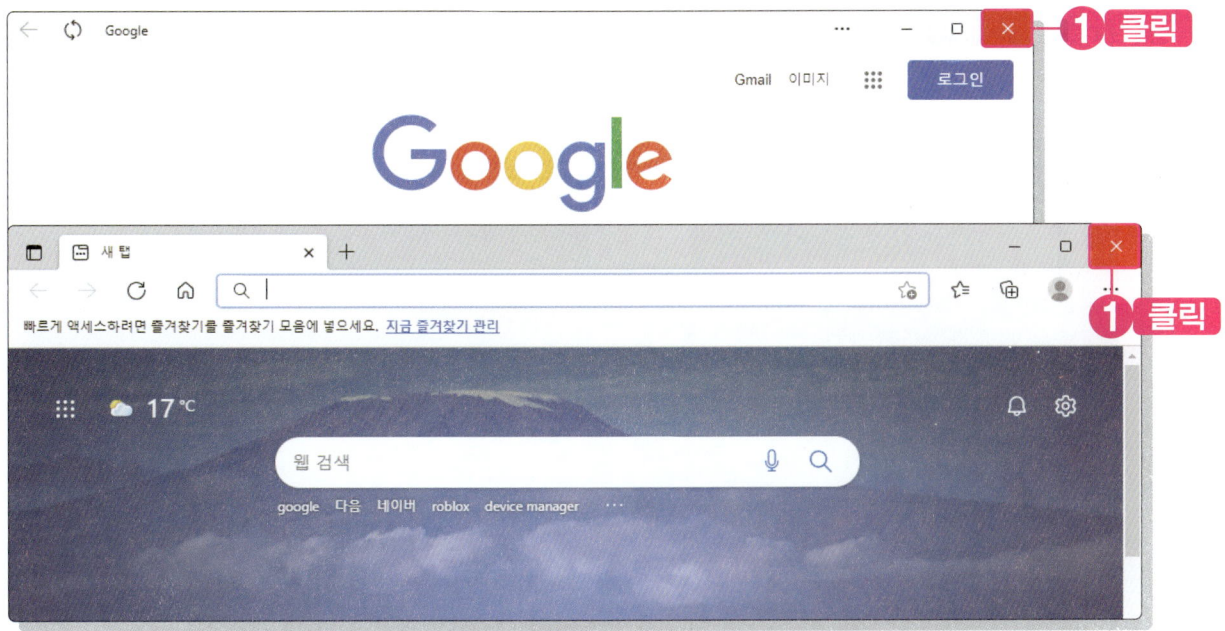

**4** ⊞[시작] 단추를 클릭하면 앱 뷰에 구글 사이트가 추가된 것을 확인할 수 있으며, 구글(google)을 클릭하면 구글 사이트가 나타납니다.

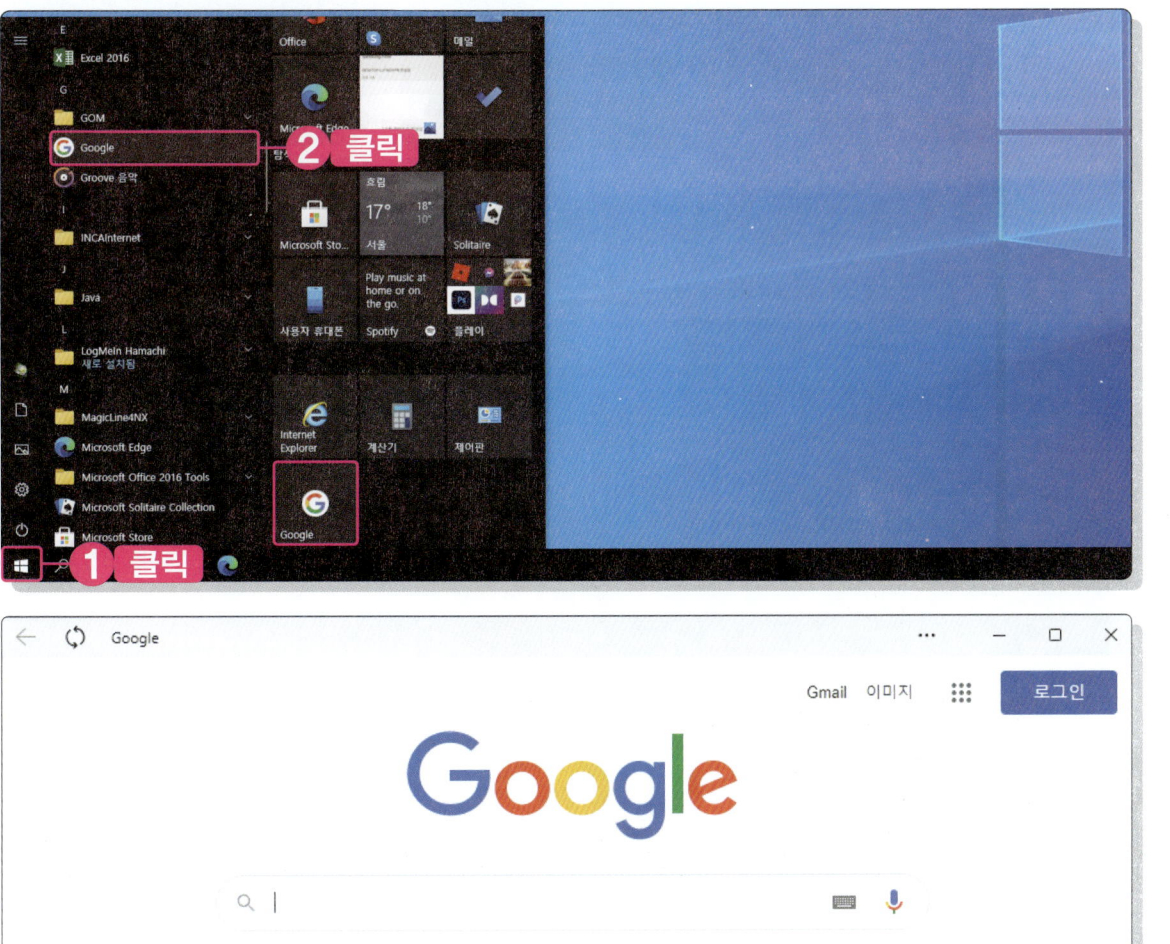

## 앱 뷰에 추가된 구글 사이트 제거하기

다음과 같이 ⊞[시작] 단추를 클릭한 후 앱 뷰에 있는 [Google]의 바로 가기 메뉴에서 [제거]를 클릭하면 [이 앱 및 관련 정보가 제거됩니다.]라는 화면이 표시되고 [제거] 단추를 클릭하면 앱 뷰에 추가된 구글 사이트를 제거할 수 있습니다.

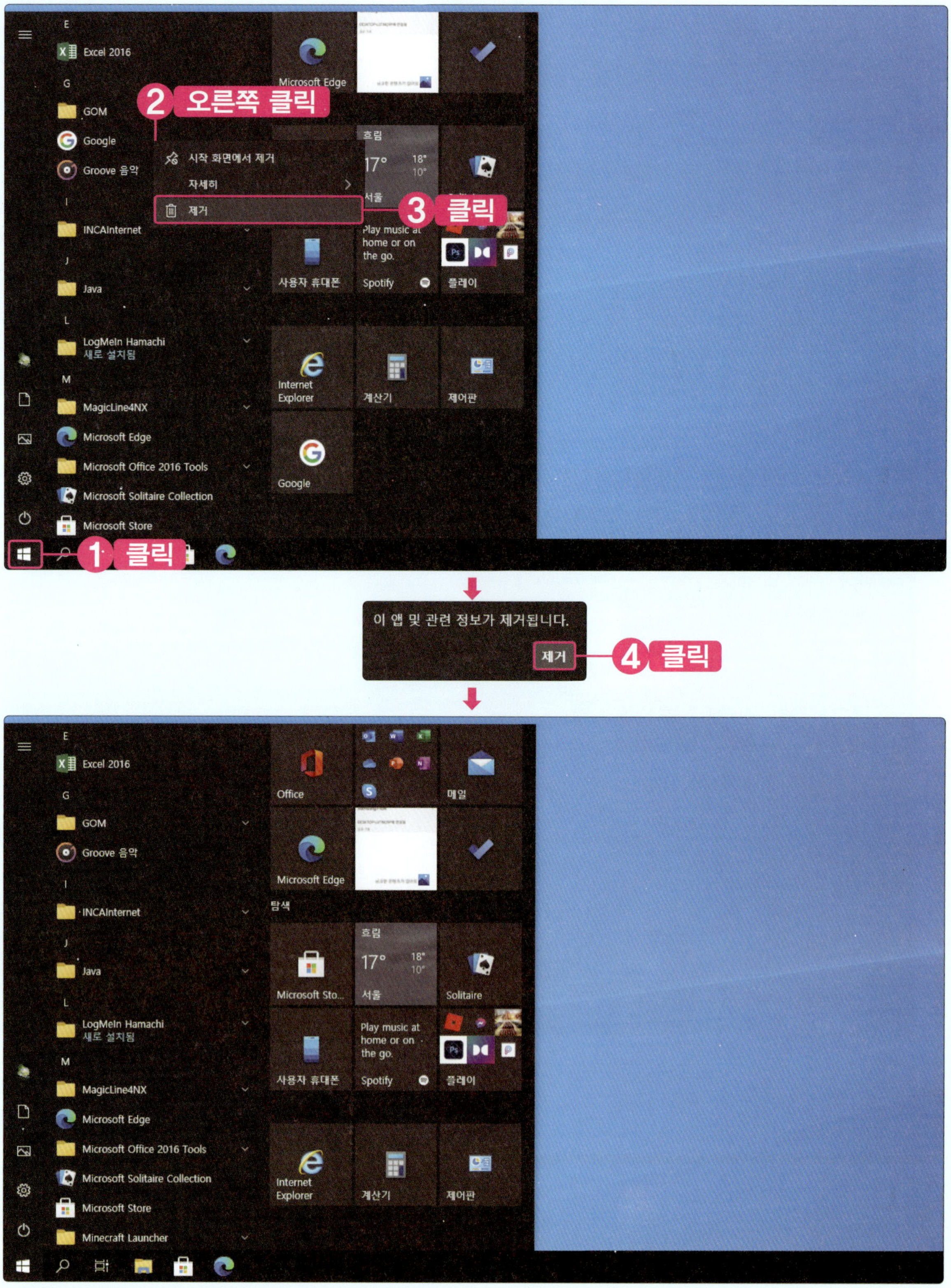

**24** 인터넷(엣지)

# 실전 연습 문제

**01** 마이크로소프트 엣지를 시작할 때의 시작 페이지를 네이버 사이트(www.naver.com)로 지정해 보세요.

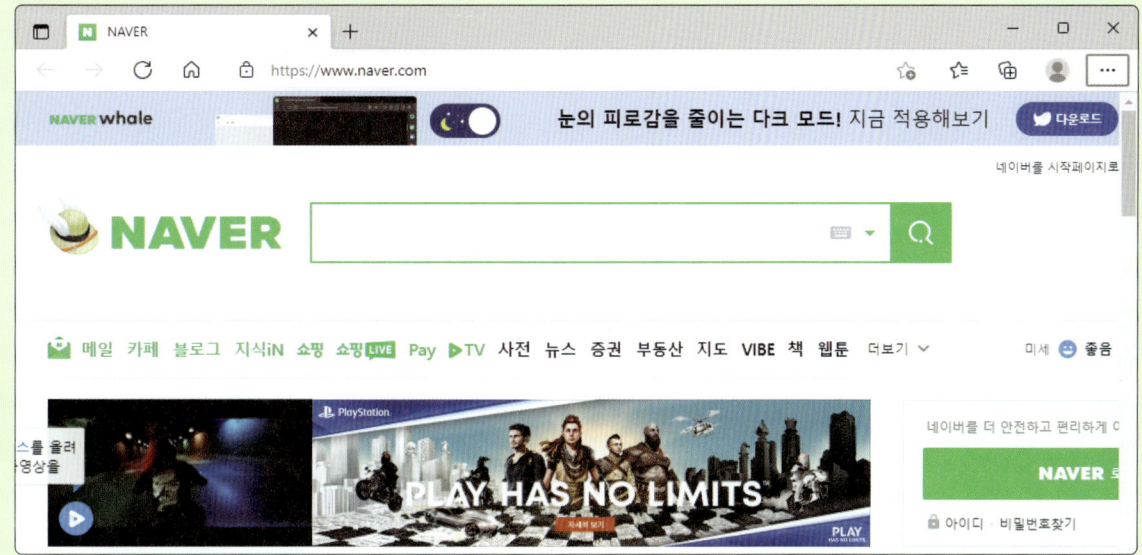

**Hint**

마이크로소프트 엣지창 상단 오른쪽 …[설정 및 기타]를 클릭한 후 ⚙[설정]을 클릭하여 [시작, 홈 및 새 탭]을 클릭. [Edge가 시작되는 경우] 항목에서 [다음 페이지를 열 수 있습니다]를 클릭하고 [새 페이지 추가] 단추를 눌러 주소(www.naver.com)를 입력한 후 [저장] 단추를 누름

**02** 다음과 같이 앱 뷰에 네이버 사이트를 추가해 보세요.

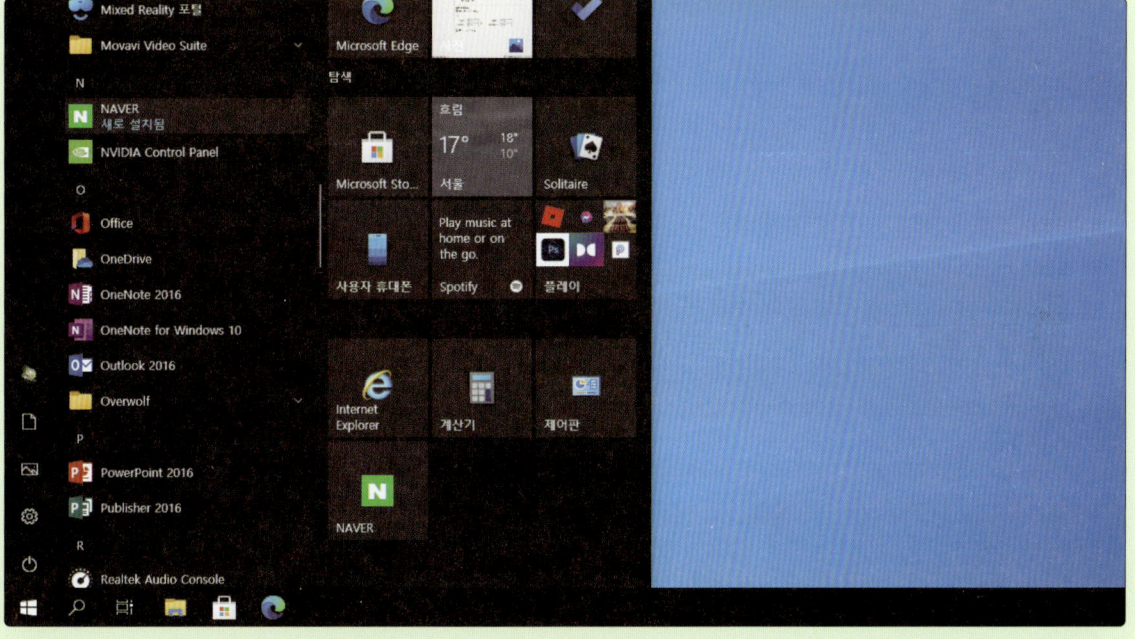

**03** 앱 뷰에 추가된 네이버 사이트를 제거해 보세요.

Microsoft Edge

# 즐겨찾기 사용하기

자주 접속하는 사이트는 외우거나 메모하지 않고 즐겨찾기 모음이나 즐겨찾기에 추가하면 언제든지 편리하게 접속할 수 있습니다. 그럼 즐겨찾기를 사용하는 방법에 대해 알아보겠습니다.

## Step 01 즐겨찾기 도구 모음 표시하기

**1** **마이크로소프트 엣지를 실행**한 후 탭 영역의 빈 공간에서 마우스 오른쪽 단추를 눌러 바로 가기 메뉴의 **[도구 모음 사용자 지정]**을 **클릭**합니다.

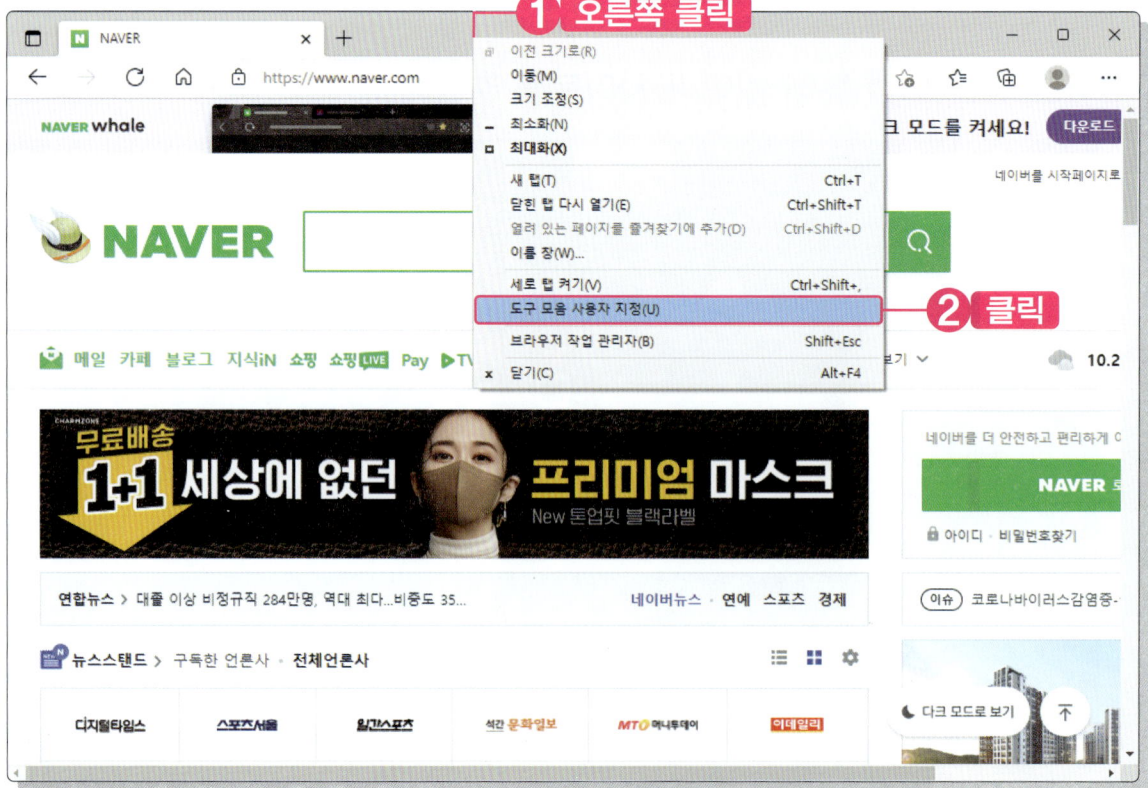

**2** [설정] 창이 새로운 탭으로 표시되면 즐겨찾기 모음을 항상 표시하기 위해 **도구 모음 사용자 지정**의 즐겨찾기 모음 표시 항목의 **목록 단추(⌄)를 눌러 [항상]을 선택**합니다. (**모양 사용자 지정** 화면 아래 **도구 모음 사용자 지정** 화면이 있습니다.)

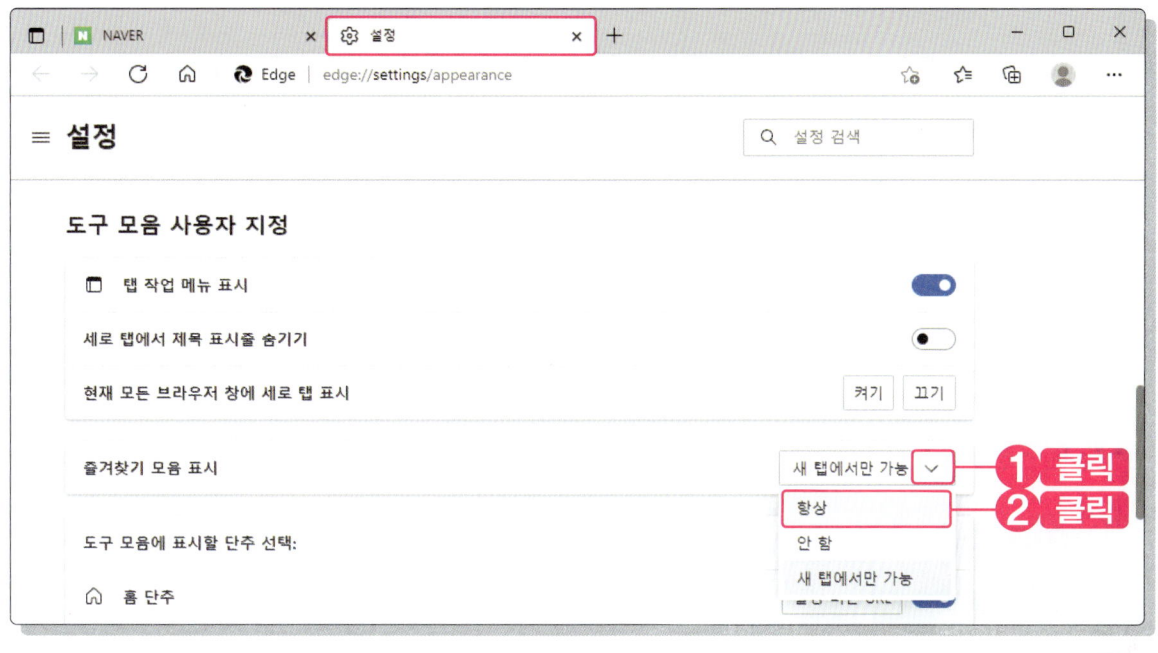

**Tip**
- 안 함 : 즐겨찾기 모음을 표시하지 않습니다.
- 새 탭에서만 가능 : 새로운 탭이 열릴 때에만 즐겨찾기 모음이 표시됩니다.

**3** 인터넷 주소 표시줄 아래에 즐겨찾기 모음이 표시되는 것을 확인할 수 있습니다.

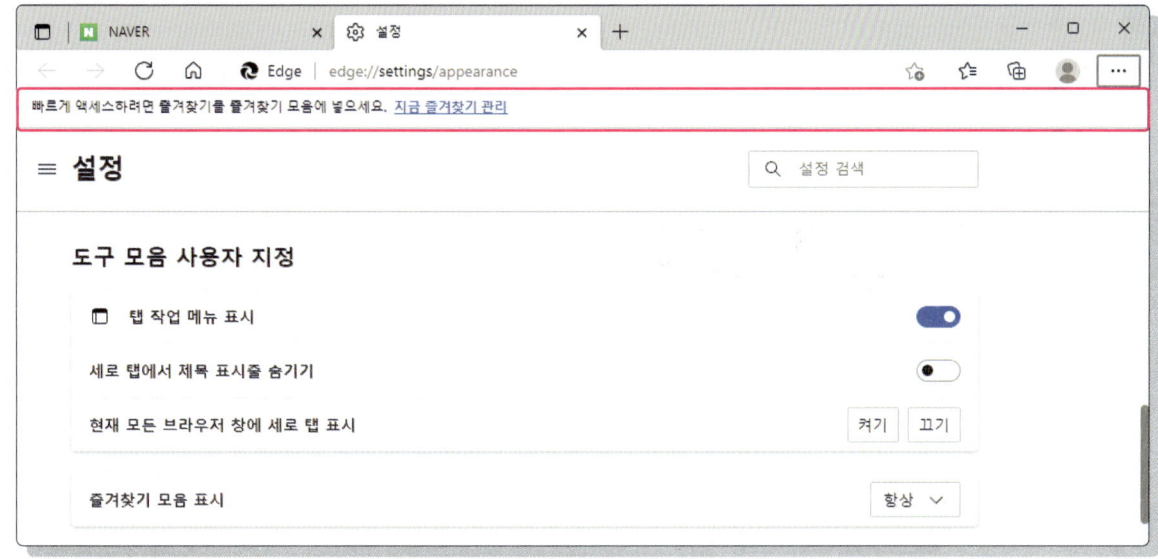

**4** [설정] 탭의 ✕[닫기]를 클릭하여 [설정] 창을 닫습니다.

Chapter 04 - 즐겨찾기 사용하기 **27**

## Step 02 즐겨찾기 모음에 사이트 추가하기

**1** G마켓 사이트(www.gmarket.co.kr)에 접속한 후 ☆[이 페이지를 즐겨찾기에 추가]를 클릭합니다.

**2** [즐겨찾기 추가됨] 대화상자가 표시되면 **이름(G마켓)을 수정**하고 **폴더 위치(즐겨찾기 모음)를 확인**한 다음 [완료] 단추를 클릭합니다.

**3** 즐겨찾기 모음에 G마켓 사이트가 추가되면 ⌂[홈]을 클릭하여 시작 페이지로 이동한 후 즐겨찾기 모음의 [G마켓]을 클릭합니다.

**4** 다음과 같이 즐겨찾기 모음의 G마켓 사이트가 나타납니다.

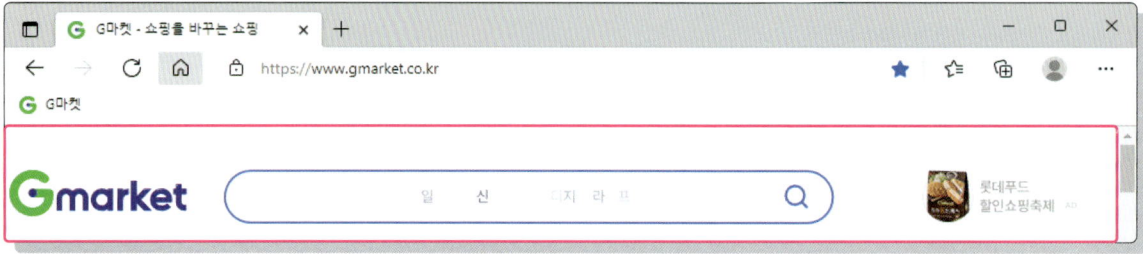

## Step 03 새 폴더 생성 후 즐겨찾기에 사이트 추가하기

**1** MBC 사이트(www.imbc.com)에 접속한 후 ☆[이 페이지를 즐겨찾기에 추가]를 클릭합니다.

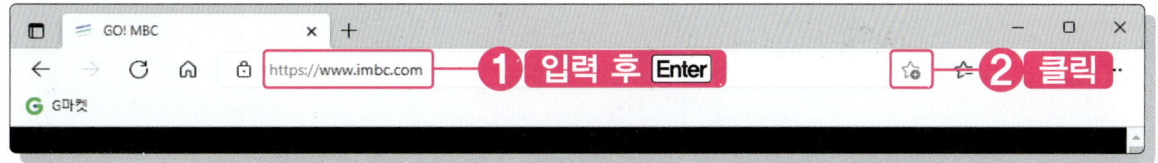

**2** [즐겨찾기 추가됨] 대화상자가 표시되면 이름(GO! MBC) 및 폴더 위치(즐겨찾기 모음)를 확인한 다음 [더 보기]를 클릭합니다.

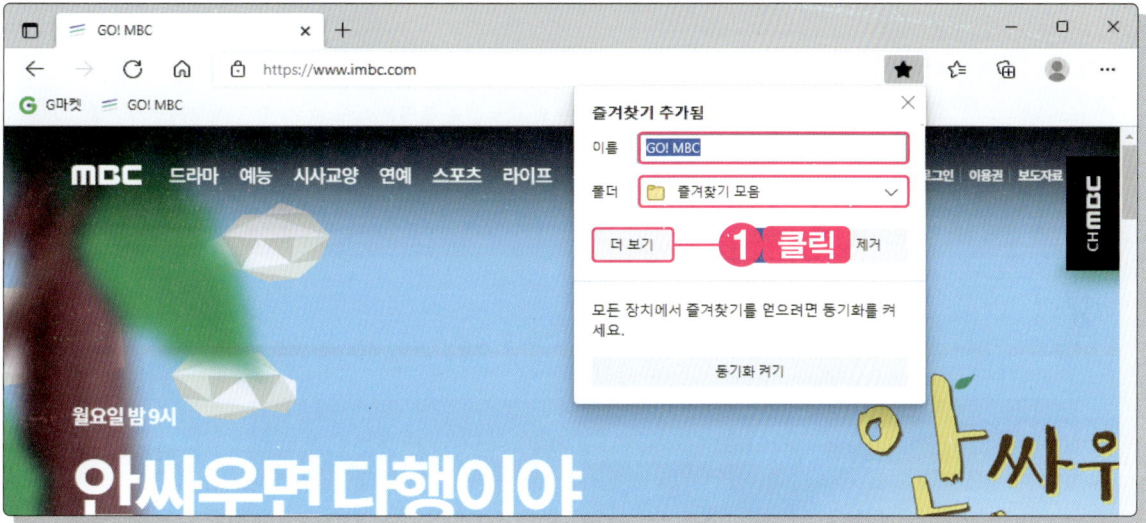

**3** [즐겨찾기 편집] 대화상자가 나타나면 새 폴더를 만들기 위해 [새 폴더] 단추를 클릭한 후 새 폴더가 생성되면 이름(방송국)을 수정한 다음 [저장] 단추를 클릭합니다.

 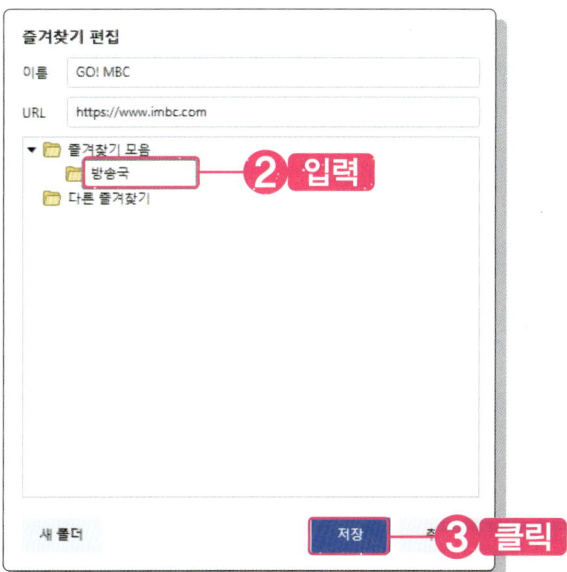

Chapter 04 – 즐겨찾기 사용하기

**4** ⌂[홈] 단추를 클릭하여 시작 페이지로 이동한 후 즐겨찾기 모음의 [방송국]-[GO! MBC]를 클릭합니다.

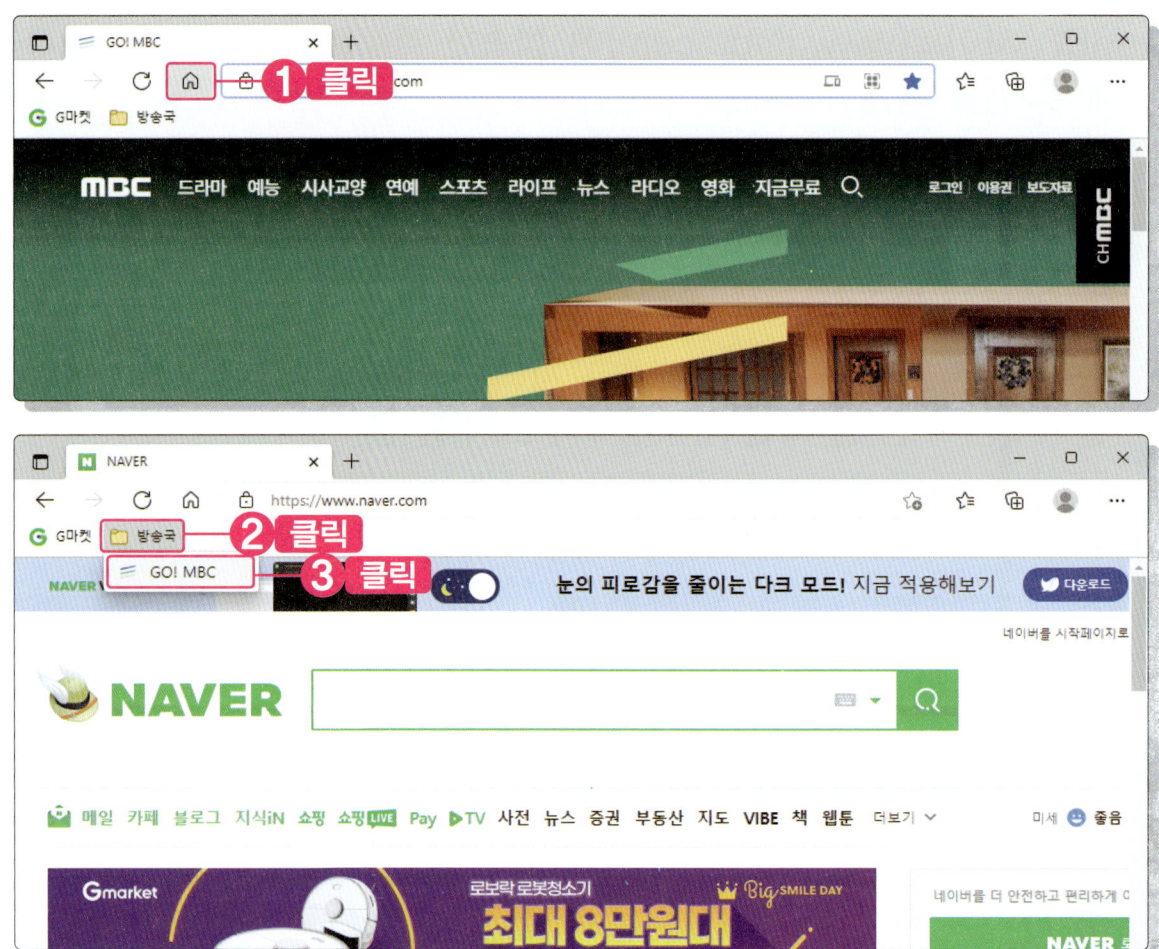

**5** 다음과 같이 MBC 홈페이지가 나타납니다.

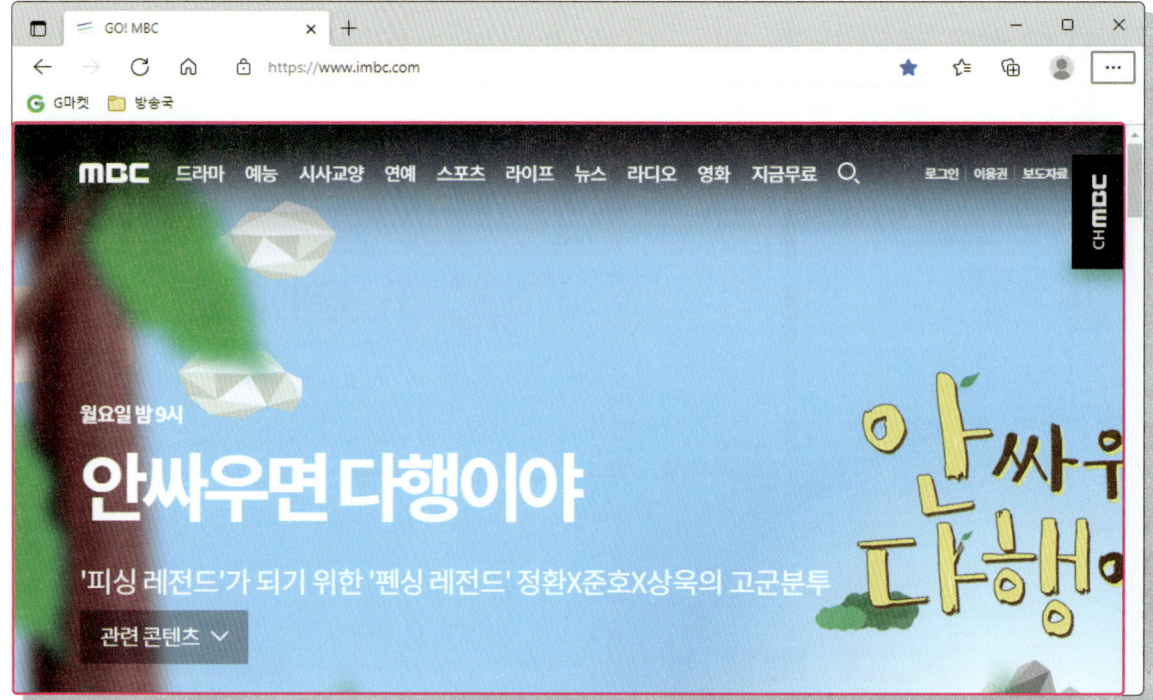

## 다른 즐겨찾기에 등록하기

다른 즐겨찾기에 등록할 인터넷 사이트(www.daum.net)에 접속한 후 ☆[이 페이지를 즐겨찾기에 추가]를 클릭합니다. [즐겨찾기 추가됨] 대화상자가 표시되면 폴더 위치(다른 즐겨찾기)를 수정한 후 [완료] 단추를 클릭하면 해당 인터넷 사이트가 [다른 즐겨찾기] 폴더 안에 등록된 것을 확인할 수 있습니다.

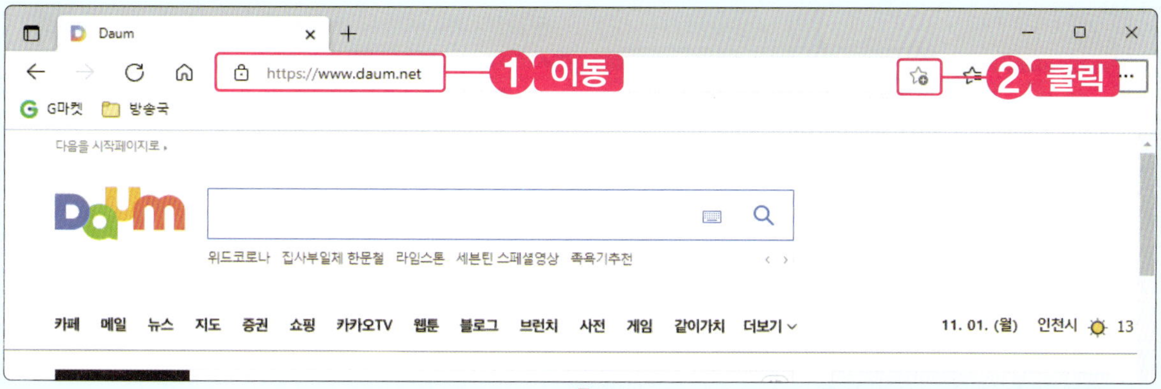

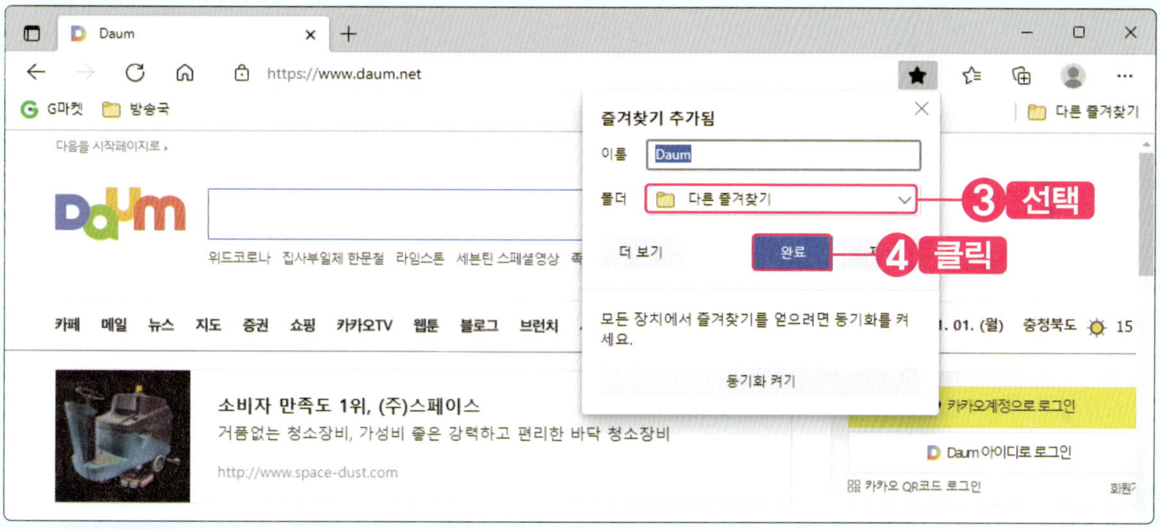

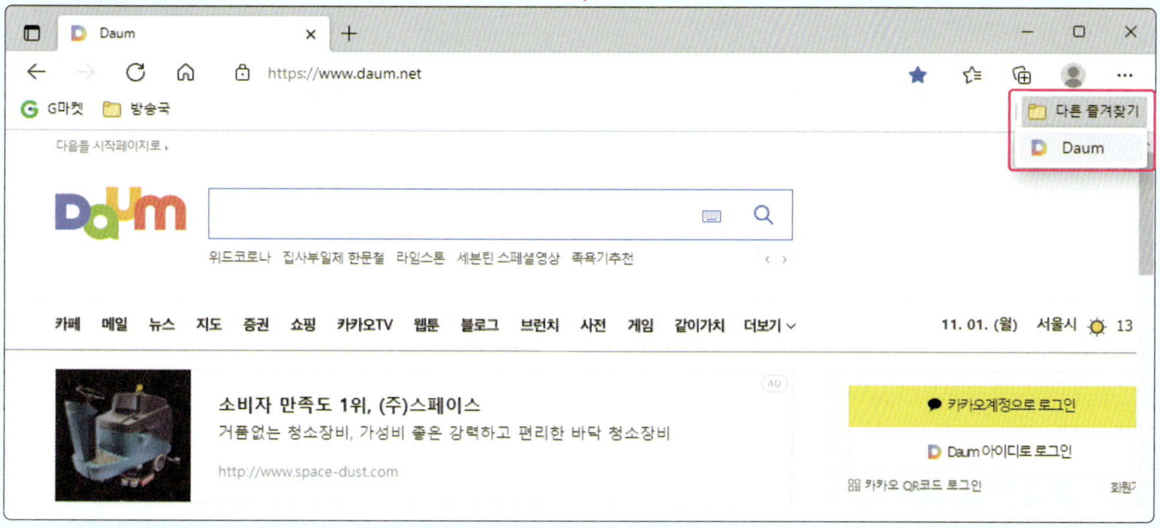

# Step 04 즐겨찾기 관리하기

**1** [즐겨찾기]를 클릭한 후 [즐겨찾기에 추가]의 [폴더 추가]를 클릭합니다.

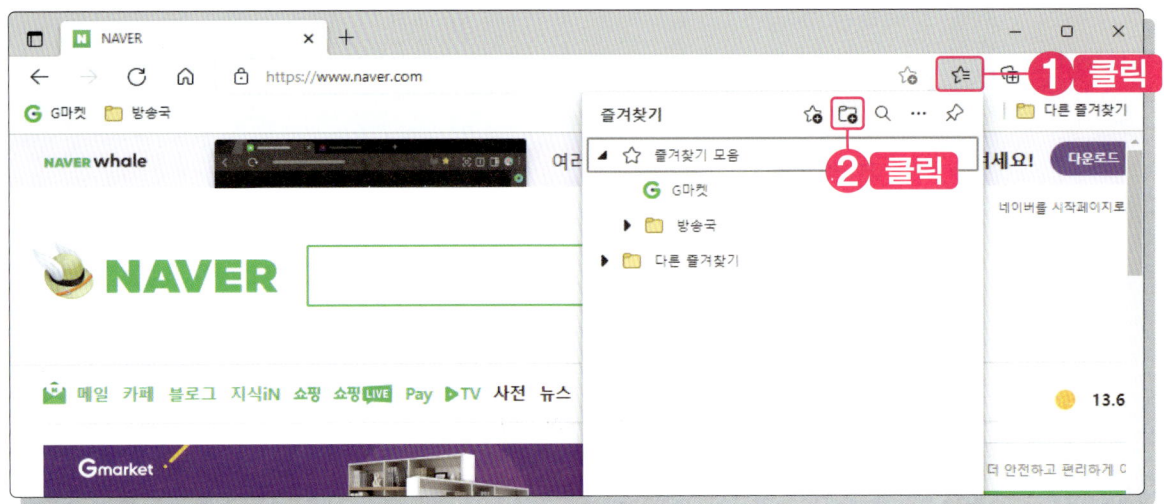

> **Tip**
> [즐겨찾기 모음] 이름 위치에서 마우스 오른쪽 단추를 눌러 바로 가기 메뉴의 [폴더 추가]를 선택해도 [즐겨찾기 모음] 위치 안에 새 폴더를 생성할 수 있습니다.

**2** 새로운 폴더가 생성되면 **폴더 이름(쇼핑몰)을 수정**합니다.

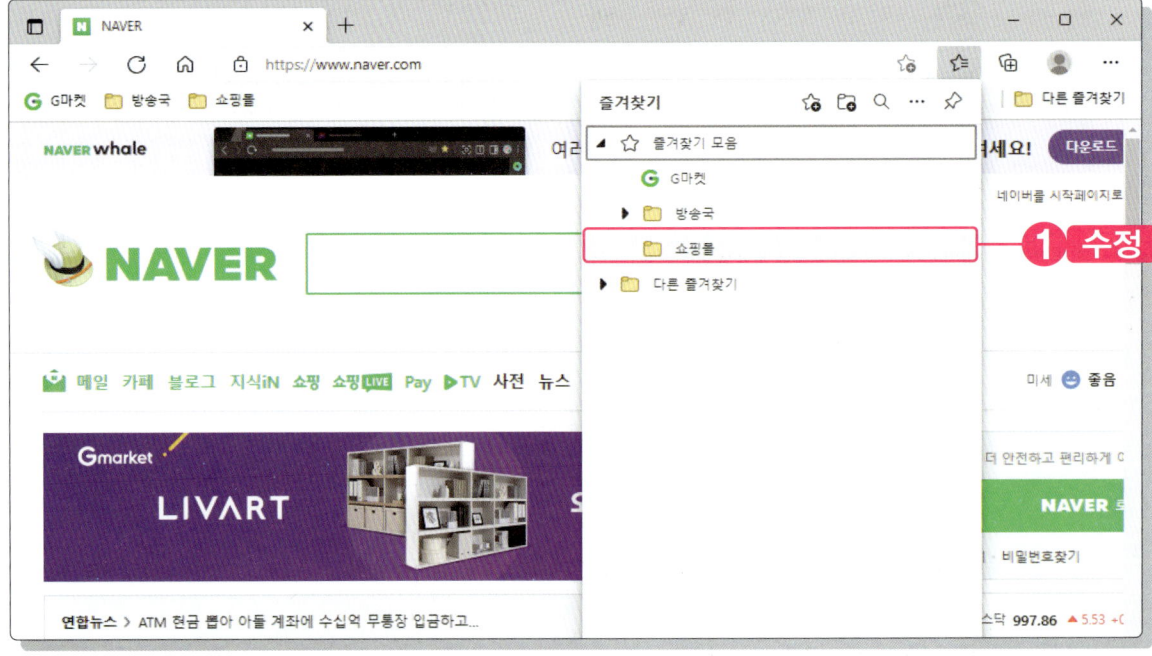

> **Tip**
> • 폴더 이름 바꾸기 : 폴더 이름에서 바로 가기 메뉴의 [이름 바꾸기]를 선택합니다.
> • 폴더 삭제하기 : 삭제할 폴더 이름에서 바로 가기 메뉴의 [삭제]를 선택합니다.

**3** 즐겨찾기에 추가된 'G마켓'을 [쇼핑몰] 폴더 안으로 이동하기 위해 **'G마켓'을 [쇼핑몰] 폴더 안으로 드래그**합니다. [쇼핑몰] 폴더 안에 'G마켓' 사이트가 이동된 것을 확인할 수 있습니다.

**Tip** 폴더의 이름 앞에 ▶[열기]를 클릭하면 폴더의 하위 목록이 표시되며, ◢[닫기]를 클릭하면 숨깁니다.

**4** [방송국] 폴더를 삭제하기 위해 폴더 이름(방송국)에서 **바로 가기 메뉴의 [삭제] 단추를 클릭**합니다.

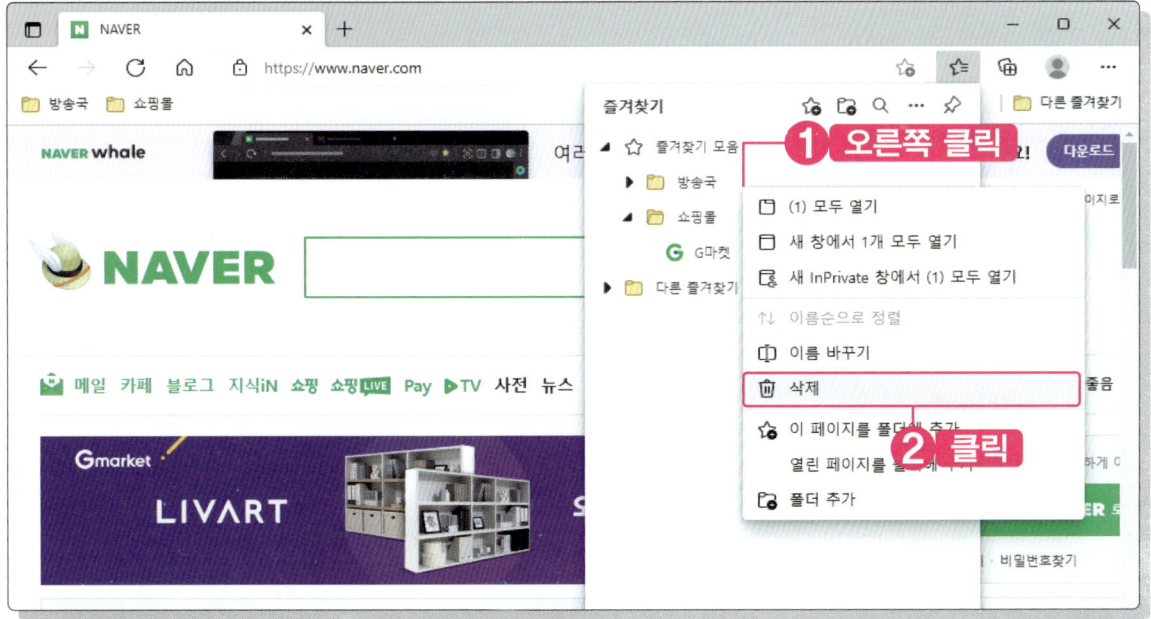

**Tip** 폴더를 삭제하면 해당 폴더 안에 등록된 즐겨찾기 사이트가 모두 삭제됩니다.

**5** [방송국] 폴더가 삭제된 것을 확인할 수 있습니다.

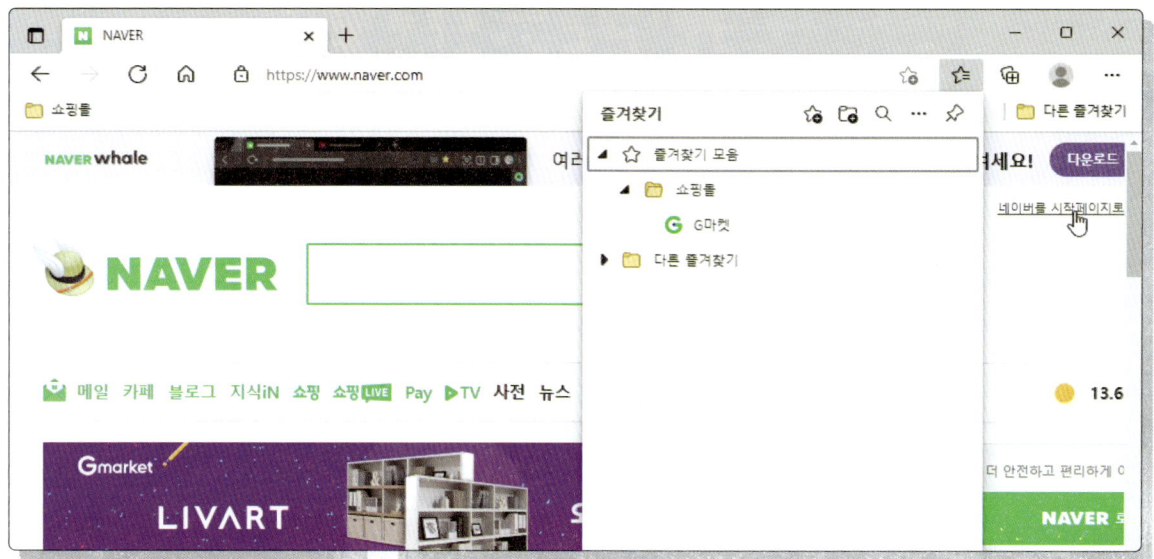

**6** 즐겨찾기 목록의 [쇼핑몰] 폴더를 클릭하면 하위의 즐겨찾기 목록이 표시되며, [G마켓]을 클릭하면 해당 사이트로 이동됩니다.

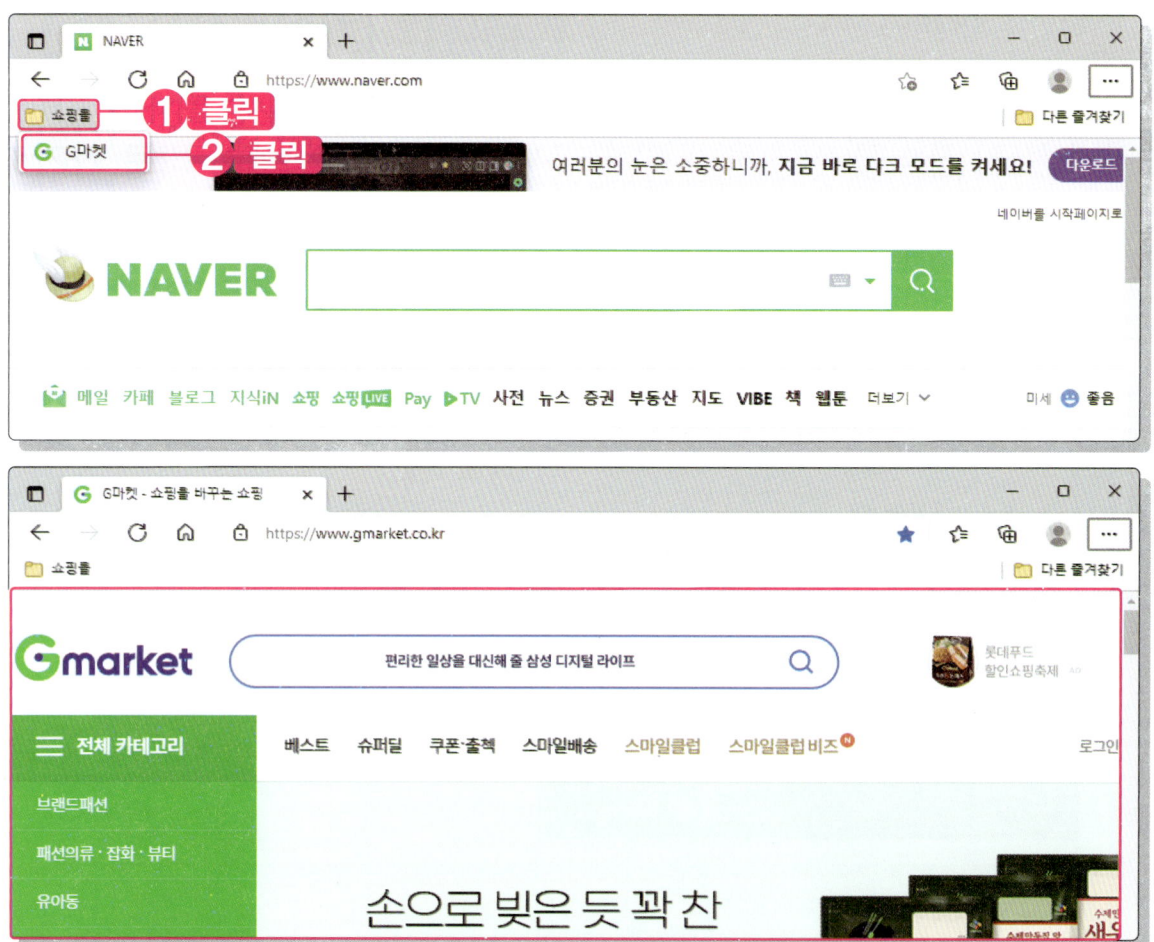

# 실전 연습 문제

**01** 다음과 같이 즐겨찾기 모음에 옥션 사이트(www.auction.co.kr)를 추가해 보세요.

**02** 다음과 같이 즐겨찾기 모음에 '검색엔진' 폴더를 만든 후 네이버(www.naver.com)와 다음(www.daum.net) 사이트를 추가해 보세요.

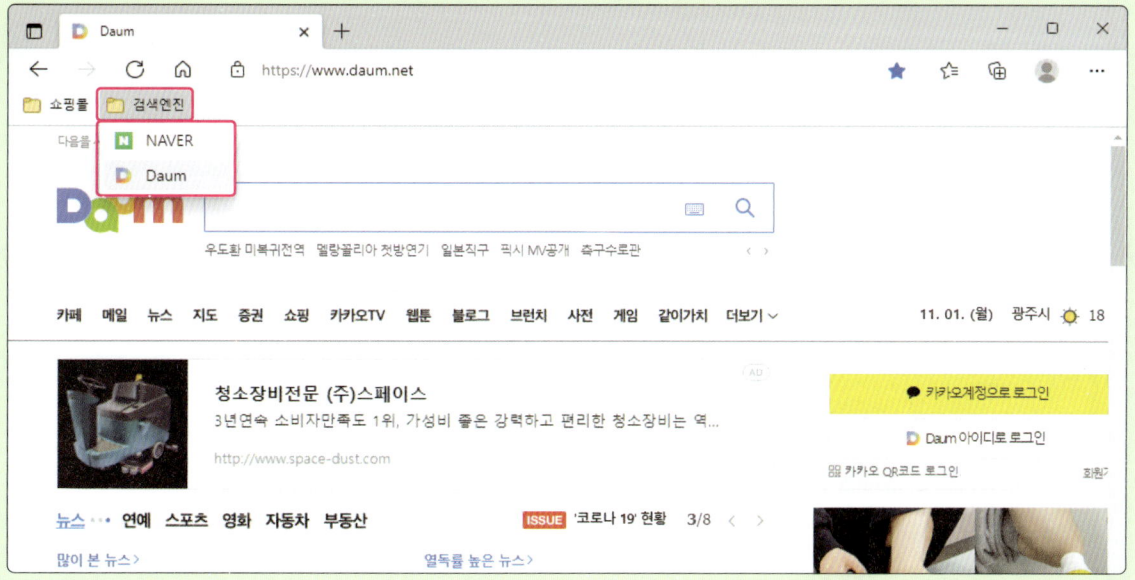

**03** 즐겨찾기 모음을 마이크로소프트 엣지 화면에서 숨겨 보세요.

**Hint**

즐겨찾기 모음의 빈 공간에서 마우스 오른쪽 단추를 눌러 바로 가기 메뉴의 [즐겨찾기 모음 표시]-[표시 안함]을 선택

Chapter 04 - 즐겨찾기 사용하기 **35**

Microsoft Edge

# 검색엔진 사용하기

검색엔진을 사용하면 원하는 정보를 쉽고 빠르게 찾을 수 있는데요. 검색엔진은 원래 정보를 수집하는 시스템을 말하지만 지금은 검색 서비스를 제공하는 사이트를 말합니다. 그럼 검색엔진을 사용하는 방법에 대해 알아보겠습니다.

## Step 01 키워드로 검색하기

**1** **마이크로소프트 엣지를 실행**한 후 **다음 사이트(www.daum.net)에 접속**합니다.

> Tip
> • 검색엔진에는 네이버, 다음, 구글, Bing 등이 있습니다.
> • 키워드는 원하는 정보와 관련 있는 핵심 단어를 말합니다.

**2** 다음 홈 페이지가 나타나면 **검색어 입력에 '예술의 전당'을 입력**한 후 Q**[검색]을 클릭**합니다.

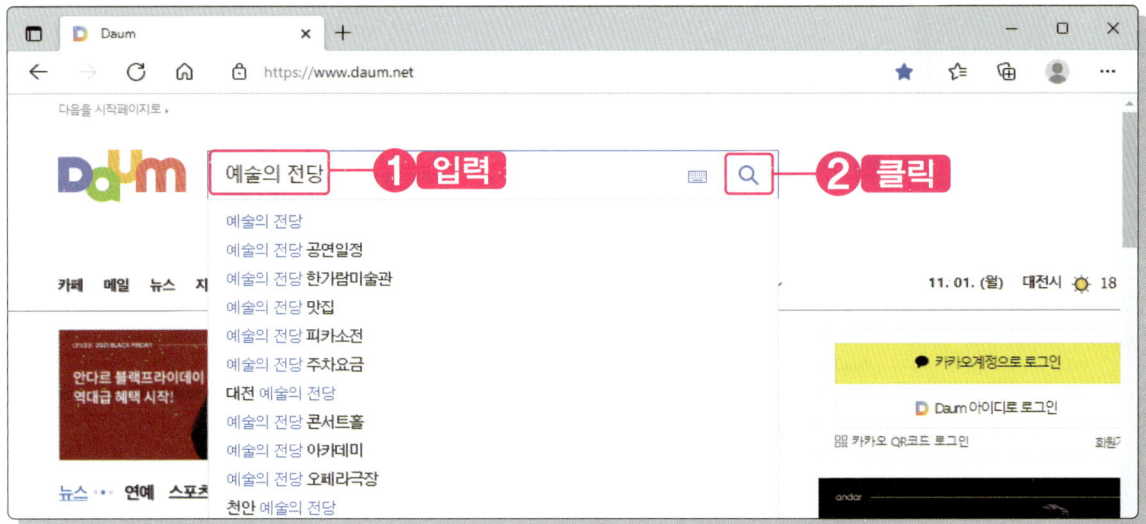

36 인터넷(엣지)

**3** '예술의 전당'에 대한 검색 결과가 나타나면 [예술의 전당]을 클릭합니다.

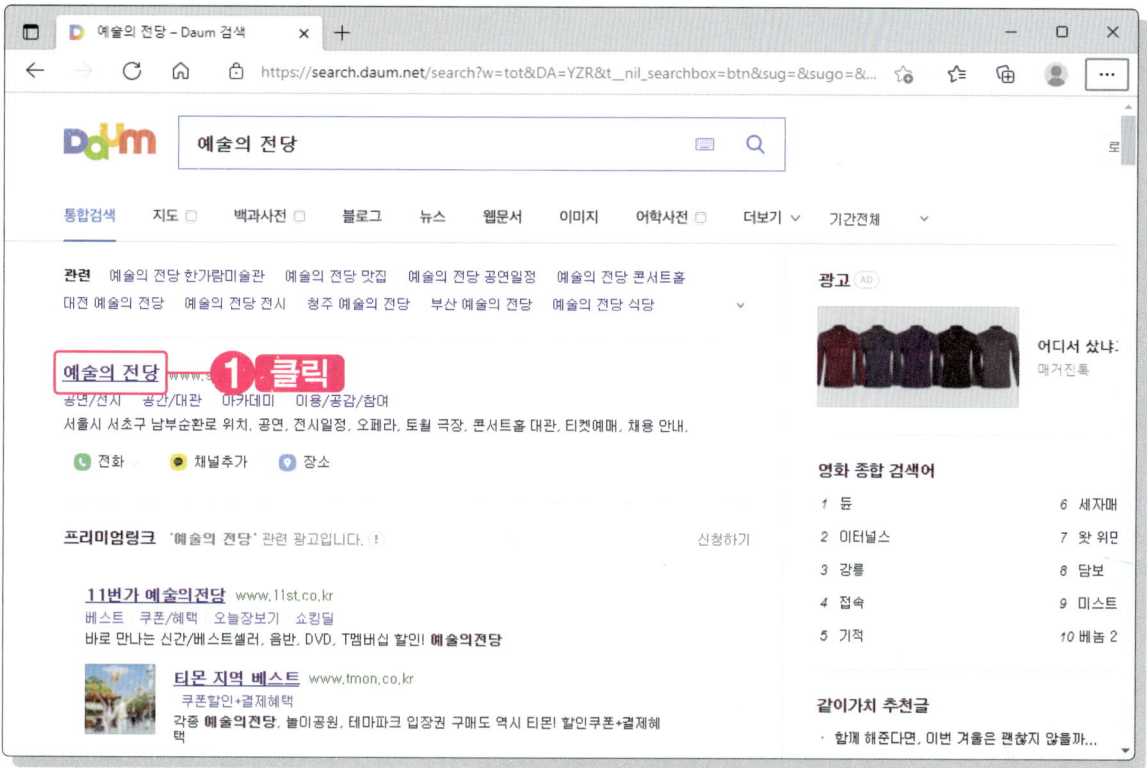

**4** 다음과 같이 예술의 전당 홈 페이지가 새로운 탭에 나타납니다.

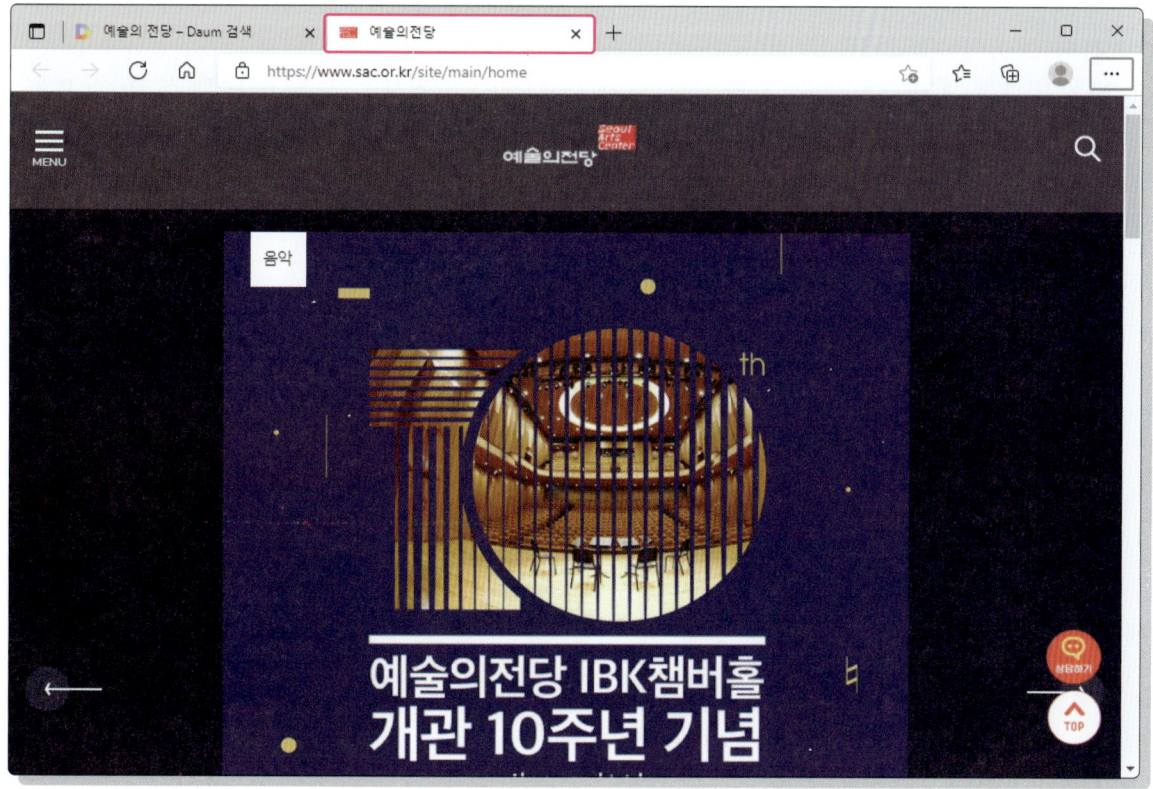

## 검색 기록 알아보기

마이크로소프트 엣지에서 방문했던 인터넷 사이트를 자동으로 기록하여 보관하며, … [설정 및 기타]를 클릭 후 [검색 기록]을 클릭하면 목록이 표시됩니다.

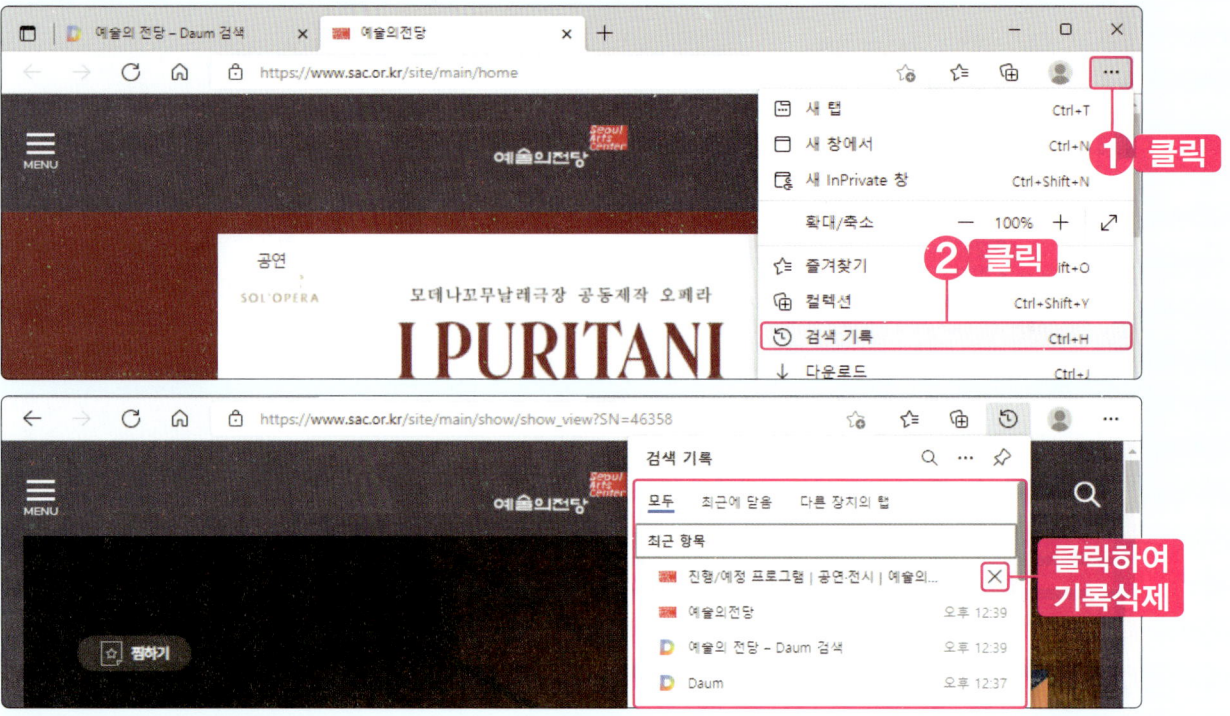

## 검색 기록 삭제하기

… [설정 및 기타]를 클릭 후 [검색 기록]을 클릭합니다. 검색 기록의 … [기타 옵션]을 클릭 후 [검색 데이터 지우기]를 클릭하면 [검색 데이터 지우기] 대화상자가 표시되며, 지난 1시간, 지난 24시간, 지난 7일, 지난 4주, 모든 시간 중에서 선택하여 검색 기록을 삭제할 수 있습니다.

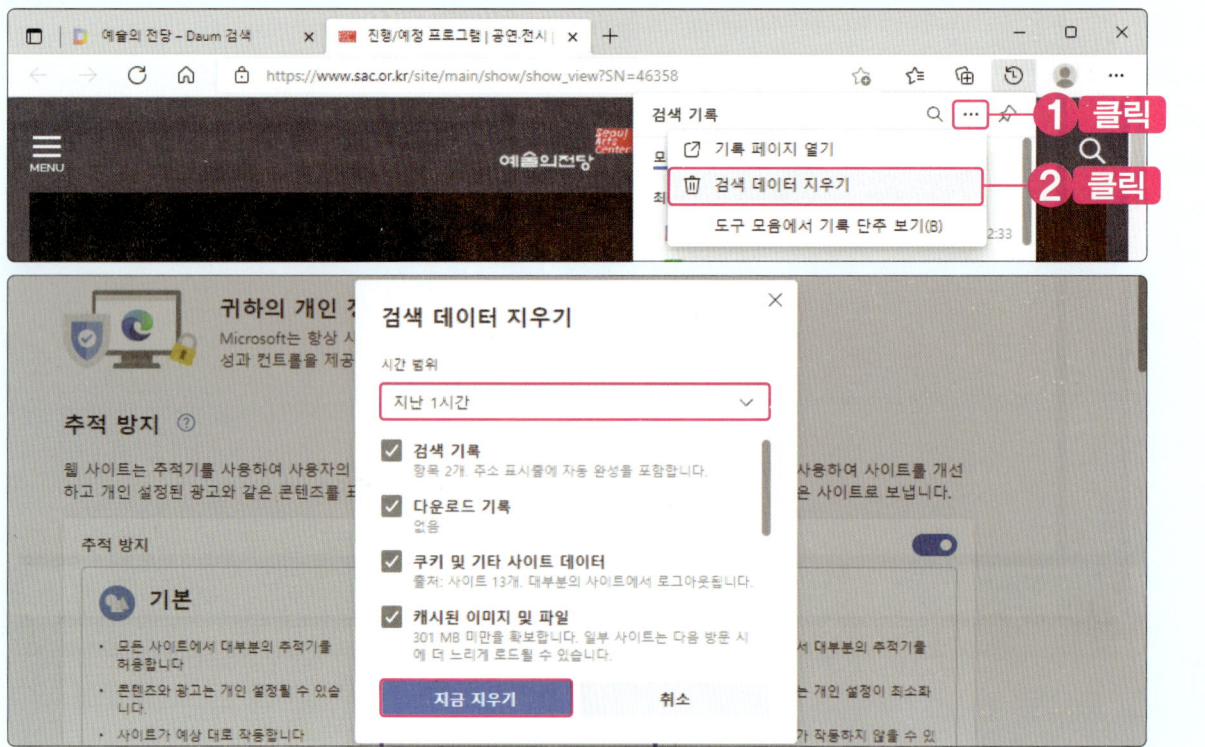

## Step 02 자연어로 검색하기

**1** 네이버 사이트(www.naver.com)에 접속합니다.

> Tip
> 자연어는 평소에 쓰는 대화나 문장을 말합니다.

**2** 네이버 홈 페이지가 나타나면 **검색어 입력에 '고도를 기다리며의 극작가'를 입력**한 후 **[검색] 단추를 클릭**합니다.

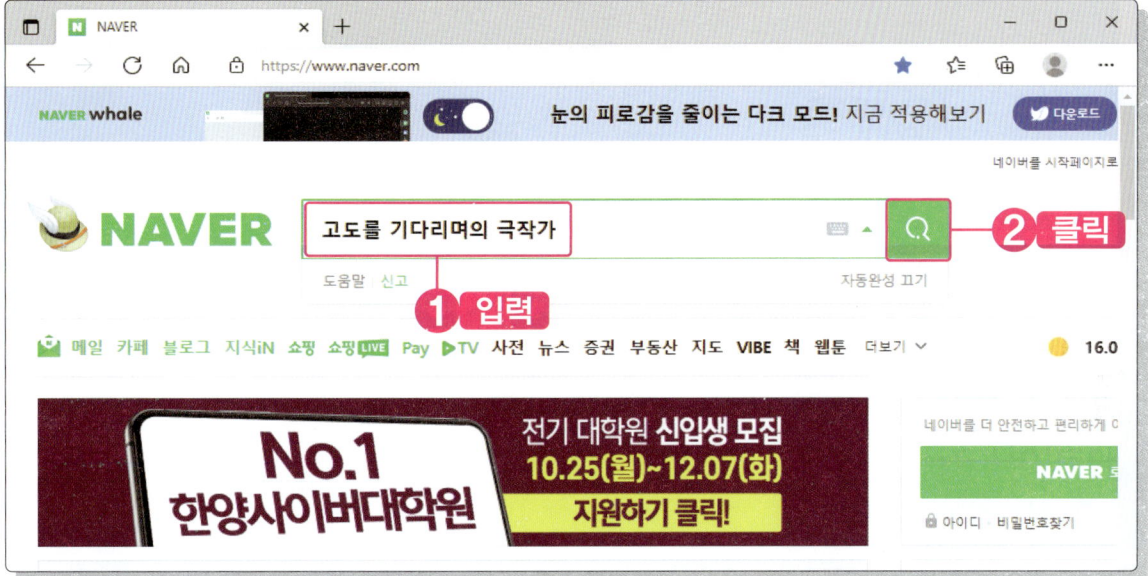

**3** '고도를 기다리며의 극작가'에 대한 검색 결과가 나타나면 고도를 기다리며의 극작가는 **'사뮈엘 베케트'**인 것을 확인할 수 있습니다.

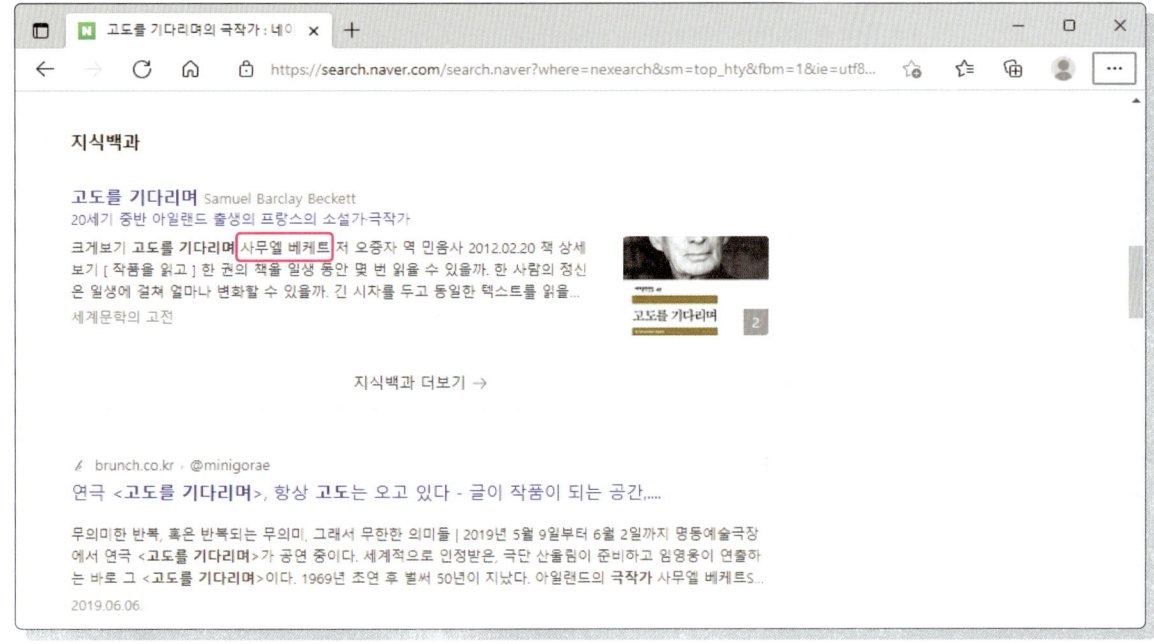

## 바로 연결 기능을 사용하여 검색하기

페이지에 검색하고 싶은 내용이 있는 경우에는 다음과 같이 검색하고 싶은 내용을 드래그하여 선택한 후 바로 가기 메뉴에서 검색엔진을 선택하면 검색어를 입력하지 않고 바로 연결 기능을 사용하여 검색할 수 있습니다. (마우스 포인터 모양이 🖑일 경우 링크로 연결되어 있음)

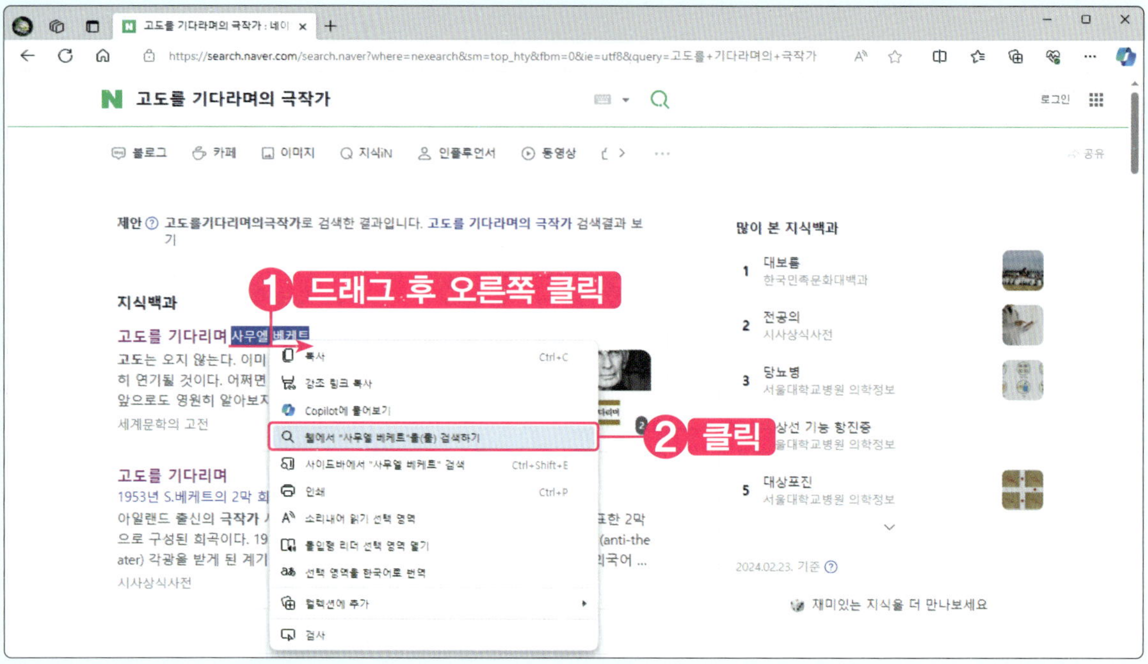

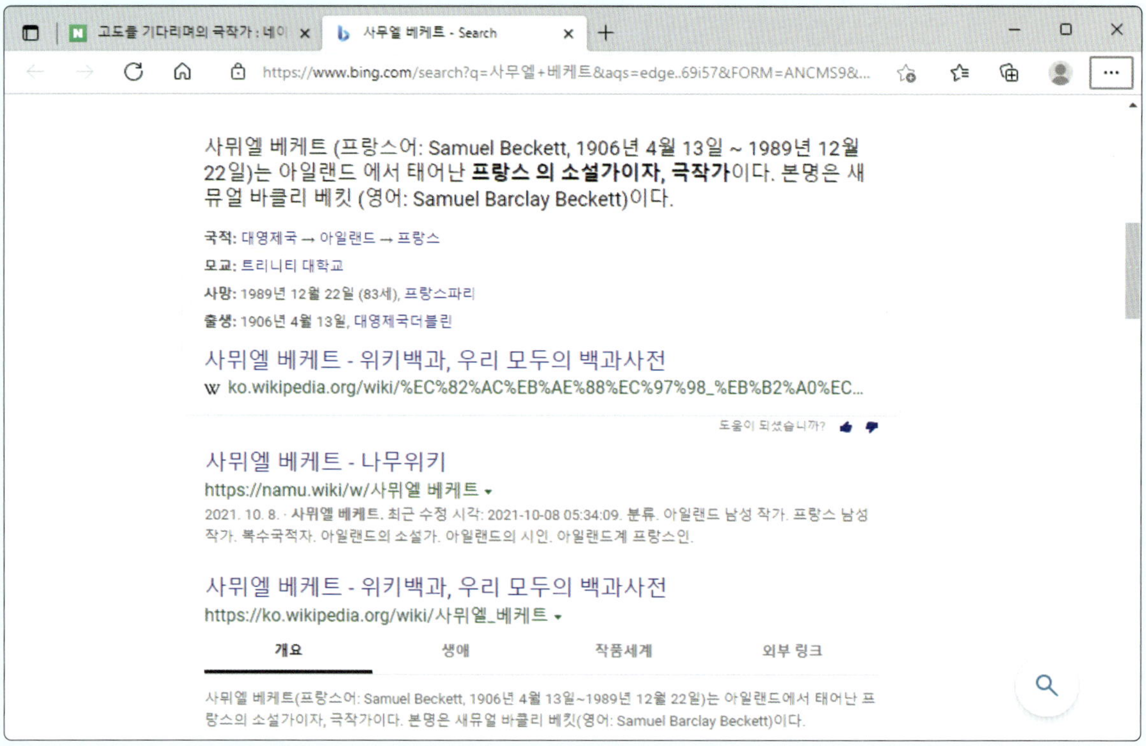

# 실전 연습 문제

**01** 다음과 같이 다음 사이트(www.daum.net)에서 검색하여 덕수궁 사이트에 접속해 보세요.

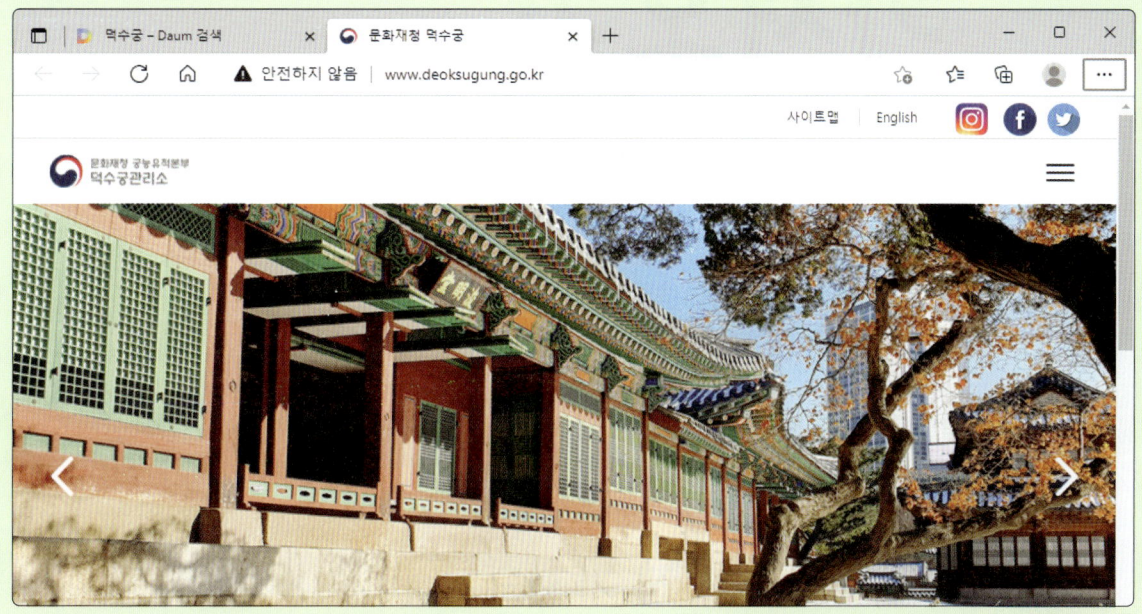

**Hint**
다음 사이트에서 검색하여 덕수궁 사이트에 접속하기 : 다음 사이트에 접속한 후 검색어 입력에 '덕수궁'을 입력한 다음 🔍를 클릭 → '덕수궁'에 대한 검색 결과가 나타나면 [덕수궁]을 클릭

**02** 다음 ( ) 안에 들어갈 말은 무엇인지 검색하여 적어 보세요.

> 세계 최초의 국립공원은 미국에 있는 옐로우스톤 국립공원으로 1872년에 지정되었습니다. 우리나라는 1967년에 (        )을/를 최초의 국립공원으로 지정하였으며 현재 (        )을/를 포함하여 21개소가 국립공원으로 지정되어 있습니다. 국립공원을 전문적으로 관리하기 위해 1987년 국립공원관리공단을 설립하였으며 박운영 초대 이사장이 취임하였습니다. 국립공원관리공단의 명예대사로는 임권택 감독이 위촉되어 있습니다.

**03** 뿌리가 다른 나뭇가지가 서로 엉켜 마치 한 나무처럼 자라는 현상을 무엇이라고 하는지 검색하여 적어 보세요.

**04** 안구의 유리체가 혼탁하거나 안저 출혈 등으로 인하여 눈앞에 물체가 날아다니는 듯이 보이는 증상을 무엇이라고 하는지 검색하여 적어 보세요.

➡ **정답**은 **인터넷 과목 80 페이지**에 있습니다.

# Chapter 06 내 컴퓨터로 정보 가져오기

인터넷에 있는 사진이나 내용 등의 정보는 내 컴퓨터에 저장하여 활용할 수 있습니다. 그럼 내 컴퓨터로 정보를 가져오는 방법에 대해 알아보겠습니다.

## Step 01 내 컴퓨터로 사진 가져오기

**1** 마이크로소프트 엣지를 실행한 후 렉스미디어(www.rexmedia.net)에 접속하여 이동합니다.

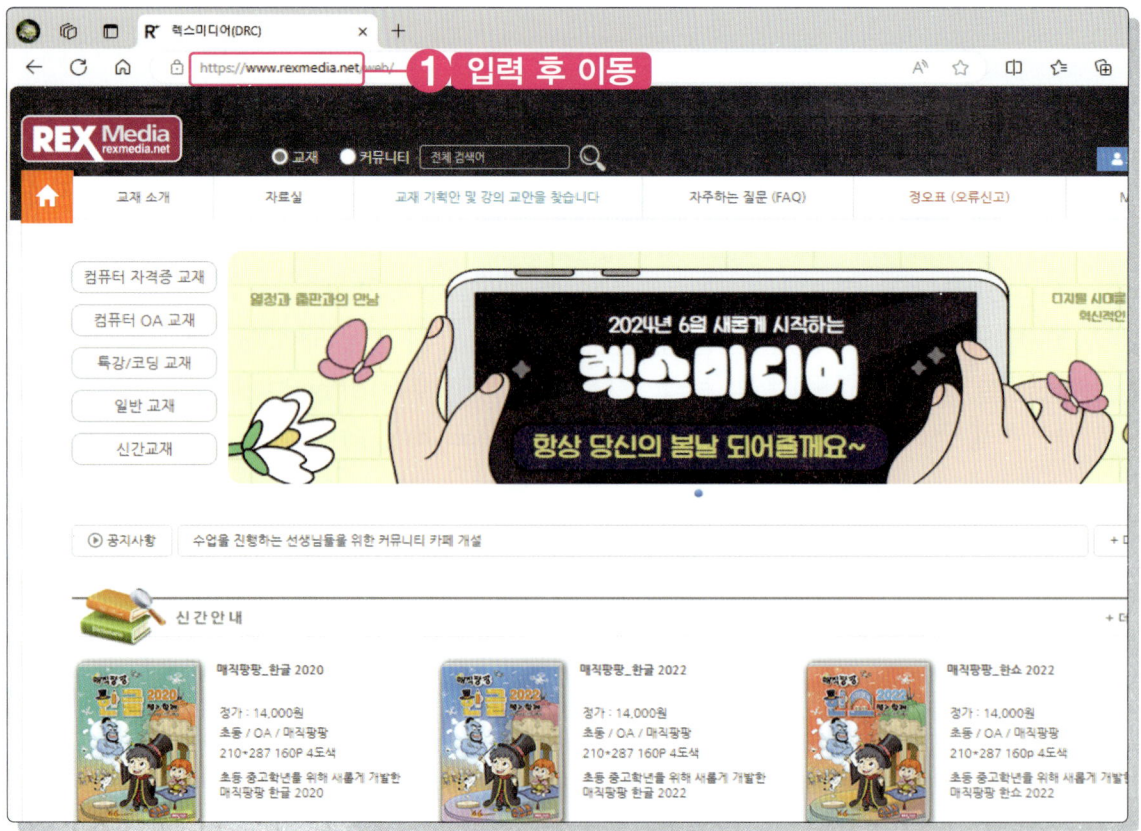

**3** 스마트 정보화 교재를 찾아보기 위해 **[일반 교재]를 클릭**합니다.

**4** 일반 교재 목록이 나타나면 **[스마트정보화]를 클릭**합니다.

Chapter 06 – 내 컴퓨터로 정보 가져오기 **43**

**5** 스마트정보화 도서 목록이 나타나면 [(스마트정보화10)윈도우&인터넷엣지&한글2020]을 클릭합니다.

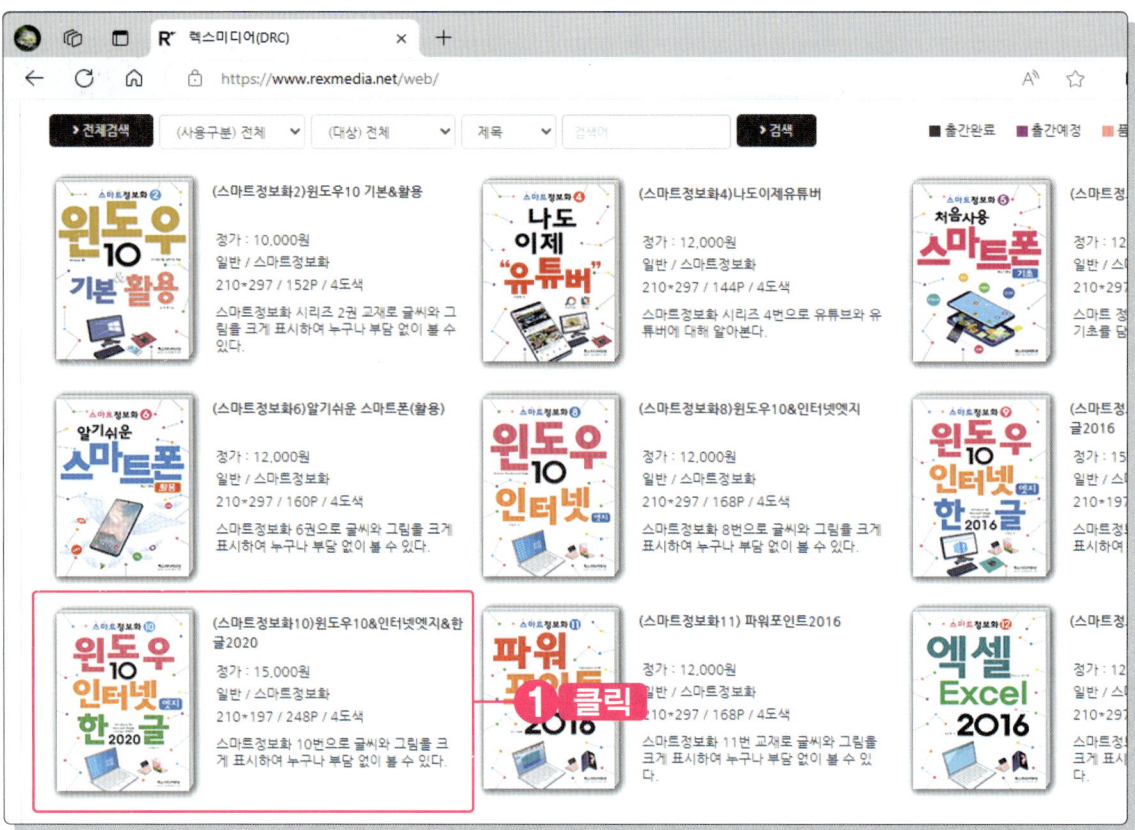

**6** 스마트정보화10 교재의 도서 정보가 나타나면 저장하기 위해 **표지의 바로 가기 메뉴에서 [다른 이름으로 사진 저장]**을 클릭합니다.

**7** [사진 저장] 대화상자가 나타나면 **저장 위치(사진)를 선택**한 후 **파일 이름(스마트정보화 표지)을 입력**한 다음 [저장] 단추를 클릭합니다.

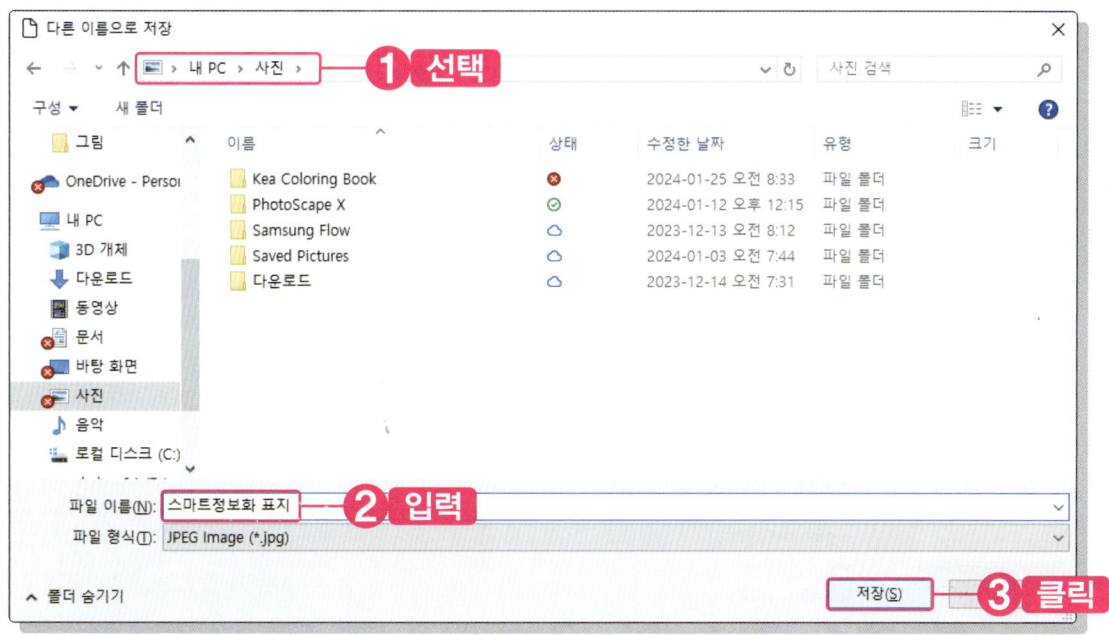

**8** **파일 탐색기를 실행**한 후 탐색 창에서 **'사진' 폴더를 선택**합니다. 그러면 표지 이미지가 저장되어 있는 것을 확인할 수 있습니다.

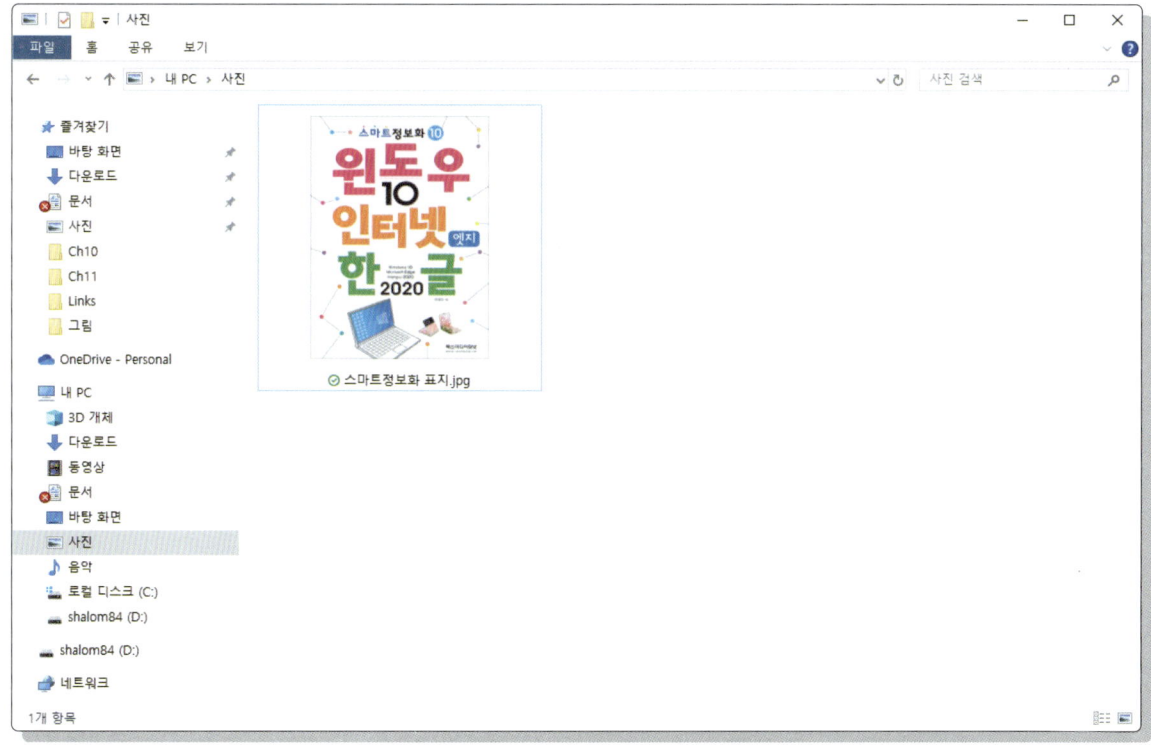

**9** 탐색 창에서 ✖ **[닫기]를 클릭**하면 창을 종료할 수 있습니다.

## Step 02  내 컴퓨터로 내용 가져오기

**1** 다음 사이트(www.daum.net)에 접속합니다.

**2** 다음 홈 페이지가 나타나면 **검색어 입력에 '백내장'을 입력**한 후 🔍**[검색]을 클릭**합니다.

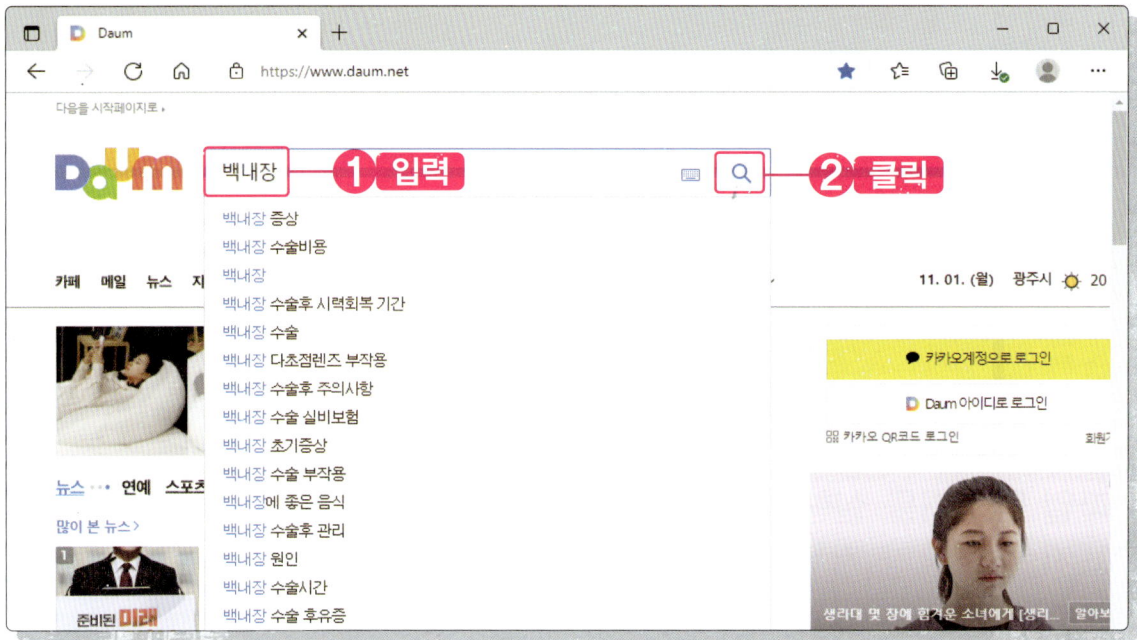

**3** '백내장'에 대한 검색 결과가 나타나면 [건강정보]에서 **[백내장]을 클릭**합니다.

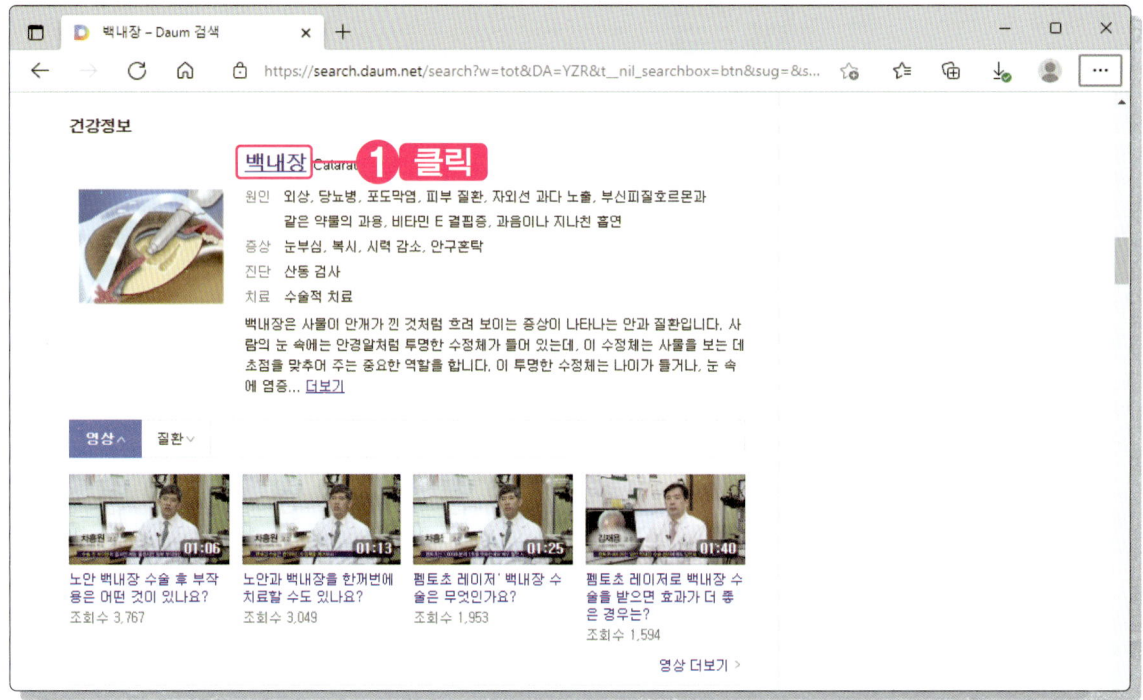

**4** 백내장 페이지가 나타나면 내용을 복사하기 위해 다음과 같이 **내용을 드래그하여 선택**한 후 **선택한 내용의 바로 가기 메뉴에서 [복사]를 클릭**합니다.

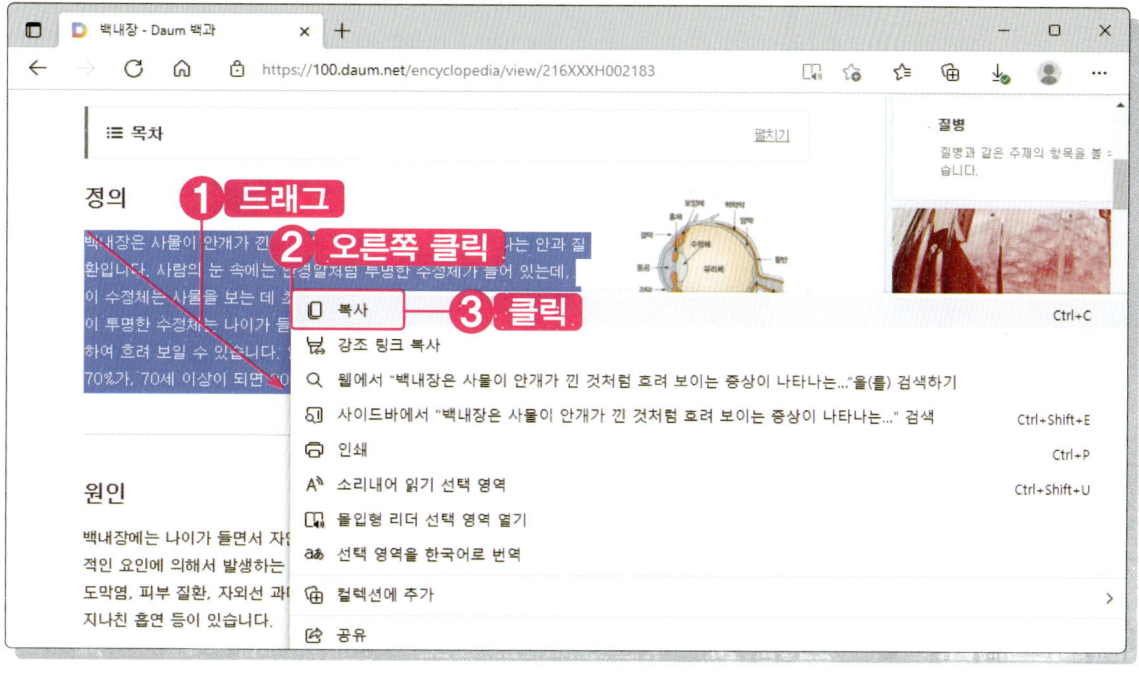

**Tip**
내용을 드래그하여 선택한 후 Ctrl+C를 눌러 내용을 복사할 수도 있습니다.

**5** **워드패드를 실행**한 후 내용을 붙여넣기 위해 **[홈] 탭을 클릭**한 다음 [클립보드] 그룹에서 **[붙여넣기]를 클릭**합니다.

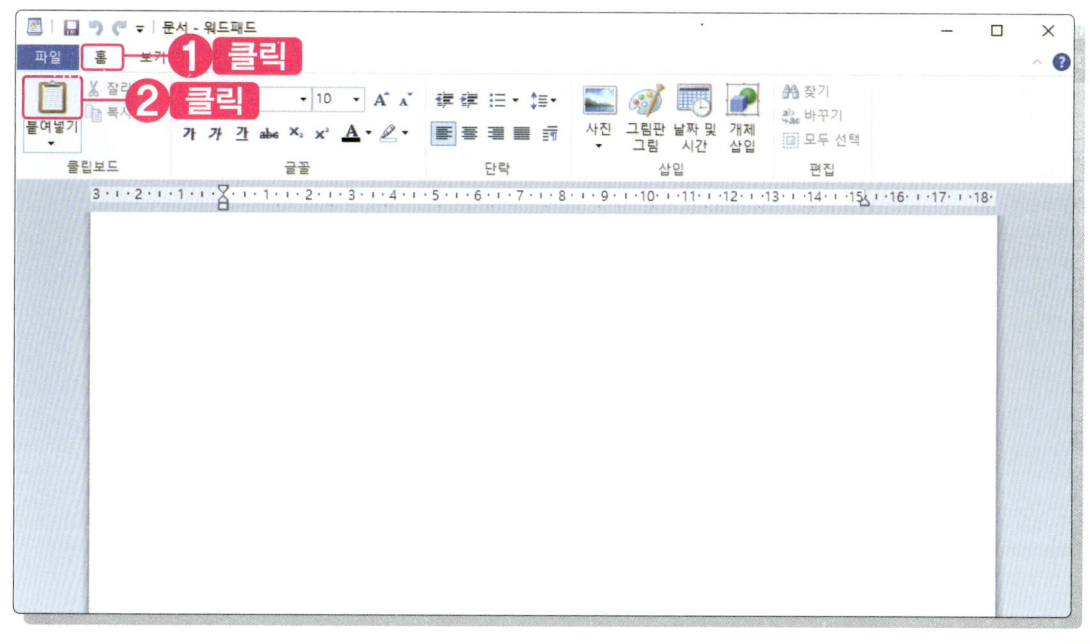

**Tip**
Ctrl+V를 눌러 내용을 붙여넣을 수도 있습니다.

Chapter 06 – 내 컴퓨터로 정보 가져오기 **47**

**6** 내용이 붙여넣어지면 저장하기 위해 빠른 실행 도구의 🖫[저장]을 클릭합니다.

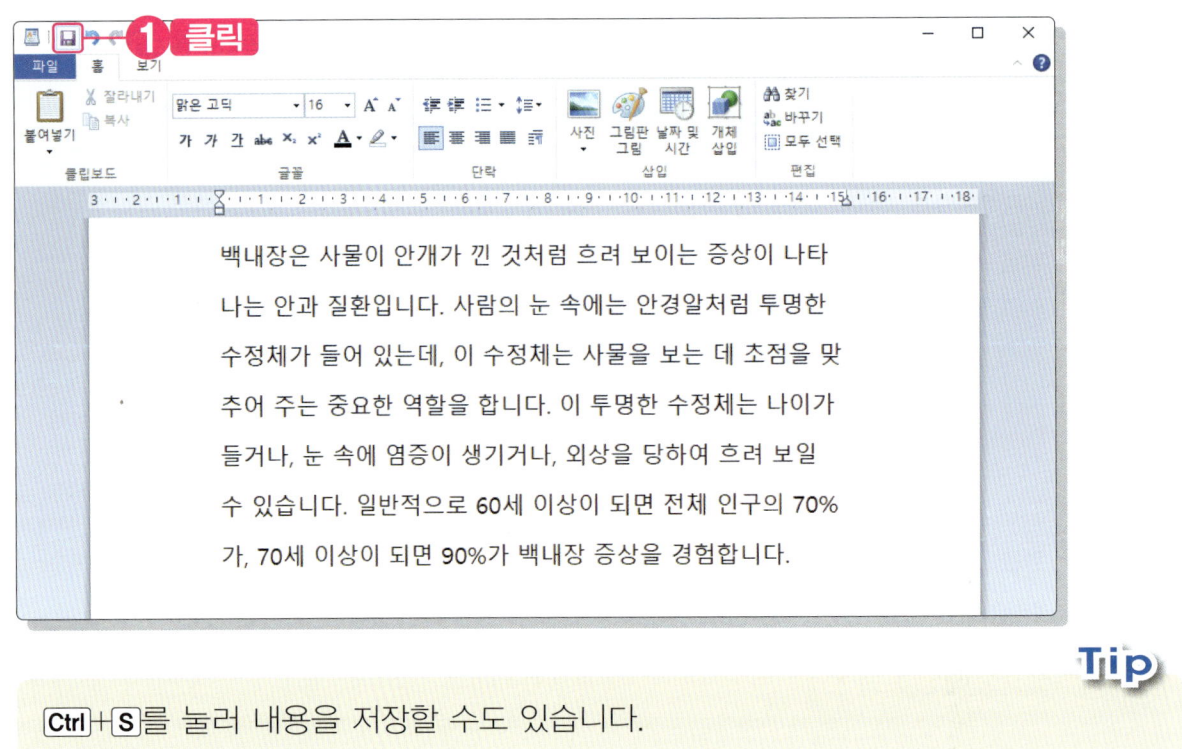

> **Tip**
> Ctrl+S를 눌러 내용을 저장할 수도 있습니다.

**7** [다른 이름으로 저장] 대화상자가 나타나면 **저장 위치(문서)를 선택**한 후 **파일 이름(백내장)을 입력**한 다음 **[저장] 단추를 클릭**합니다.

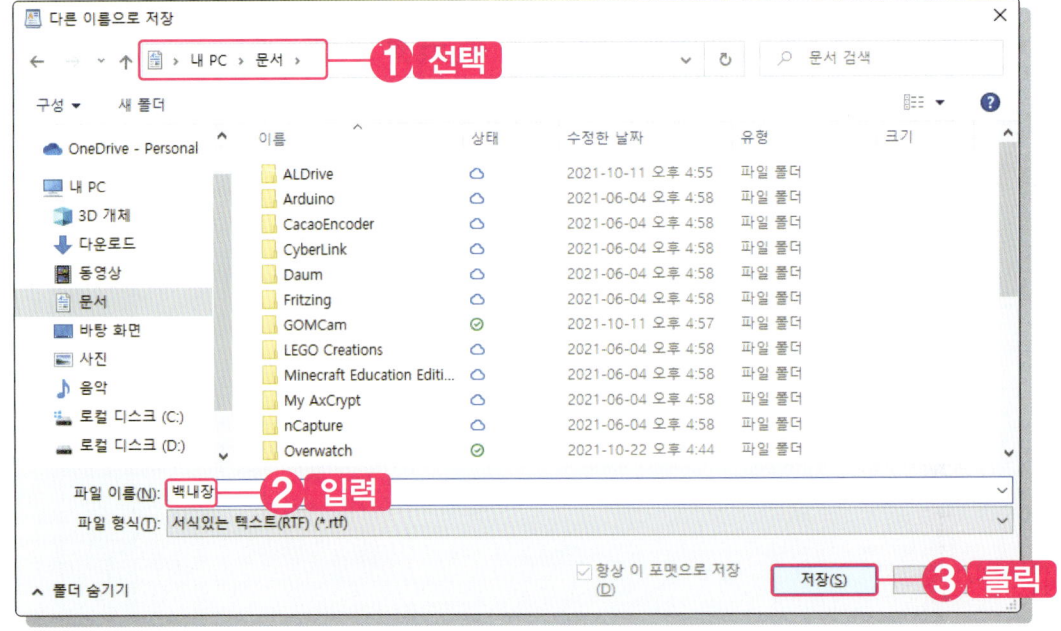

**8** 저장된 파일은 📁[파일 탐색기]를 실행한 후 탐색 창에서 [문서] 폴더를 선택하면 저장된 문서 파일을 확인할 수 있습니다.

## 실전 연습 문제

**01** 다음과 같이 네이버 사이트(www.naver.com)에서 독도 사진을 검색하여 저장해 보세요.
- 독도 사진 저장 : 저장 위치(사진), 파일 이름(독도)

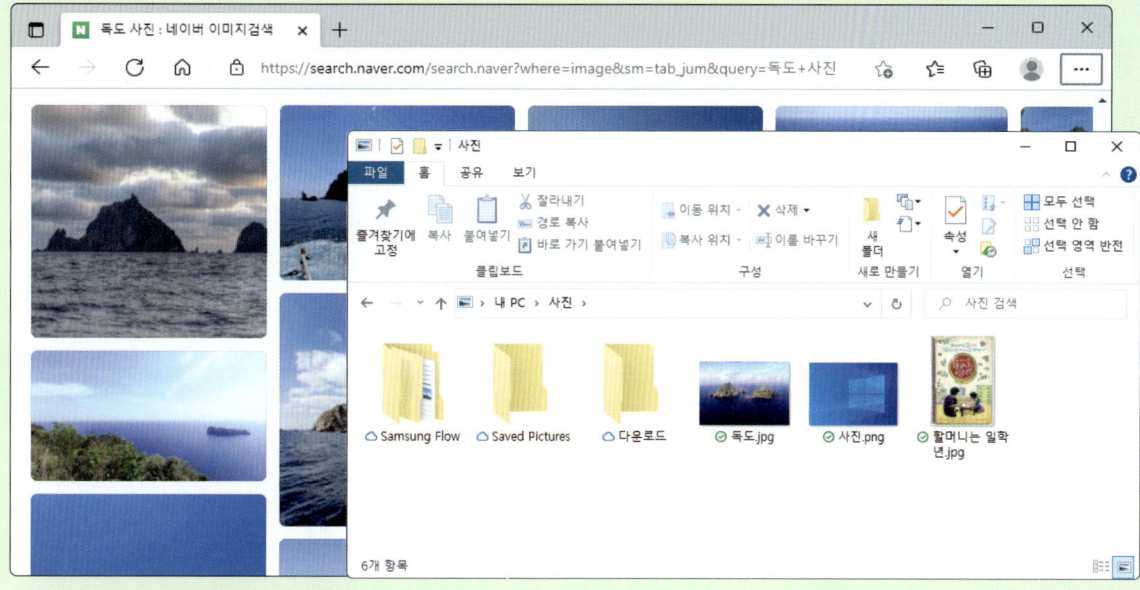

**Hint**

네이버 사이트에서 독도 사진 검색하기 : 네이버 사이트에 접속한 후 검색어 입력에 '독도'를 입력한 다음 [검색] 단추를 클릭 → '독도'에 대한 검색 결과가 나타나면 [이미지]를 클릭

**02** 다음과 같이 국가유산청 사이트(www.cha.go.kr)에서 숭례문을 검색하여 내용을 복사한 후 워드패드에 붙여넣은 다음 저장해 보세요.
- 내용 저장 : 저장 위치(문서), 파일 이름(숭례문)

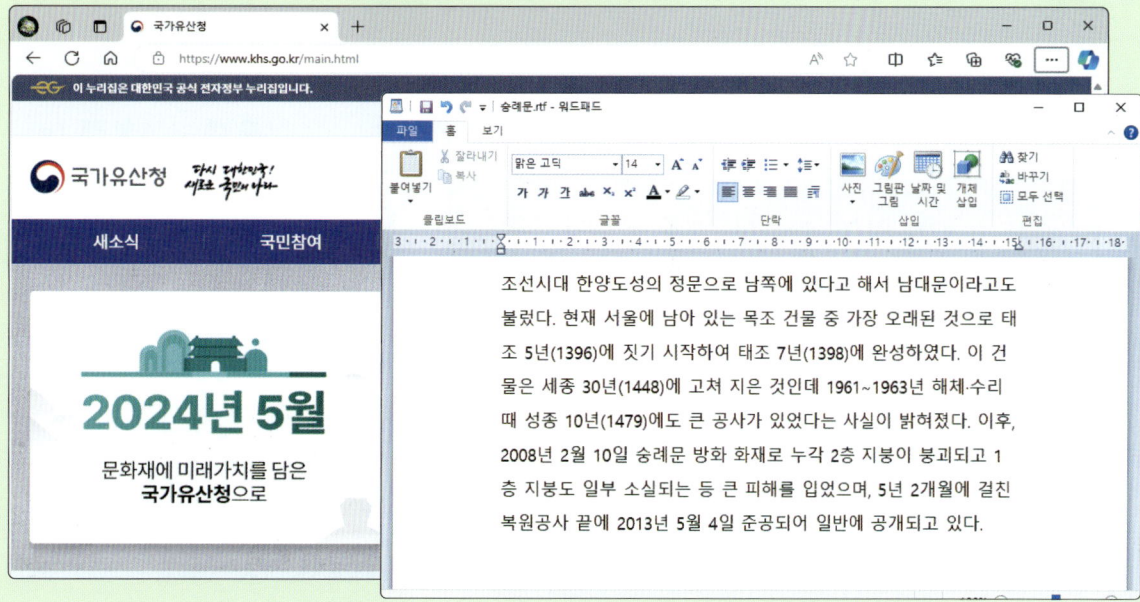

Microsoft Edge

# 이메일 사용하기

인터넷에서 편지를 보내고 받을 수 있는 것을 '이메일(E-mail)' 또는 '전자우편'이라고 하는데요. 이메일을 사용하려면 먼저 이메일 서비스를 제공하는 사이트에 회원가입하여 이메일 주소를 만들어야 합니다. 그럼 이메일을 사용하는 방법에 대해 알아보겠습니다.

### Step 01 회원가입하여 이메일 주소 만들기

**1** 마이크로소프트 엣지를 실행한 후 네이버 사이트(www.naver.com)에 접속합니다.

**2** 네이버 홈 페이지가 나타나면 [회원가입]을 클릭합니다.

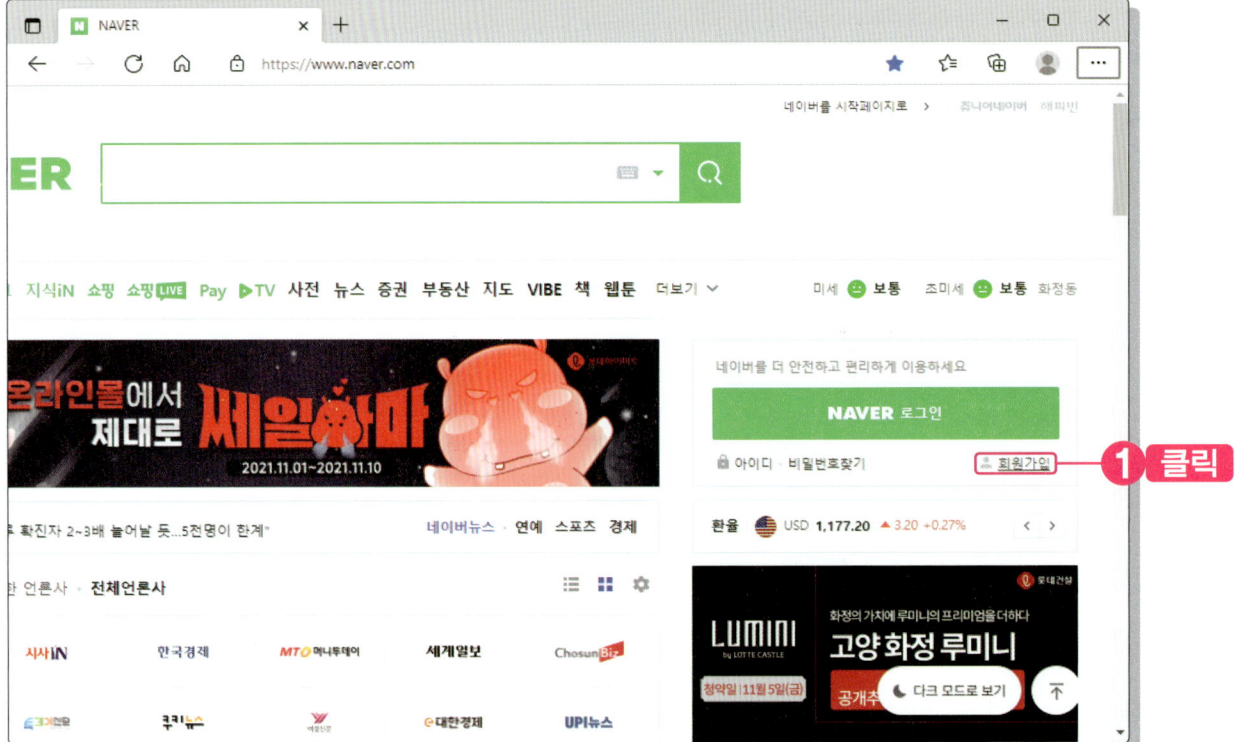

50 인터넷(엣지)

**3** 이용약관 동의 페이지가 나타나면 **네이버 이용약관 동의와 개인정보 수집 및 이용에 대한 안내를 선택**한 후 **[확인] 단추를 클릭**합니다.

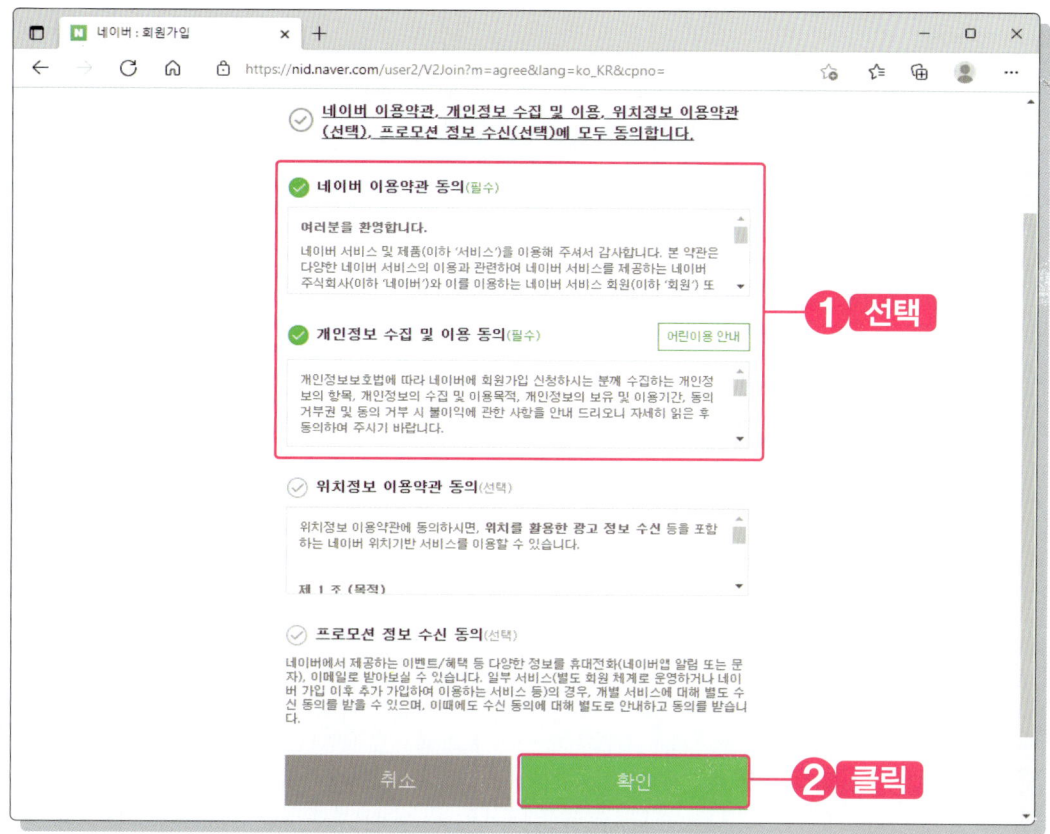

[네이버 이용약관, 개인정보 수집 및 이용, 위치정보 이용약관(선택), 프로모션 안내 메일 수신(선택)에 모두 동의합니다.]를 선택하면 네이버 이용약관 동의, 개인정보 수집 및 이용에 대한 안내, 위치정보 이용약관 동의, 이벤트 등 프로모션 알림 메일 수신이 모두 선택됩니다.

### 이메일 서비스를 제공하는 사이트

이메일 서비스를 제공하는 사이트에는 네이버 사이트(www.naver.com), 다음 사이트(www.daum.net), 구글 사이트(www.google.co.kr) 등이 있습니다.

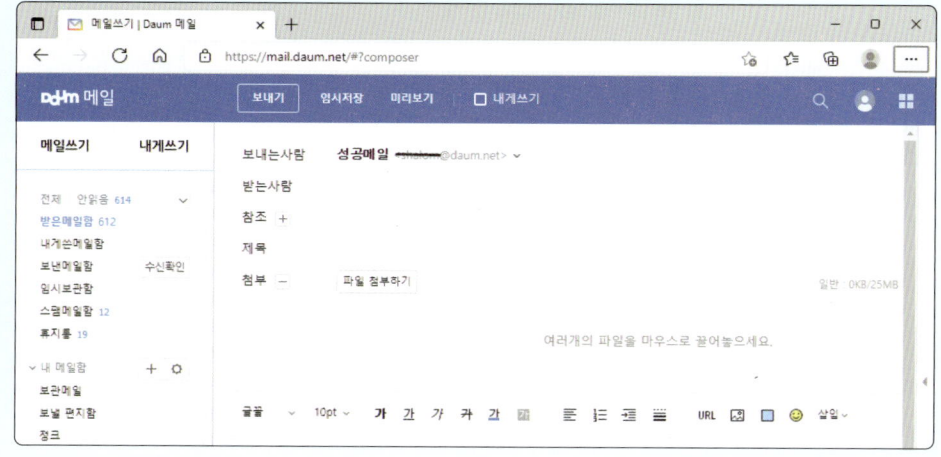

◀ 다음 이메일

Chapter 07 – 이메일 사용하기

**4** 회원가입 페이지가 나타나면 **아이디, 비밀번호, 비밀번호 재확인을 입력**합니다.

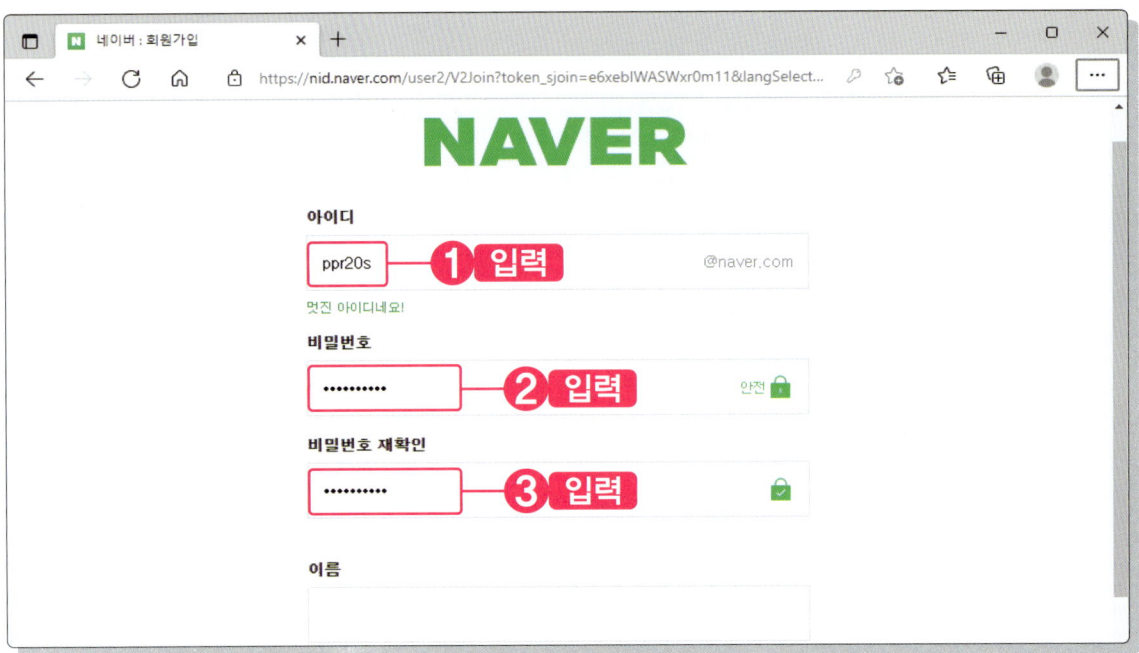

- 아이디는 사이트에서 사용자를 식별하는 기호로 중복되면 안 되며 영문 소문자, 숫자, 언더바(_), 하이픈(-)만 사용하여 5~20자를 입력할 수 있습니다.
- 비밀번호는 영문 대/소문자, 숫자, 특수문자만 사용하여 8~16자를 입력할 수 있으며 비밀번호와 비밀번호 재확인에 입력하는 비밀번호는 똑같이 입력해야 합니다.

### 중복되는 아이디인 경우
다음과 같이 '이미 사용중이거나 탈퇴한 아이디입니다.'라는 메시지가 나타나면 중복되는 아이디인 경우이므로 다른 아이디를 입력합니다.

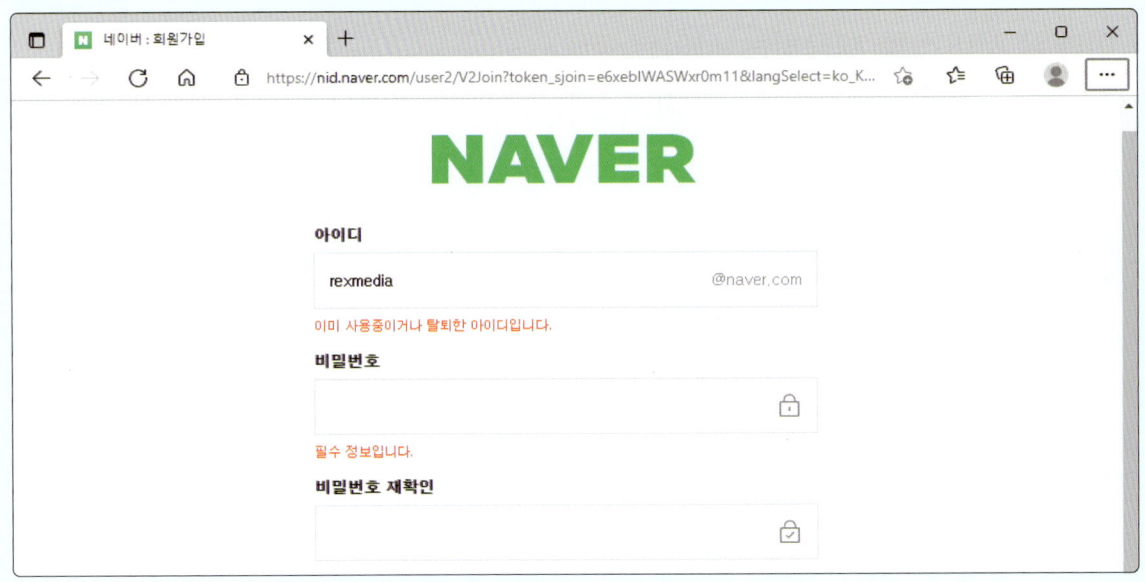

**5** 아이디, 비밀번호, 비밀번호 재확인을 입력하였으면 **이름, 생년월일, 성별을 지정**합니다.

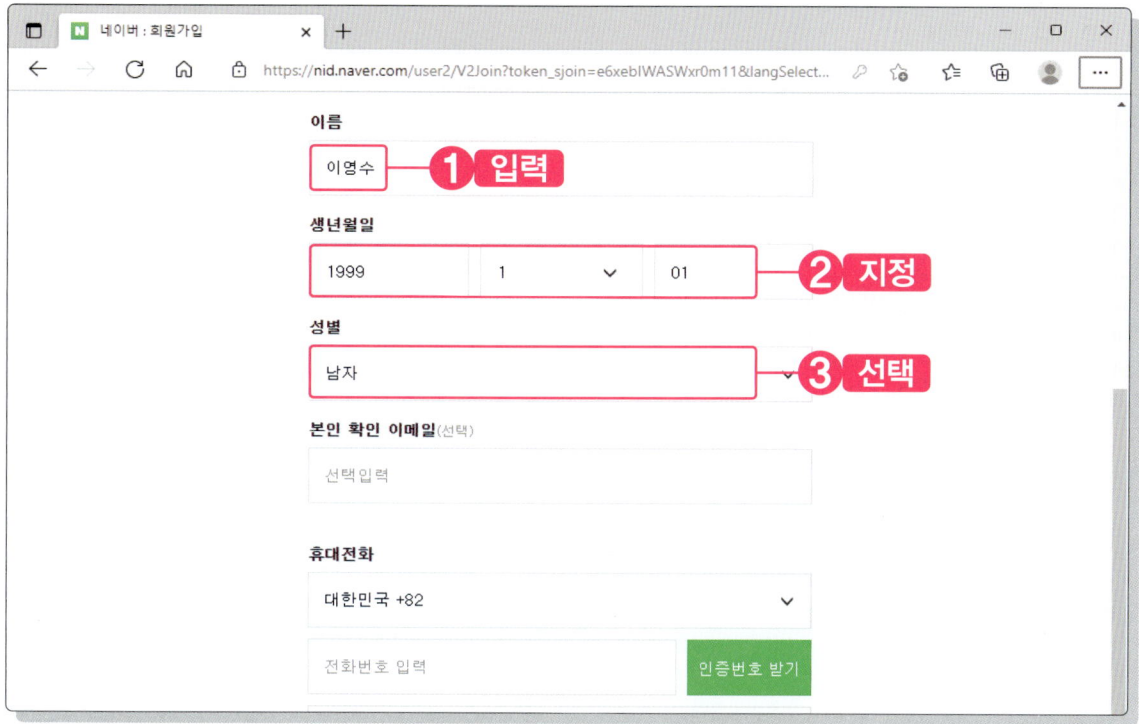

**6** 이름, 생년월일, 성별을 지정하였으면 인증을 받기 위해 **휴대전화번호를 입력**한 후 **[인증번호 받기]** 단추를 클릭합니다.

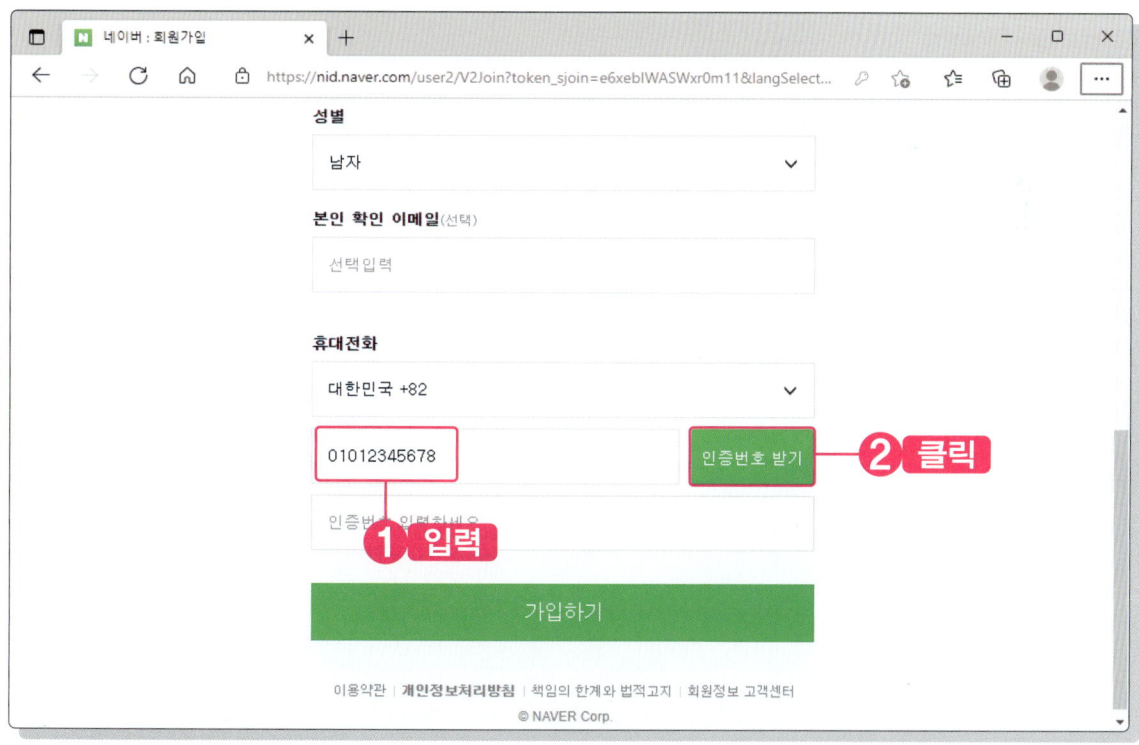

Chapter 07 - 이메일 사용하기 **53**

**7** 휴대전화를 통해 문자 메시지로 인증번호를 받으면 **받은 인증번호를 입력**한 후 Tab을 누릅니다.

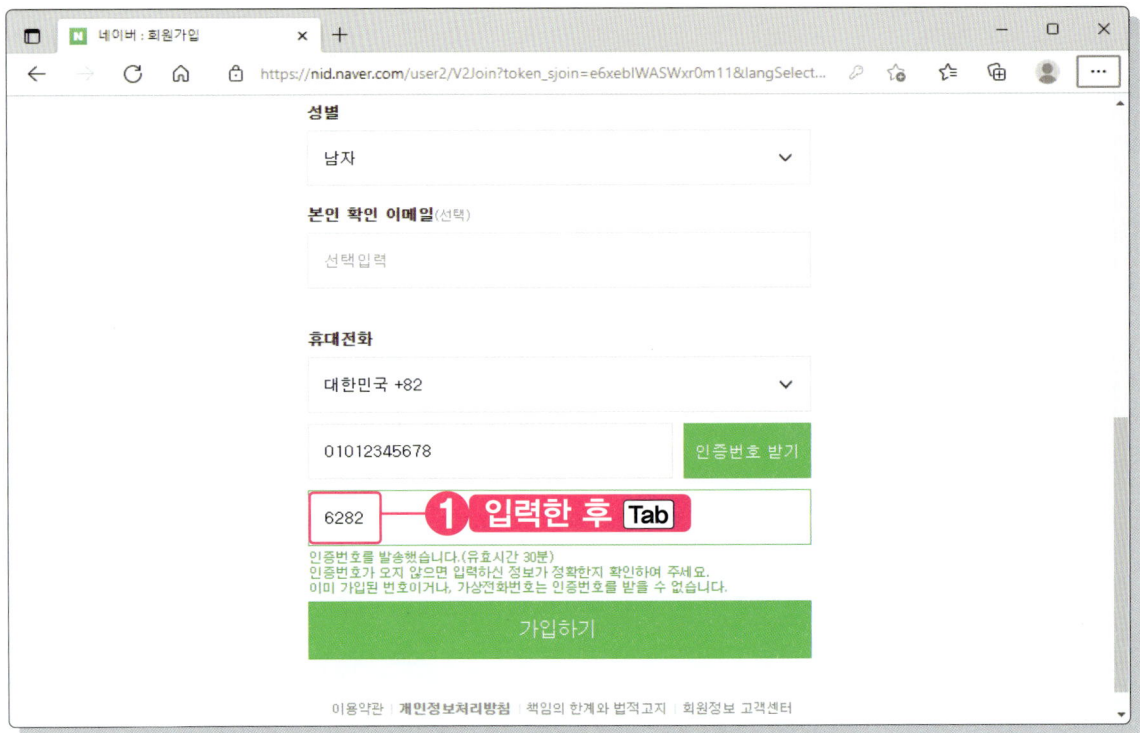

**8** '인증이 성공했습니다.'라는 메시지가 나타나면 **[가입하기] 단추를 클릭**합니다.

**9** 회원가입이 완료되면 마이크로소프트 엣지를 종료하기 위해 ⊠[닫기] 단추를 클릭합니다.

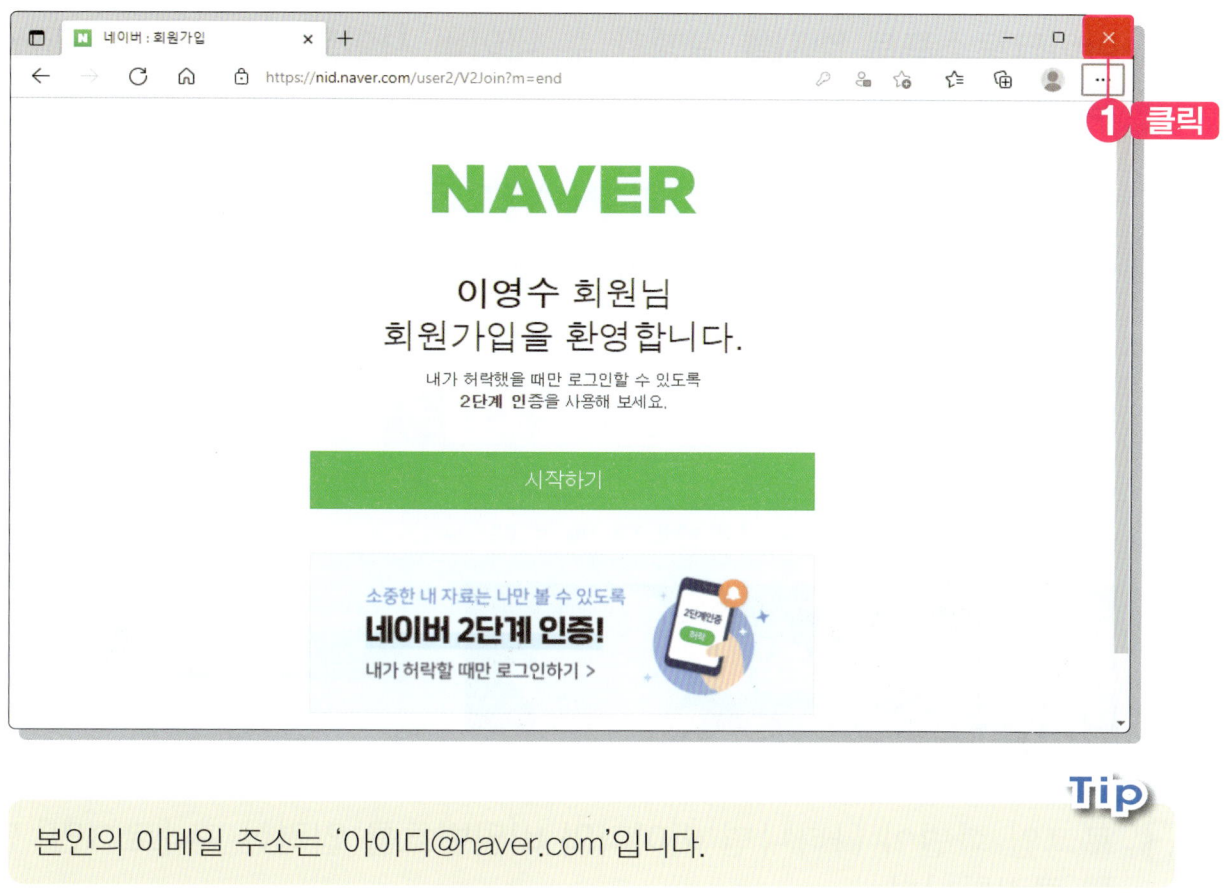

본인의 이메일 주소는 '아이디@naver.com'입니다.

**10** 마이크로소프트 엣지가 종료됩니다.

## Step 02 파일 첨부하여 메일 쓰기

**1** 마이크로소프트 엣지를 실행한 후 네이버 사이트(www.naver.com)에 접속합니다.

**2** 네이버 홈 페이지가 나타나면 [NAVER 로그인] 단추를 클릭합니다.

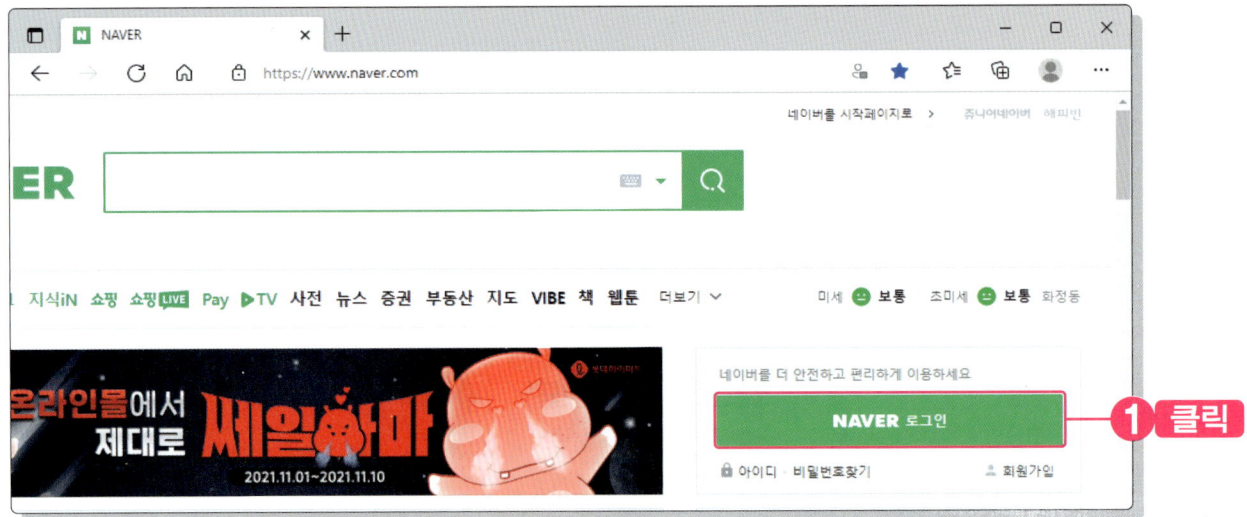

**3** 로그인 화면이 나타나면 아이디와 비밀번호를 입력한 후 [로그인] 단추를 클릭합니다.

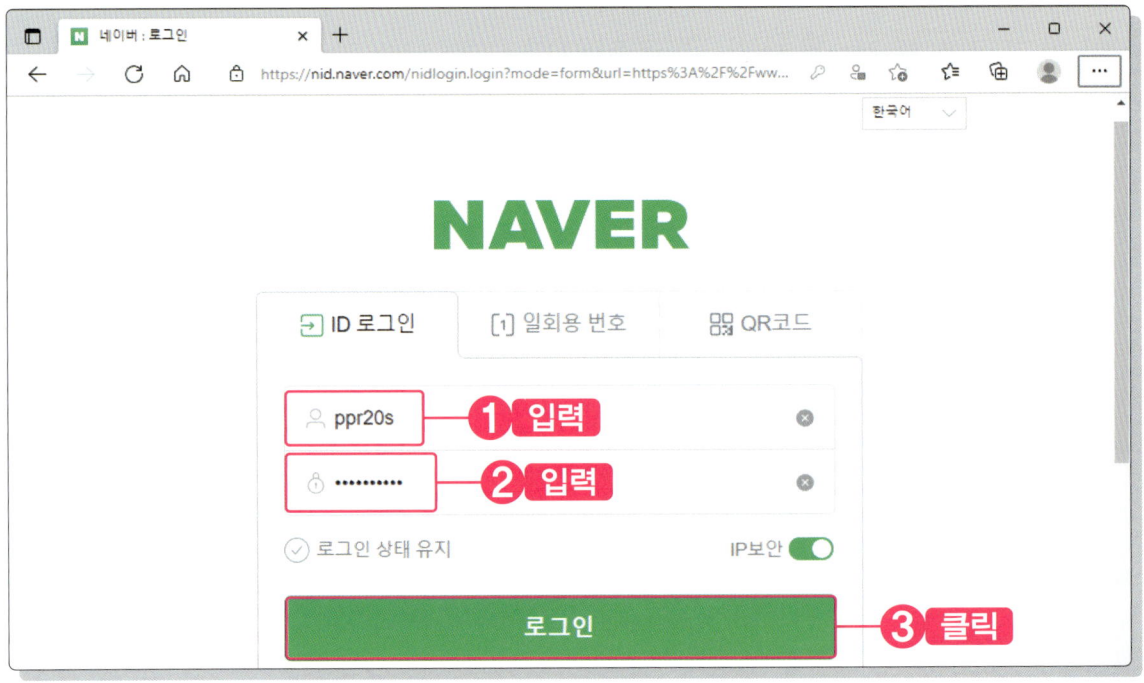

> **Tip**
> 아이디와 비밀번호를 입력해서 사이트에 자신을 알린 후 사이트의 사용 권한을 받아 접속하는 것을 '로그인'이라고 합니다.

**4** 로그인 되면 [메일]을 클릭합니다.

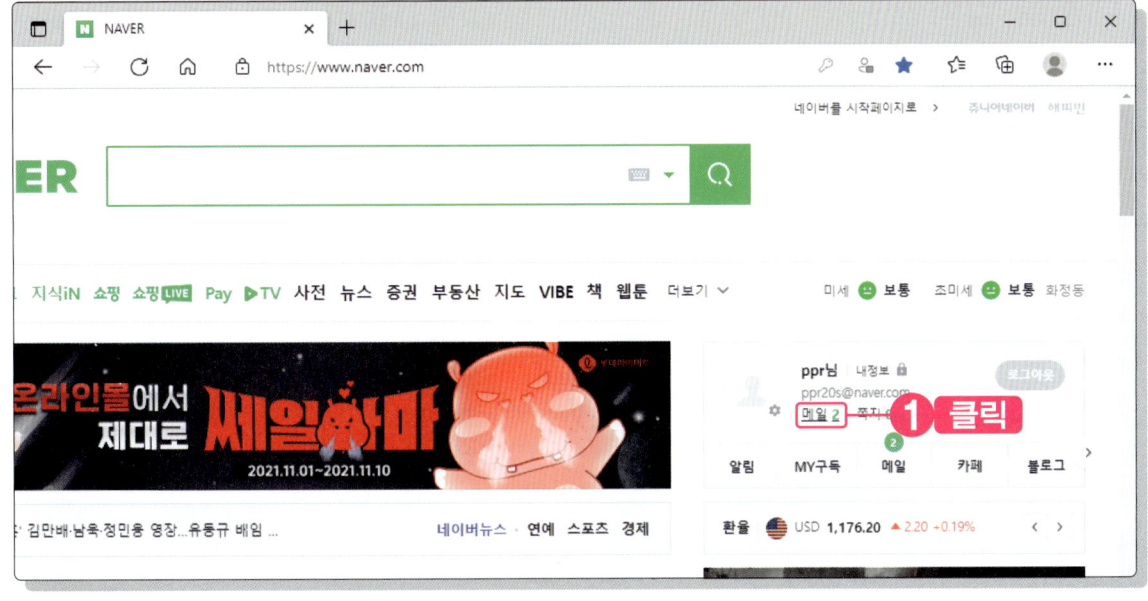

> **Tip**
> 로그인 되면 안 읽은 메일의 개수가 표시됩니다.

### 메일에 대한 설명이 나타난 경우

메일을 처음 사용하면 다음과 같이 메일에 대한 설명이 나타나는데요. 이런 경우에는 >를 클릭하여 Step 1~Step 4를 확인한 후 [Step 4]에서 [받은메일함 가기] 단추를 클릭합니다.

Chapter 07 – 이메일 사용하기

5 메일 화면이 나타나면 [메일쓰기] 단추를 클릭한 후 받는사람, 제목, 내용을 입력한 다음 파일을 첨부하기 위해 [내 PC] 단추를 클릭합니다.

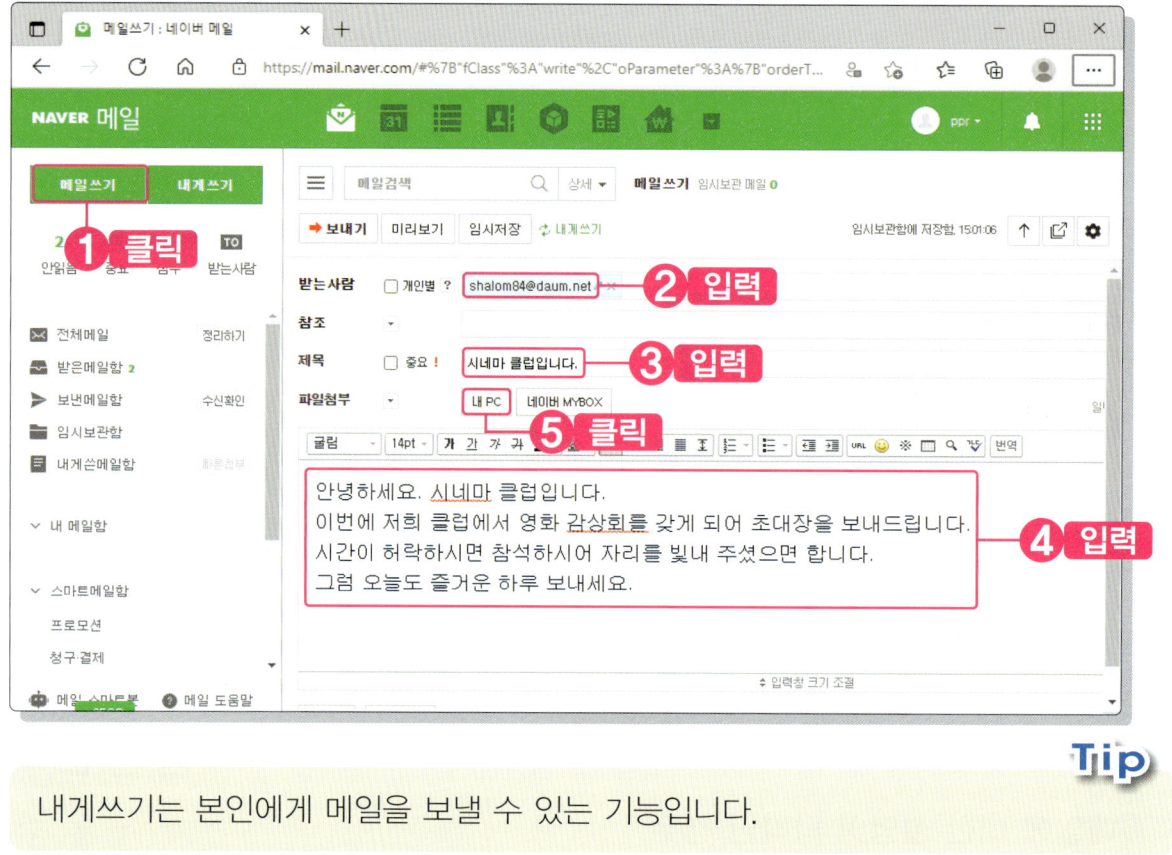

Tip
내게쓰기는 본인에게 메일을 보낼 수 있는 기능입니다.

6 [업로드할 파일 선택] 대화상자가 나타나면 열기 위치(C:\스마트정보화\인터넷\Chapter7)를 선택한 후 파일(초대장)을 선택한 다음 [열기] 단추를 클릭합니다.

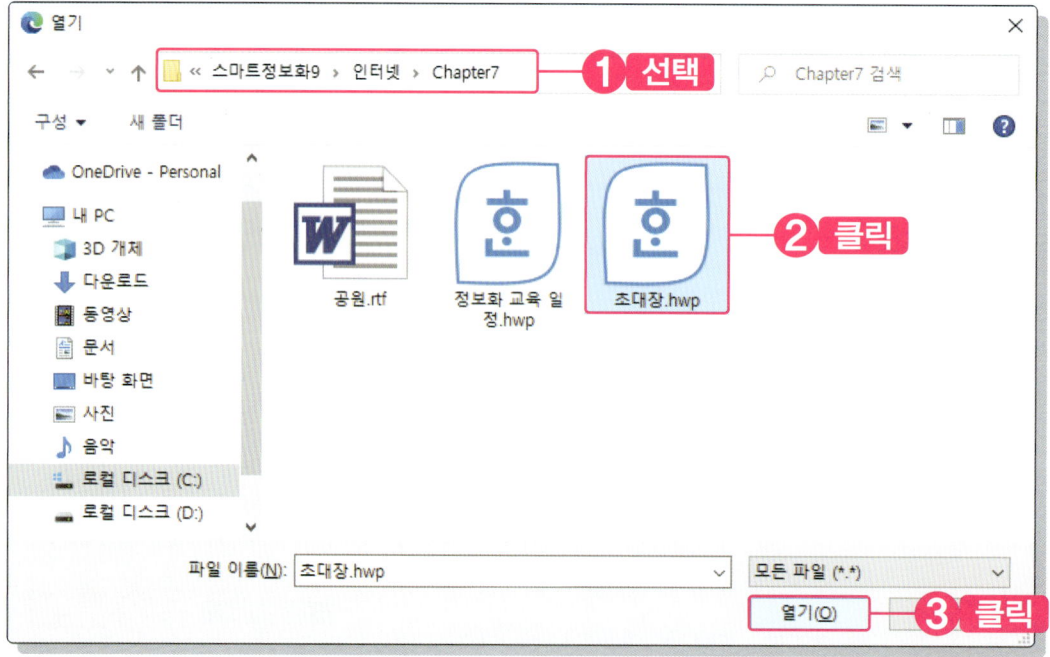

**7** 파일이 첨부되면 메일을 보내기 위해 [보내기] 단추를 클릭합니다.

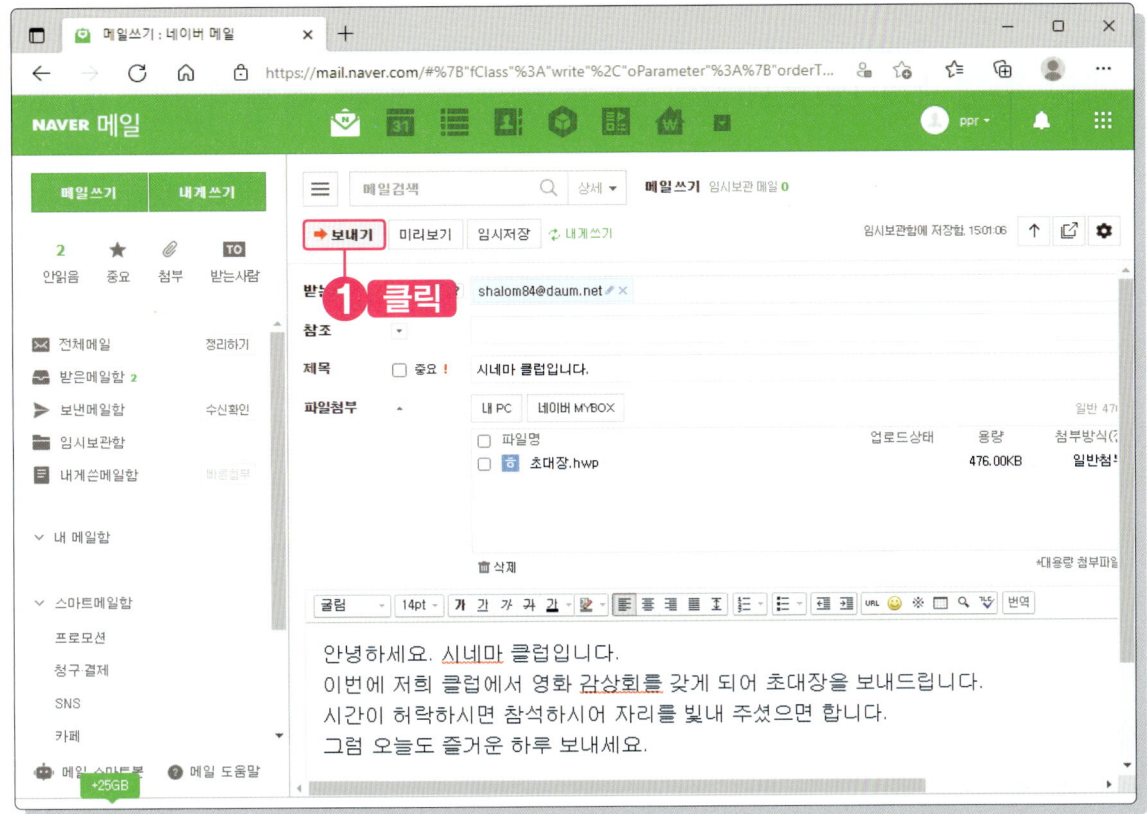

**미리보기**
[미리보기] 단추를 클릭하면 메일을 보내기 전에 어떻게 보내질지 확인할 수 있습니다.

**8** 다음과 같이 메일이 보내집니다.

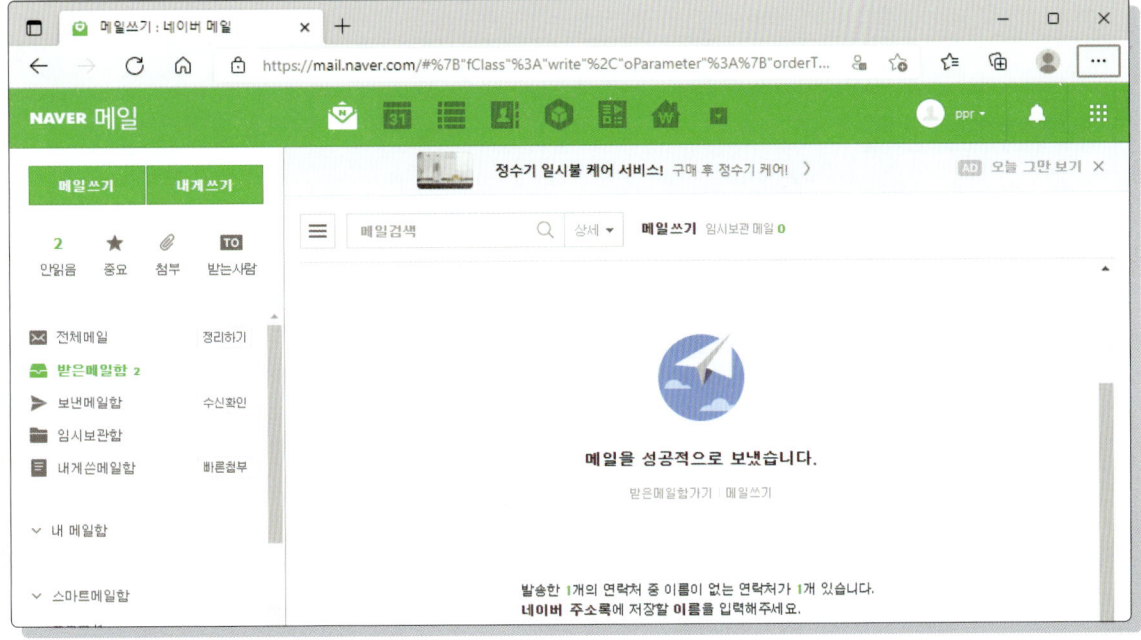

## Step 03 메일 읽고 첨부파일 저장하기

**1** 메일 화면에서 [받은메일함]을 클릭한 후 읽을 메일의 제목을 클릭합니다.

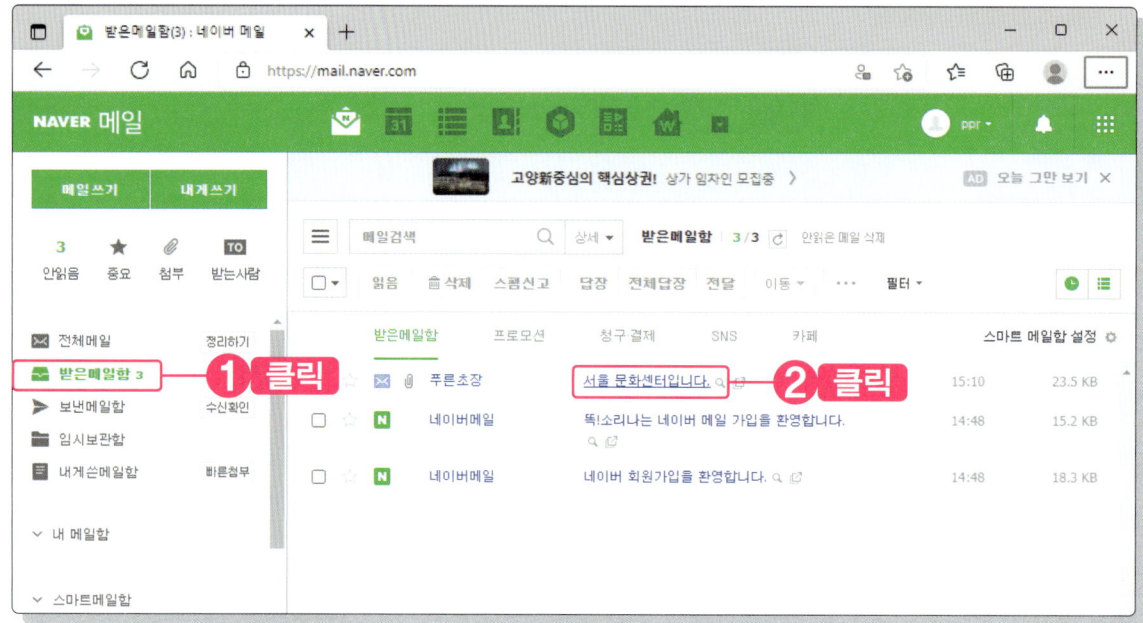

> **Tip**
> 안 읽은 메일은 ✉ 아이콘으로 나타내고 읽은 메일은 ✉ 아이콘으로 나타냅니다. 그리고 파일이 첨부된 메일은 📎 아이콘으로 나타냅니다.

**2** 읽을 메일의 내용이 나타나면 첨부파일을 저장하기 위해 ⬇[PC저장] 단추를 클릭합니다.

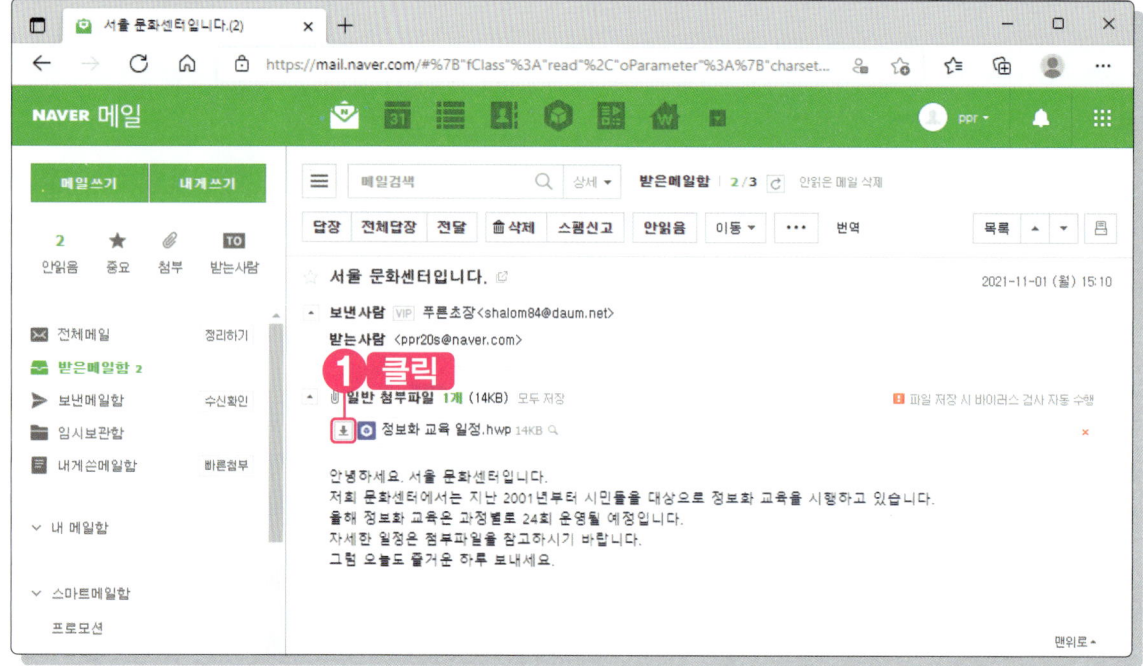

**60** 인터넷(엣지)

**3** 다운로드가 완료되면 화면 위쪽에 받은 파일 이름이 표시됩니다. 다운로드된 파일을 확인하기 위해 **[파일 열기]를 클릭**합니다.

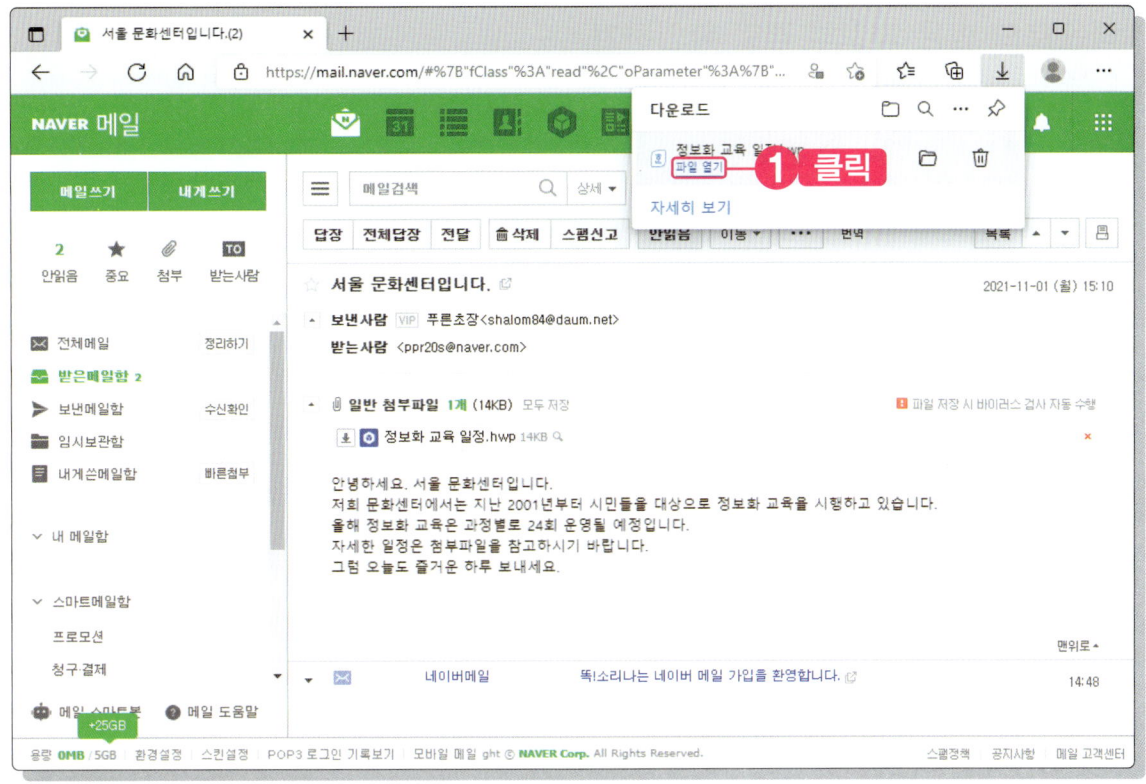

**4** 첨부된 문서의 응용 프로그램이 자동으로 실행되며, 내용을 확인할 수 있습니다. 문서 파일의 ×**[닫기]를 클릭**하면 종료할 수 있습니다.

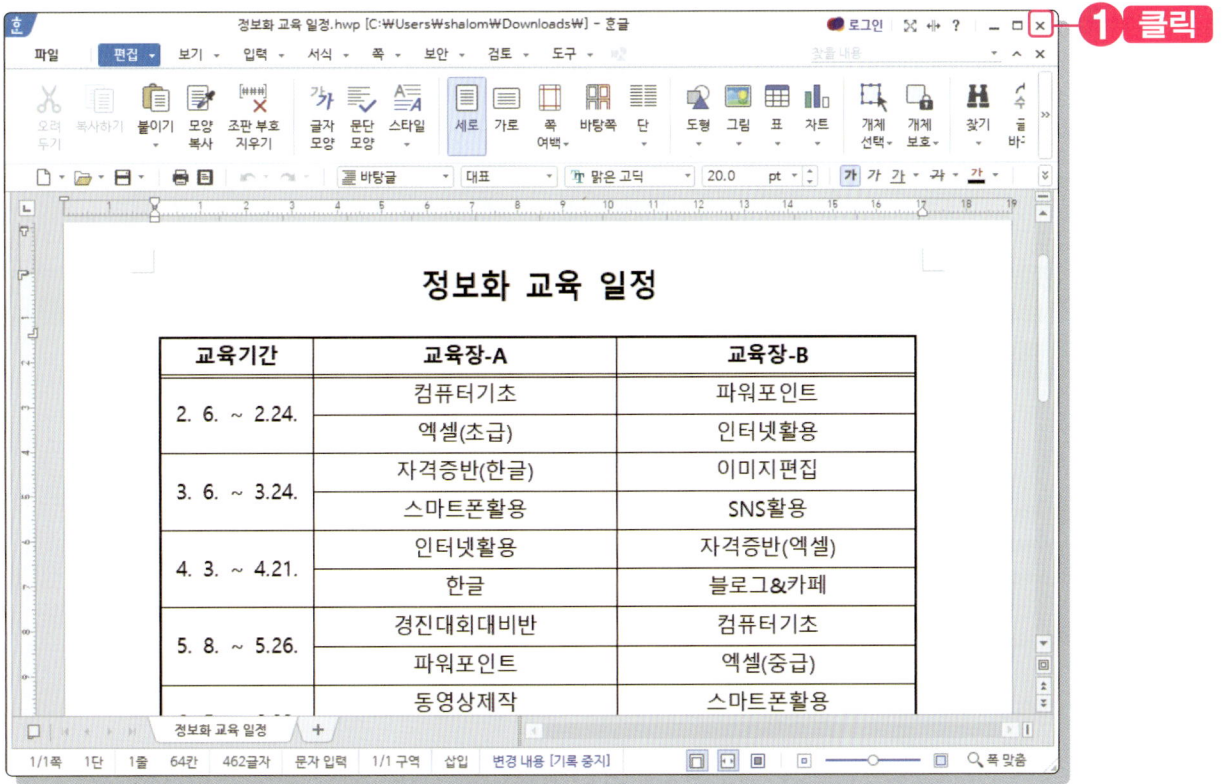

Chapter 07 - 이메일 사용하기 **61**

## 다운로드 받은 파일의 경로 확인하기

다운로드 받은 파일에서 📁[폴더에 표시]를 클릭하면 해당 파일의 저장 경로를 확인할 수 있습니다.

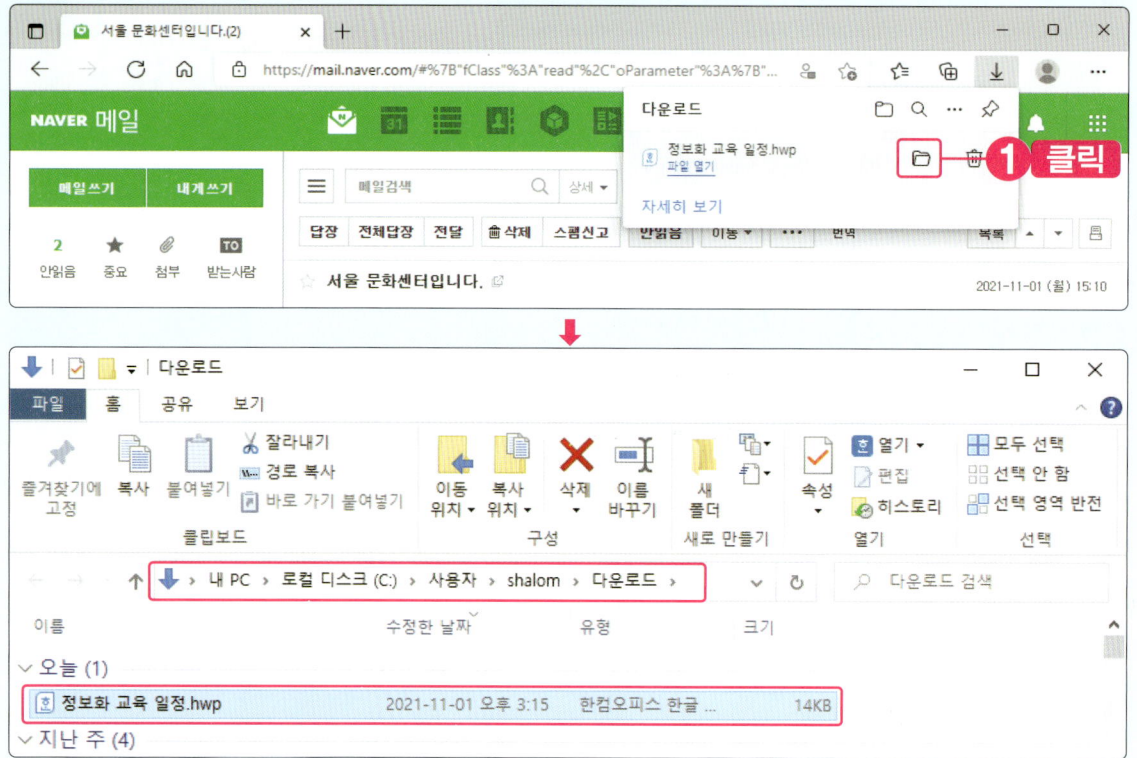

## 다운로드 받은 파일 파일 삭제하기

다운로드 받은 파일에서 🗑[파일 삭제]를 클릭하면 해당 파일을 삭제할 수 있습니다.

## 수신확인

[수신확인] 단추를 클릭하면 다음과 같이 보낸 메일을 읽었는지 안 읽었는지 확인할 수 있습니다.

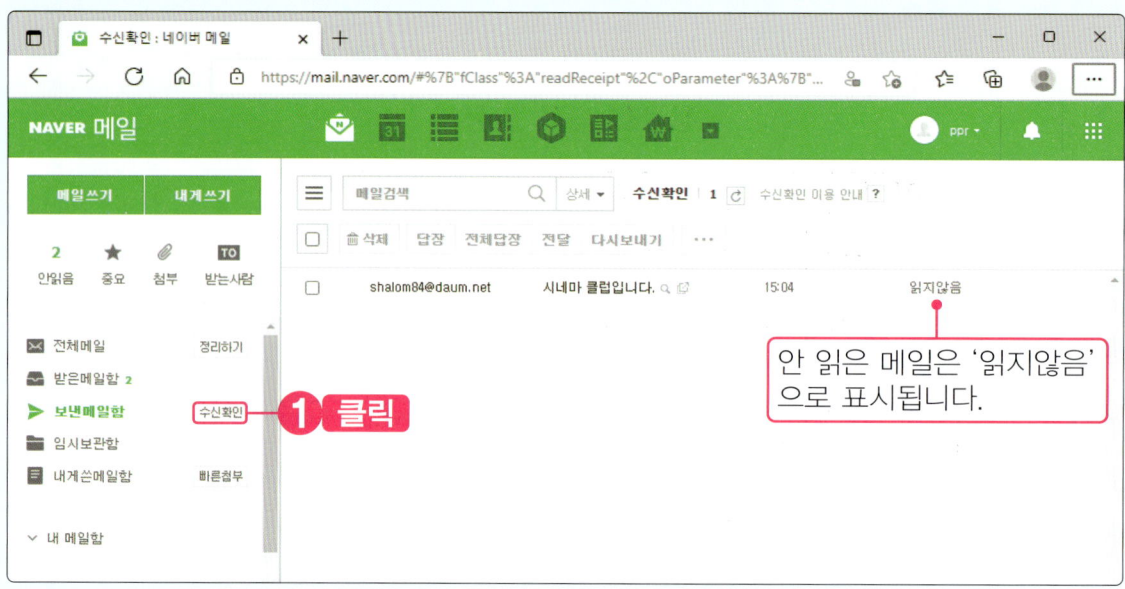

안 읽은 메일은 '읽지않음'으로 표시됩니다.

## Step 04 메일 삭제하고 휴지통 비우기

**1** 메일을 삭제하기 위해 메일 화면에서 [받은메일함]을 클릭한 후 삭제할 메일을 선택한 다음 [삭제] 단추를 클릭합니다.

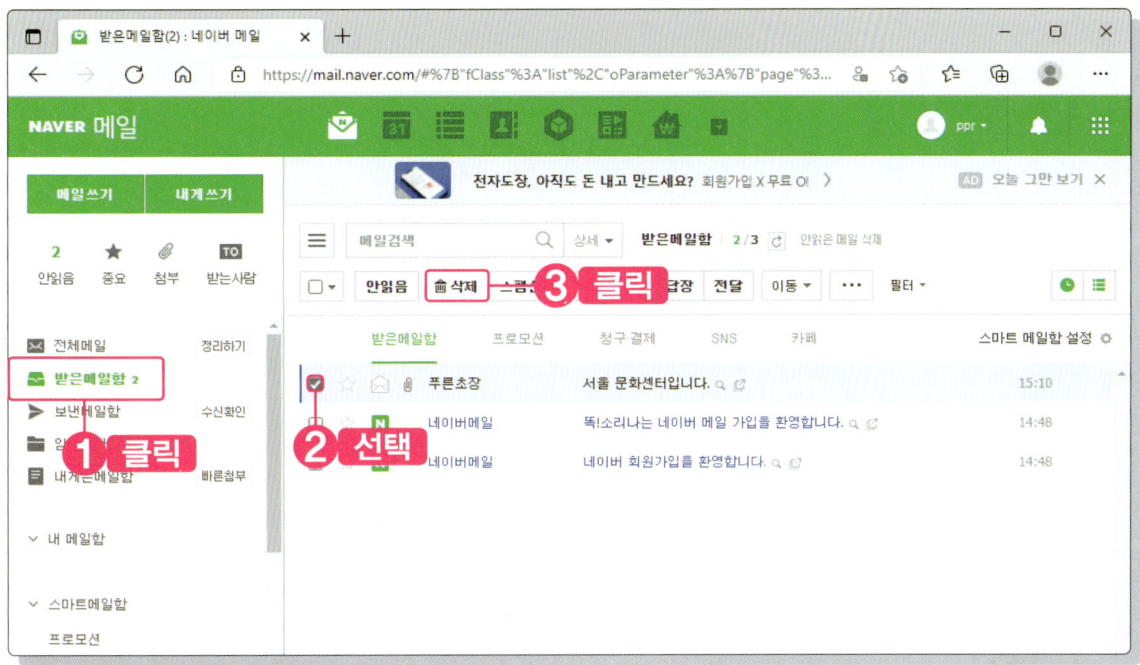

**2** 다음과 같이 메일이 삭제됩니다.

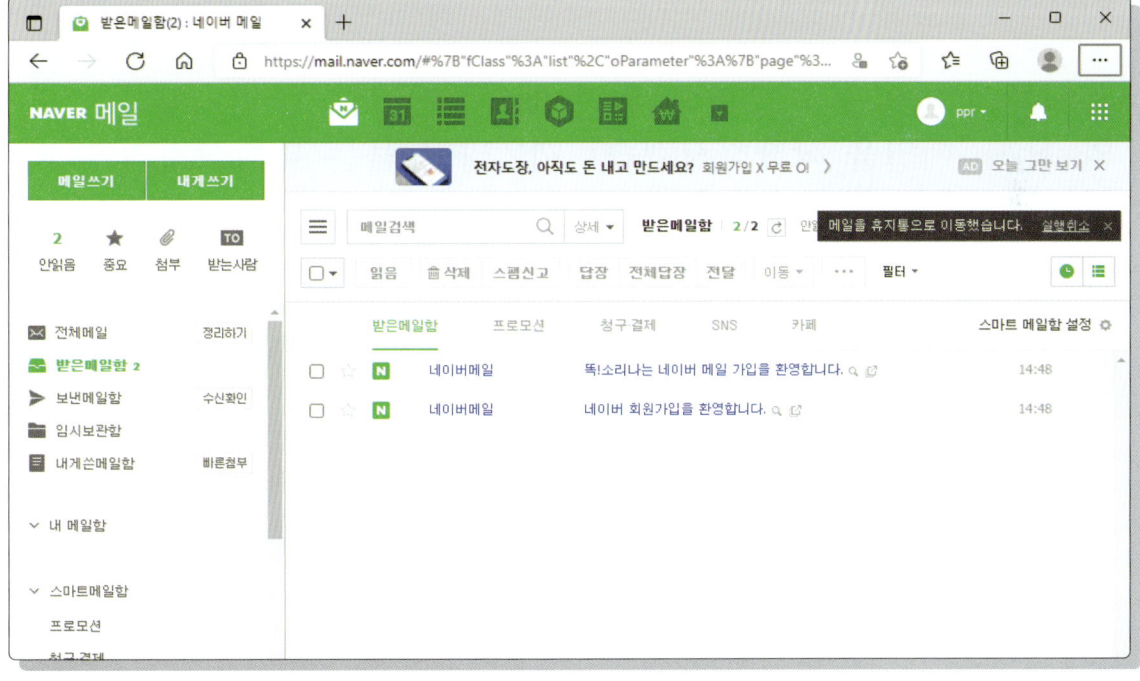

> **Tip**
> 삭제한 메일은 휴지통에 보관되는데요. 휴지통은 삭제한 메일을 임시로 보관하는 곳입니다.

Chapter 07 - 이메일 사용하기

**3** 휴지통에 보관된 메일을 영구 삭제하기 위해 메일 화면에서 **[휴지통]을 클릭**한 후 **영구 삭제할 메일을 선택**한 다음 **[영구삭제] 단추를 클릭**합니다.

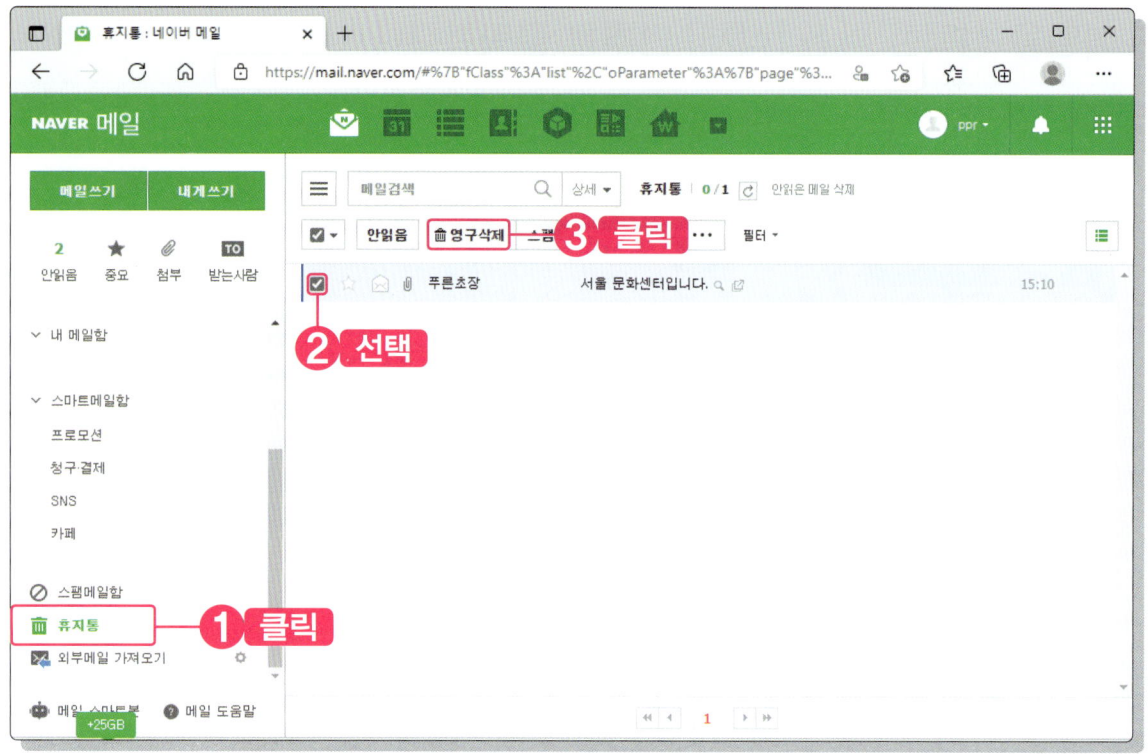

> **Tip**
> 🗑[휴지통 비우기]를 클릭하면 휴지통에 보관된 모든 메일을 영구 삭제할 수 있습니다.

**4** 휴지통의 메일을 지우면 지워진 메일들은 복구할 수 없다는 메시지와 함께 '메일을 삭제하시겠습니까?'라고 묻는 대화상자가 나타나면 **[확인] 단추를 클릭**합니다.

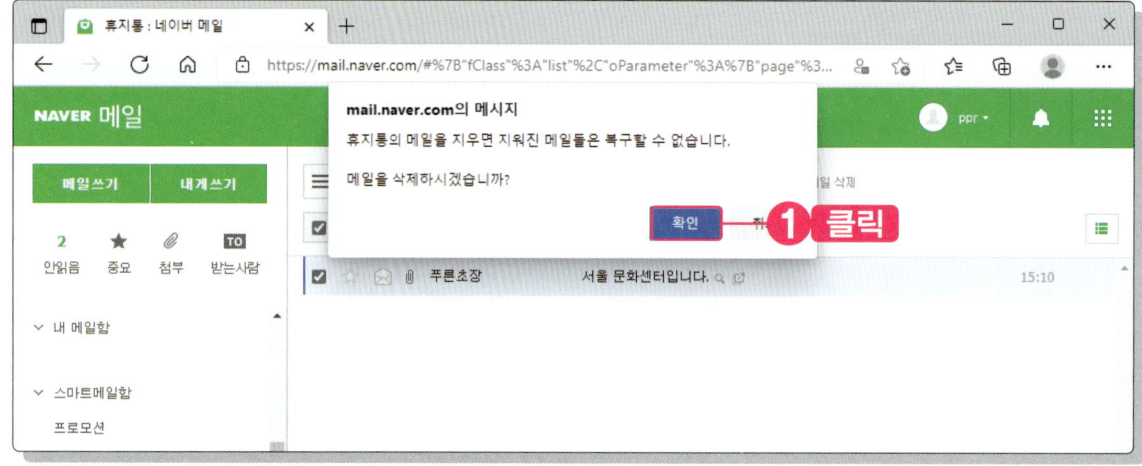

**5** 휴지통에 보관된 메일이 영구 삭제됩니다.

# 실전 연습 문제

**01** 다음과 같이 파일을 첨부하여 친구에게 메일을 보내 보세요.
- 파일 첨부 : 열기 위치(C:\스마트정보화\인터넷\Chapter7), 파일(공원)

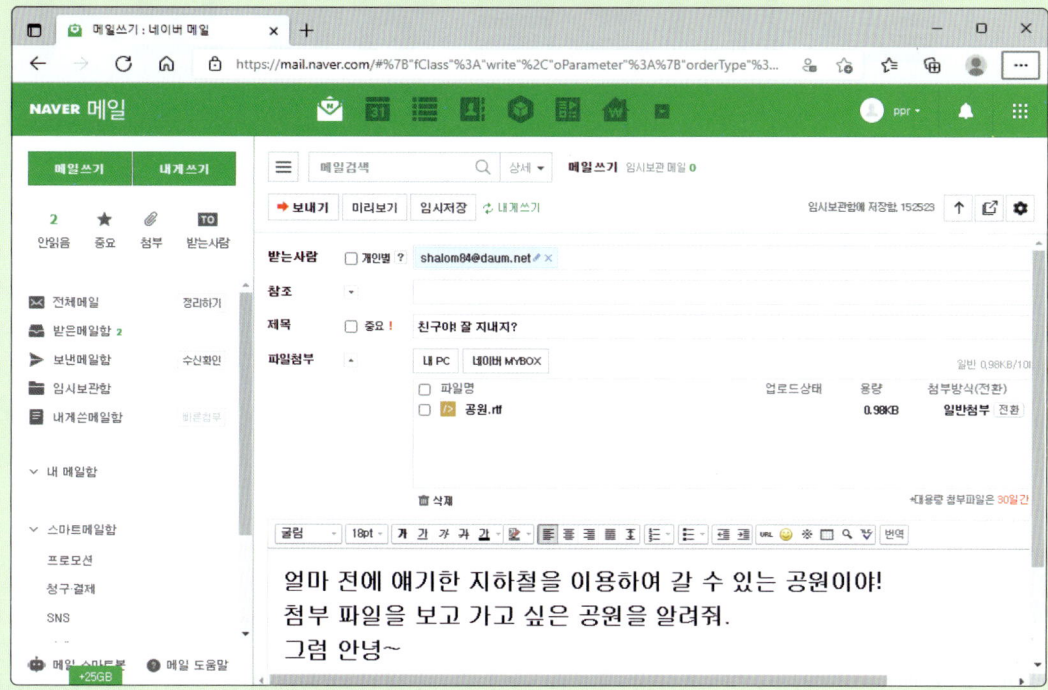

**02** 다음과 같이 본인에게 메일을 보내 보세요.

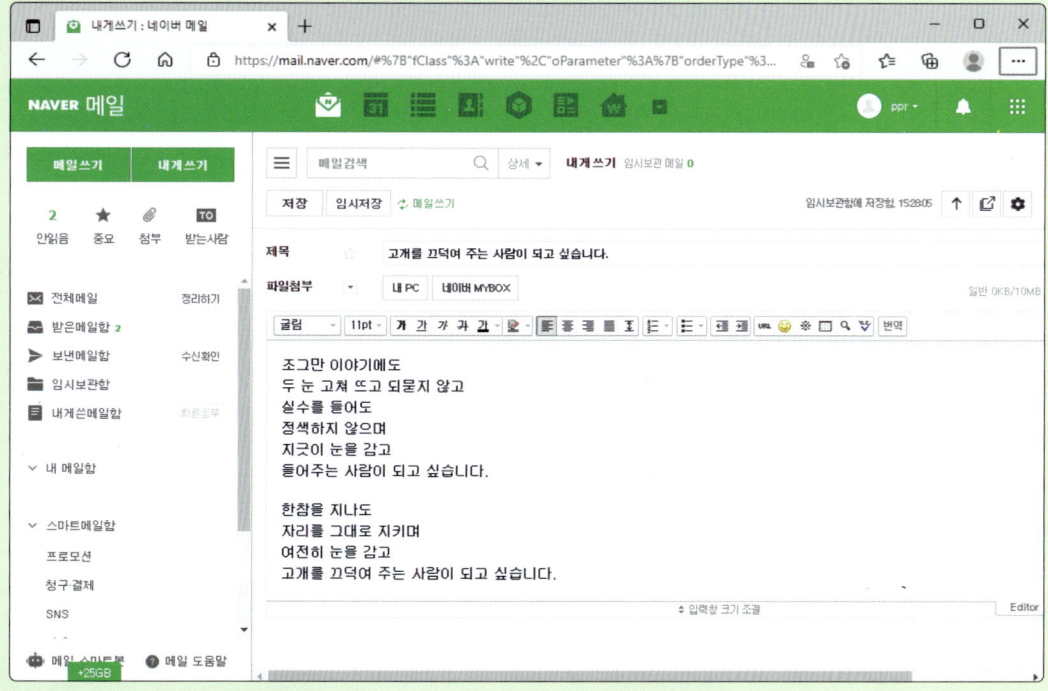

**Hint**
본인에게 메일 보내기 : 메일 화면에서 [내게쓰기]를 클릭 → 제목과 내용을 입력한 후 [저장] 단추를 클릭

Chapter 07 – 이메일 사용하기

Microsoft Edge

# 최신 뉴스 보고 실시간으로 방송 보기

인터넷을 활용하면 다음 날까지 신문을 기다리지 않아도 최신 뉴스를 볼 수 있고, TV가 없어도 실시간으로 방송을 볼 수 있습니다. 그럼 최신 뉴스를 보고 실시간으로 방송을 보는 방법에 대해 알아보겠습니다.

### Step 01 최신 뉴스 보기

**1** 마이크로소프트 엣지를 실행한 후 다음 사이트(www.daum.net)에 접속합니다.

**2** 다음 홈 페이지가 나타나면 [뉴스]를 클릭합니다.

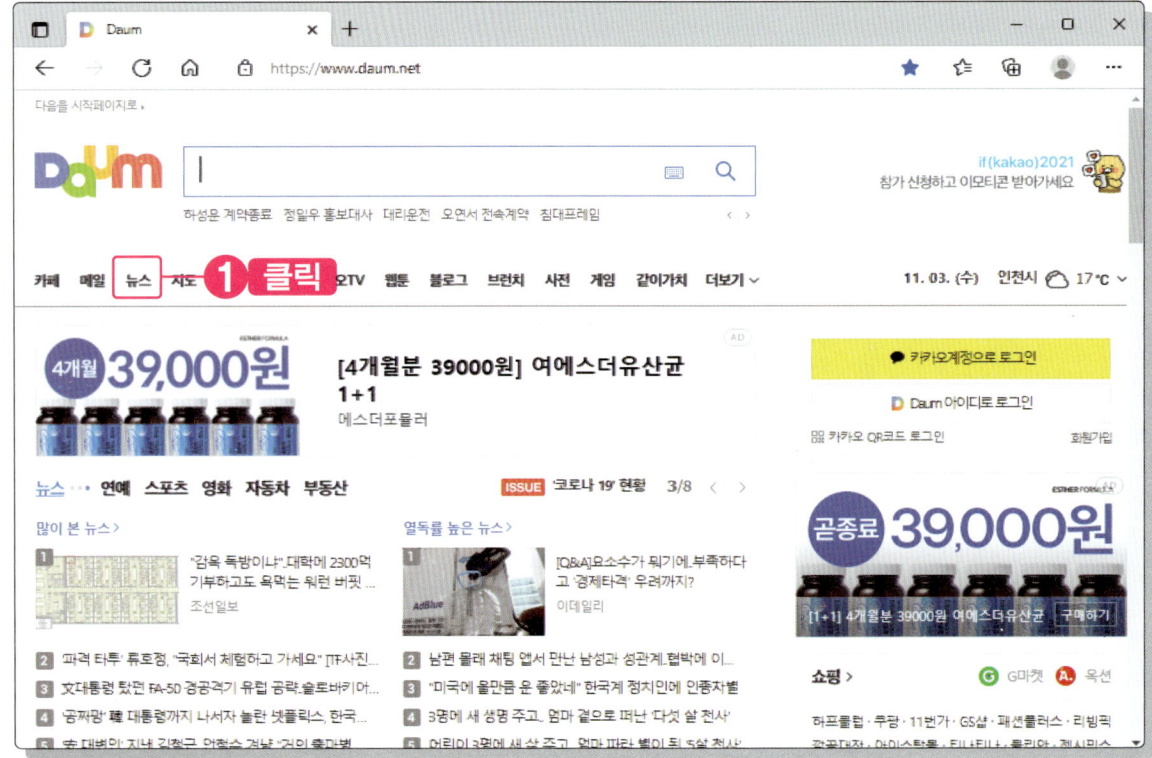

**3** 다음 뉴스 페이지가 나타나면 [IT]에서 보고 싶은 최신 뉴스(여기서는 '국회 찾은 넷플릭스 부사장…추가 보상 논의')를 클릭합니다.

**Tip**
최신 뉴스 '국회 찾은 넷플릭스 부사장…추가 보상 논의'가 안 보일 경우에는 임의의 최신 뉴스를 클릭합니다.

**4** 다음과 같이 최신 뉴스를 볼 수 있습니다.

**Tip**
[인쇄]를 클릭하면 기사를 인쇄할 수 있습니다.

Chapter 08 – 최신 뉴스 보고 실시간으로 방송 보기

## 네이버 뉴스 라이브러리

네이버 뉴스 라이브러리 페이지(newslibrary.naver.com)에 접속하면 다음과 같이 1920년부터 1999년까지의 경향신문, 동아일보, 매일경제, 한겨레를 볼 수 있습니다.

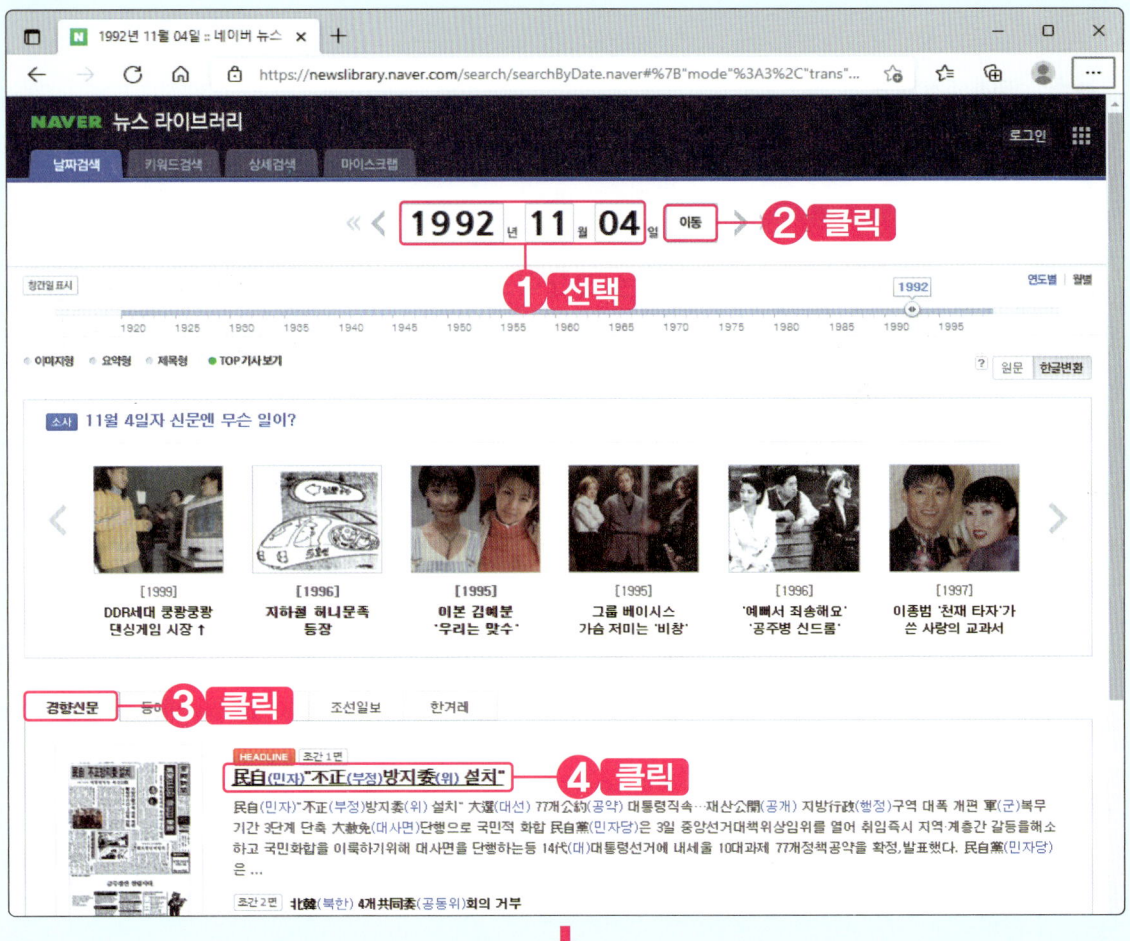

## Step 02 실시간으로 TV 방송 보기

**1** MBN 사이트(mbn.mk.co.kr)에 접속합니다.

**2** MBN 홈 페이지가 나타나면 [온에어]를 클릭합니다.

**3** 다음과 같이 실시간으로 TV 방송을 볼 수 있습니다.

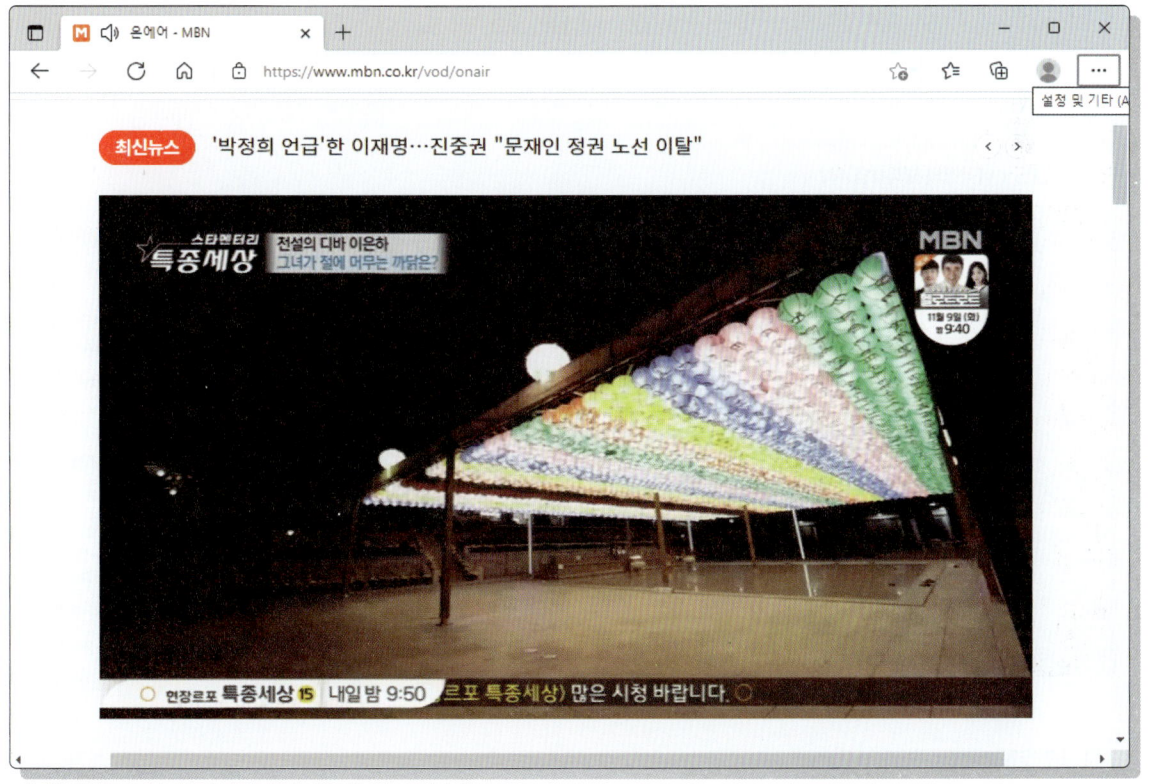

## Step 03  실시간으로 라디오 방송 듣기

**1** KBS 사이트(www.kbs.co.kr)에 접속합니다.

**2** KBS 홈 페이지가 나타나면 [라디오]를 클릭한 후 [ON AIR]에서 **라디오 방송(여기서는 '이각경의 해피타임 4시')**을 클릭합니다.

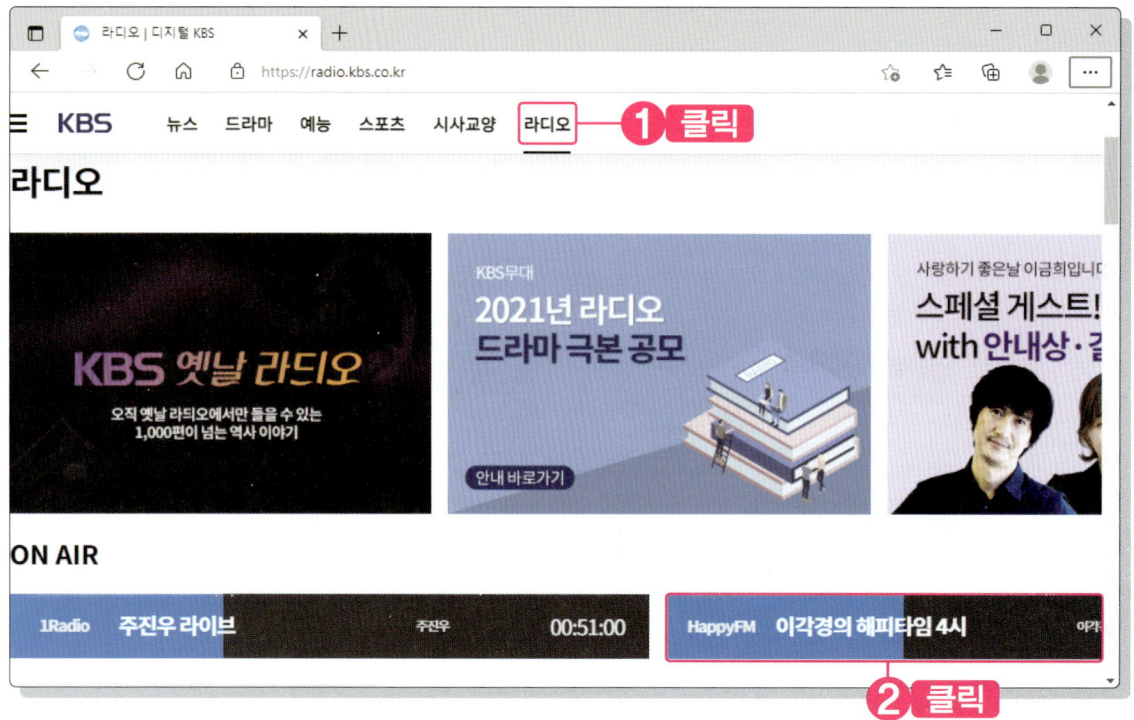

**3** 라디오 방송 화면이 나타나면 ▷를 클릭합니다.

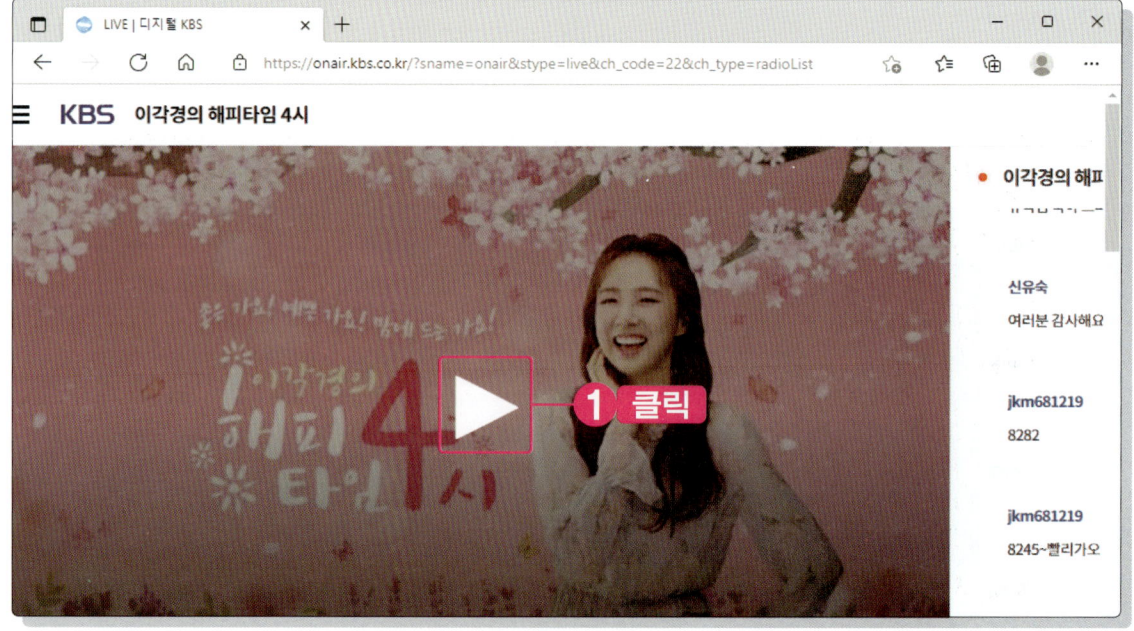

**4** 실시간으로 라디오 방송을 들을 수 있습니다.

## 실전 연습 문제

**01** 다음과 같이 네이버 사이트(www.naver.com)에서 최신 뉴스를 봐 보세요.

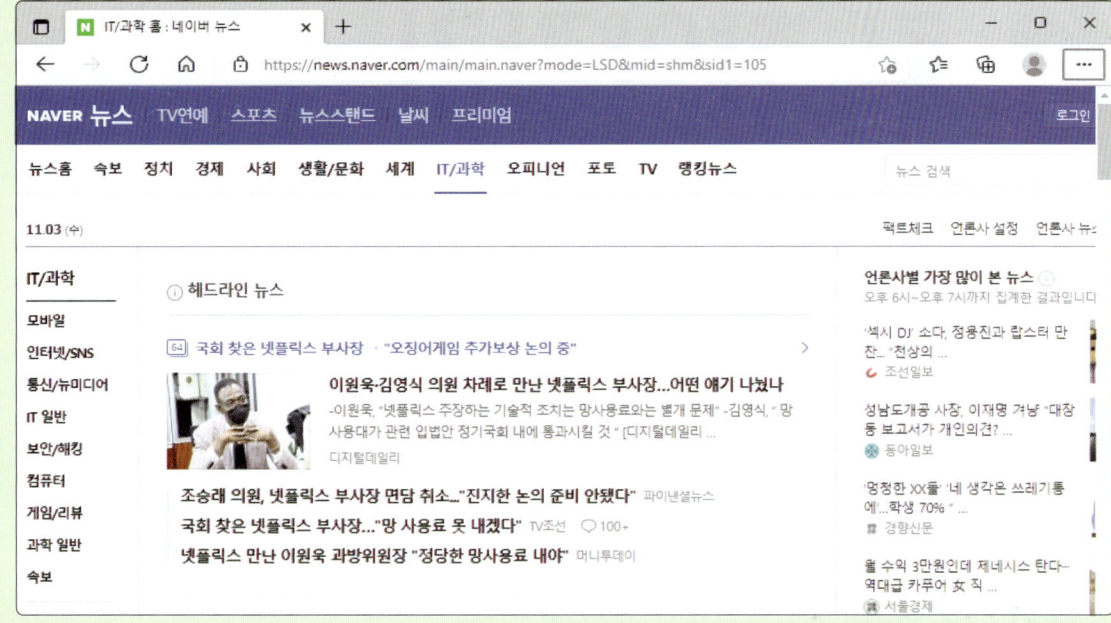

**Hint**
네이버 사이트에서 최신 뉴스 보기 : 네이버 사이트에 접속한 후 [뉴스]를 클릭

**02** 다음과 같이 YTN 사이트(www.ytn.co.kr)에서 실시간으로 TV 방송을 봐 보세요.

**Hint**
YTN 사이트에서 실시간으로 TV 방송 보기 : YTN 사이트에 접속한 후 [LIVE]를 클릭

Microsoft Edge

# 부동산 정보 알아보고 길 찾아가기

인터넷을 활용하면 공인중개사를 만나지 않아도 부동산 정보를 알 수 있고, 해당 지역을 쉽게 찾아갈 수 있습니다. 그럼 부동산 정보를 알아보고 길을 찾아가는 방법에 대해 알아보겠습니다.

## Step 01 부동산 정보 알아보기

**1** 마이크로소프트 엣지를 실행한 후 네이버 사이트(www.naver.com)에 접속합니다.

**2** 네이버 홈 페이지가 나타나면 [부동산]을 클릭합니다.

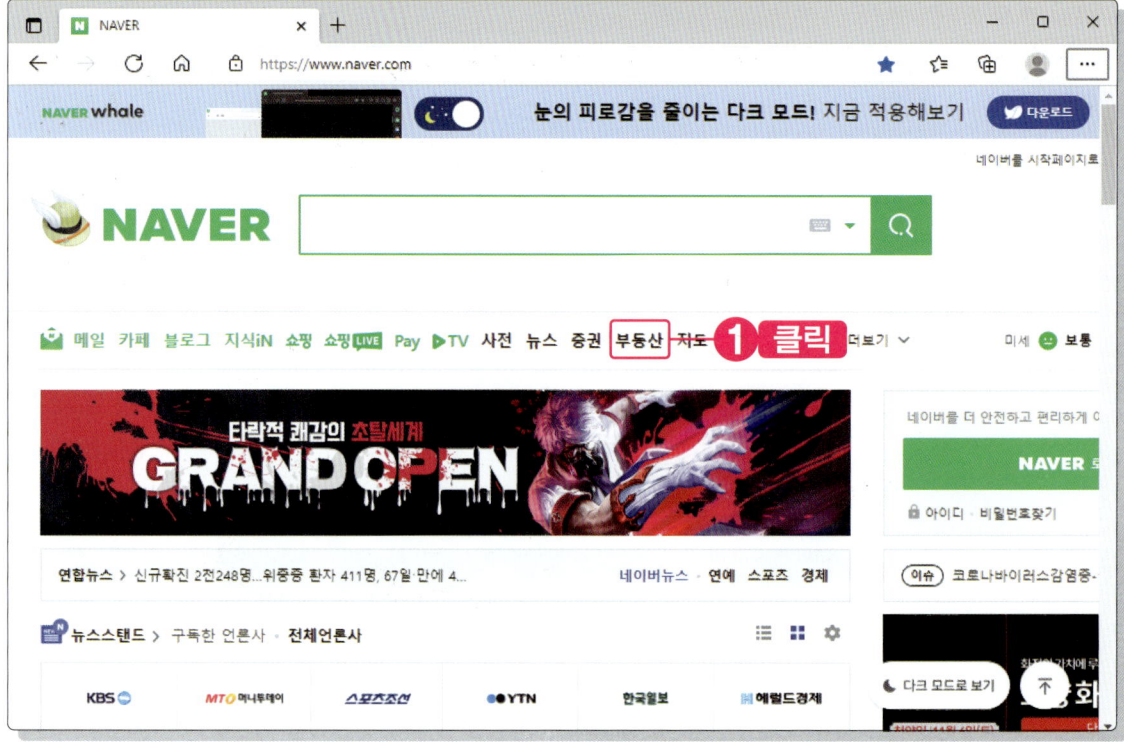

**3** 네이버 부동산 페이지가 나타나면 [매물]을 클릭합니다.

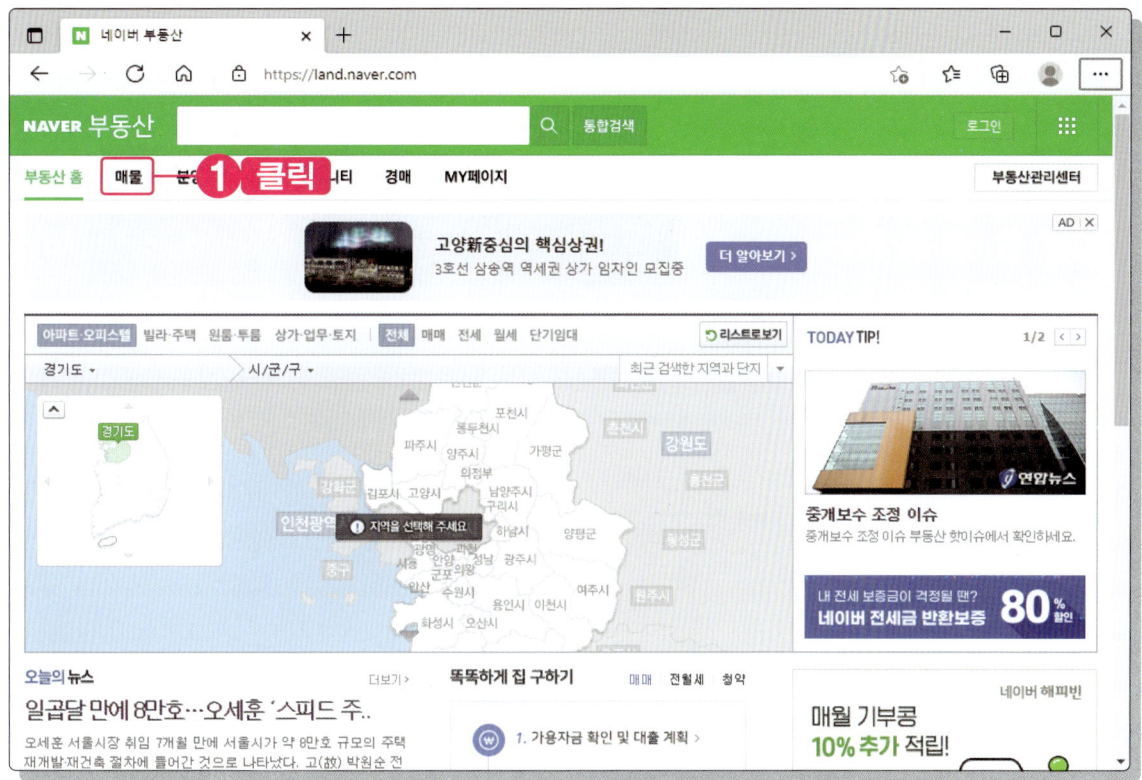

**4** 매물 페이지가 나타나면 시/도(서울시), 시/군/구(강북구), 읍/면/동(우이동)을 선택한 후 단지(성원그린)를 선택합니다.

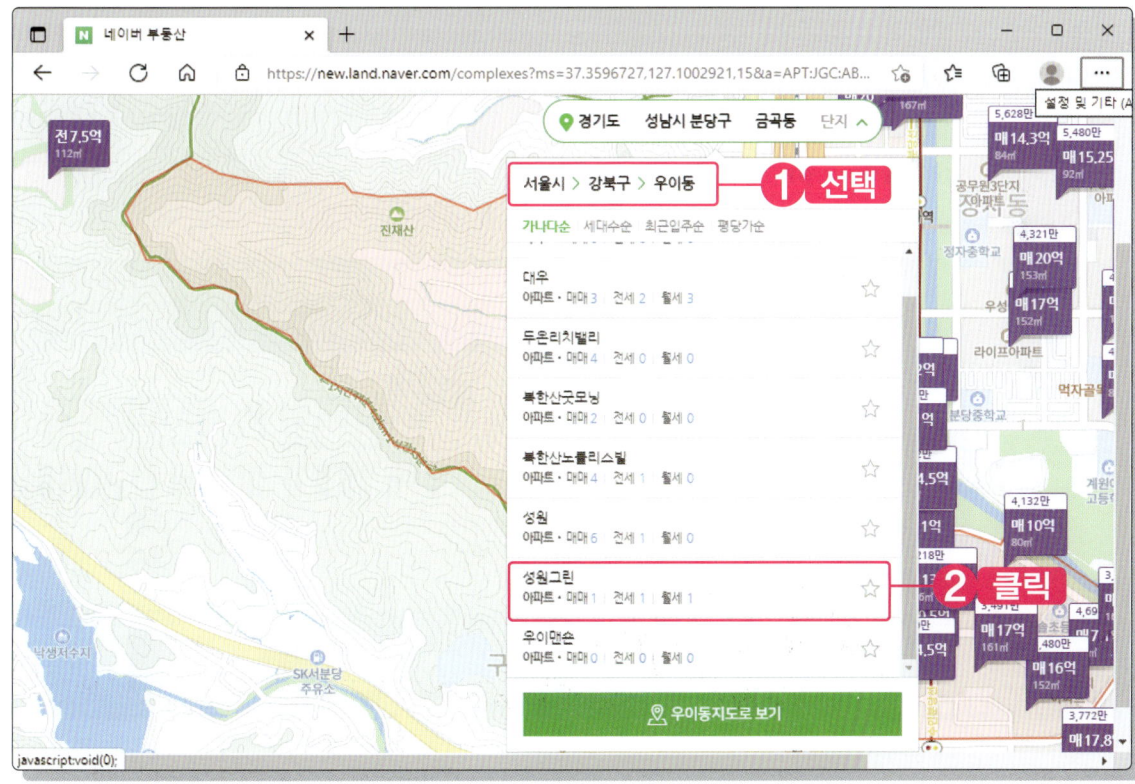

Chapter 09 – 부동산 정보 알아보고 길 찾아가기 **73**

**5** 다음과 같이 단지정보와 시세/실거래가 등의 부동산 정보가 나타납니다.

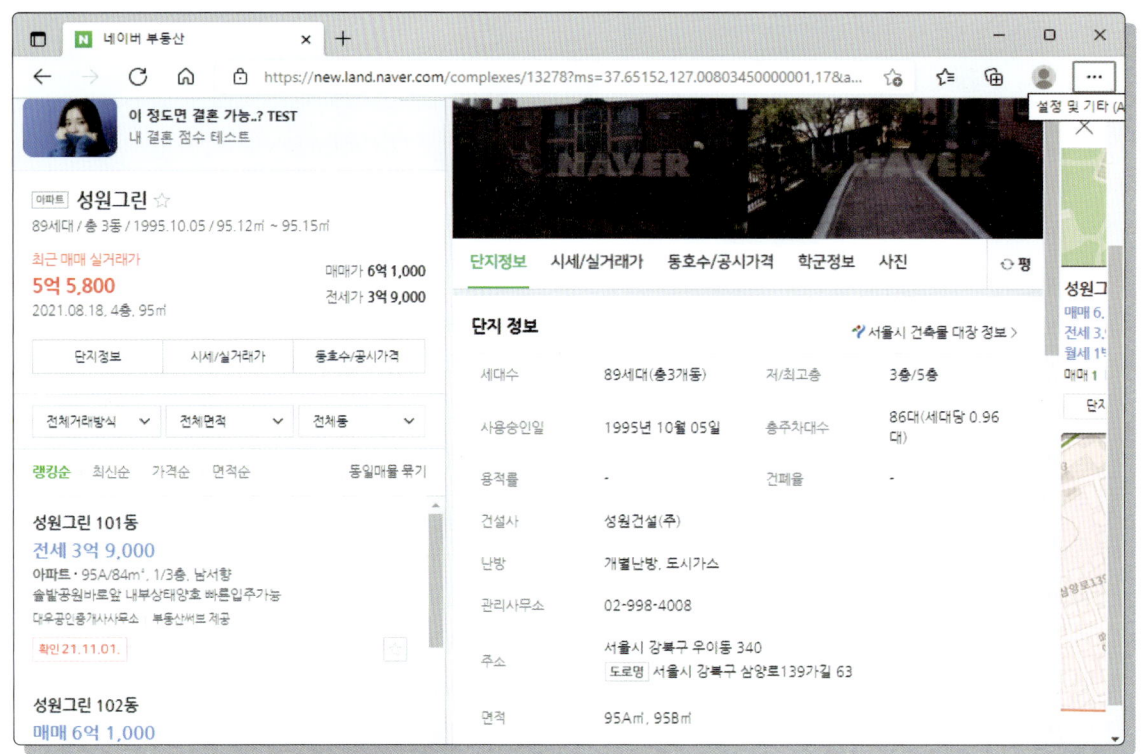

### 잠깐만요!

**부동산의 실거래가 확인하기**

부동산의 실거래가는 국토교통부 실거래가 공개시스템 사이트(rt.molit.go.kr)에서도 확인할 수 있습니다.

▲ 국토교통부 실거래가 공개시스템 사이트

## Step 02 길 찾아가기

**1** 네이버 사이트(www.naver.com)에 접속합니다.

**2** 네이버 홈 페이지가 나타나면 [지도]를 클릭합니다.

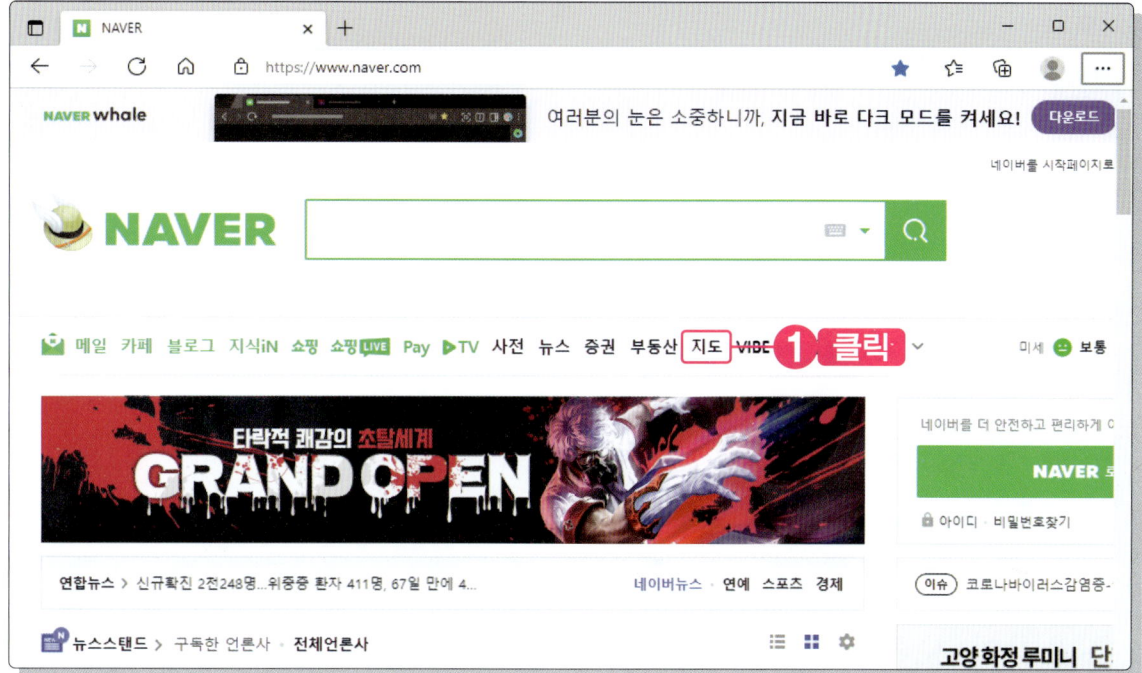

**3** 네이버 지도 페이지가 나타나면 [길찾기]를 클릭한 후 **출발지(미아역)**를 **입력**한 다음 검색 목록이 나타나면 [미아역 4호선]을 **선택**합니다.

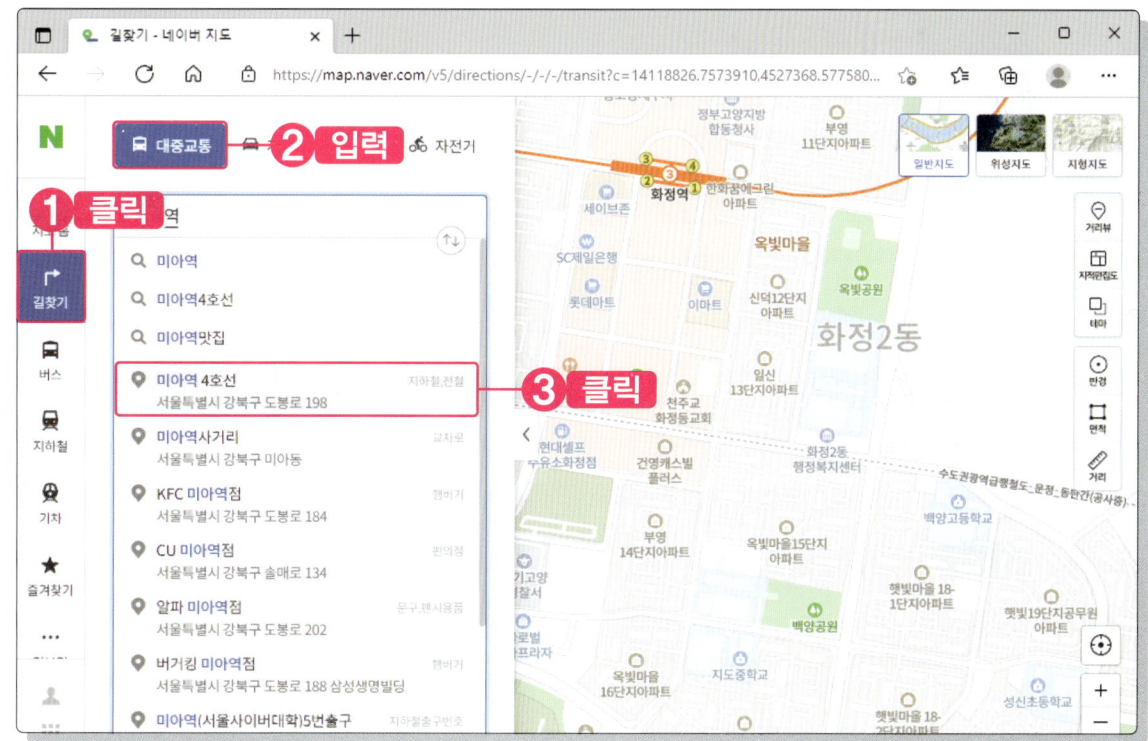

Chapter 09 – 부동산 정보 알아보고 길 찾아가기 **75**

**4** 도착지(성원그린아파트)를 **입력**한 후 검색 목록이 나타나면 [**성원그린아파트**]를 **선택**합니다.

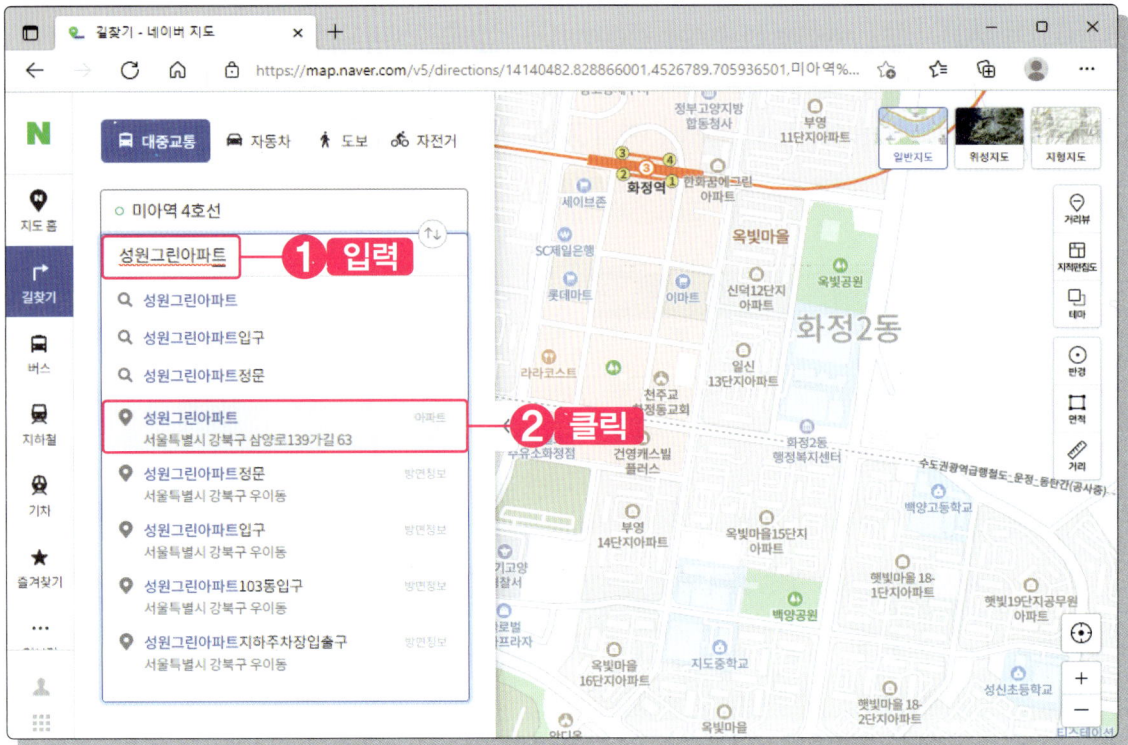

**5** 출발지와 도착지를 선택하였으면 [**대중교통**]을 **클릭**한 후 [**길찾기**]를 **클릭**합니다.

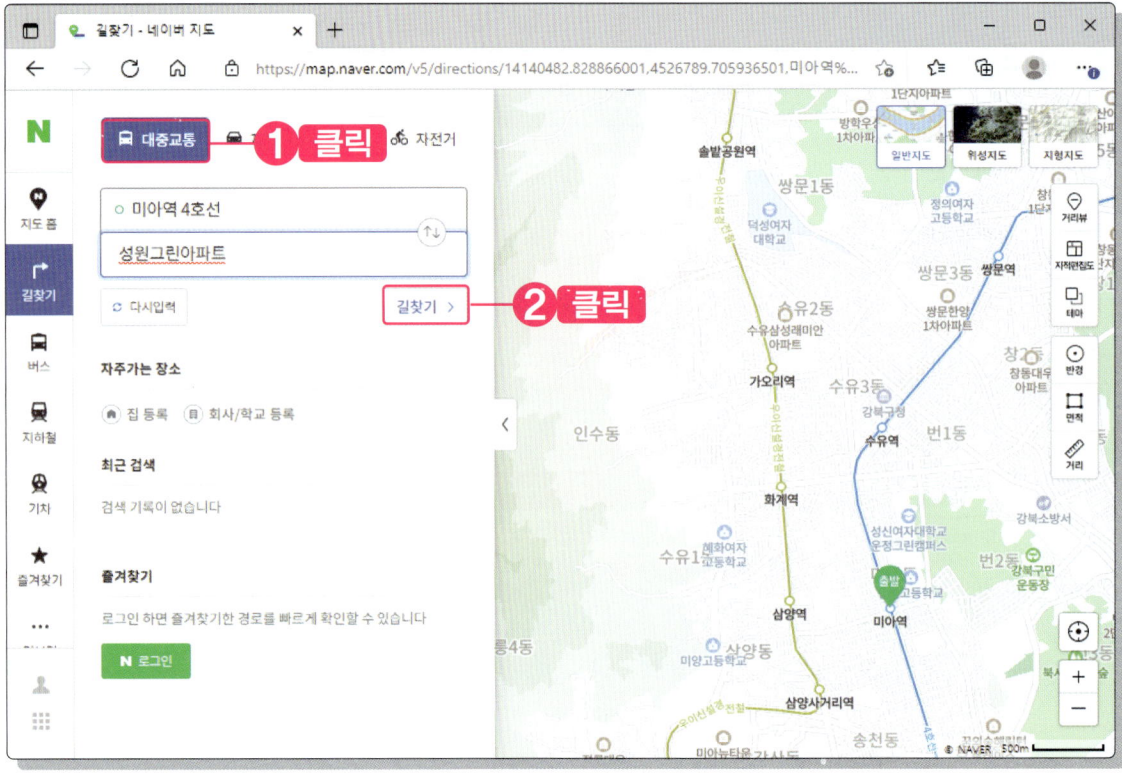

**6** 길찾기에 대한 검색 결과가 나타나면 [추천순]을 선택한 후 **첫 번째 경로의 [상세보기]를 클릭**합니다.

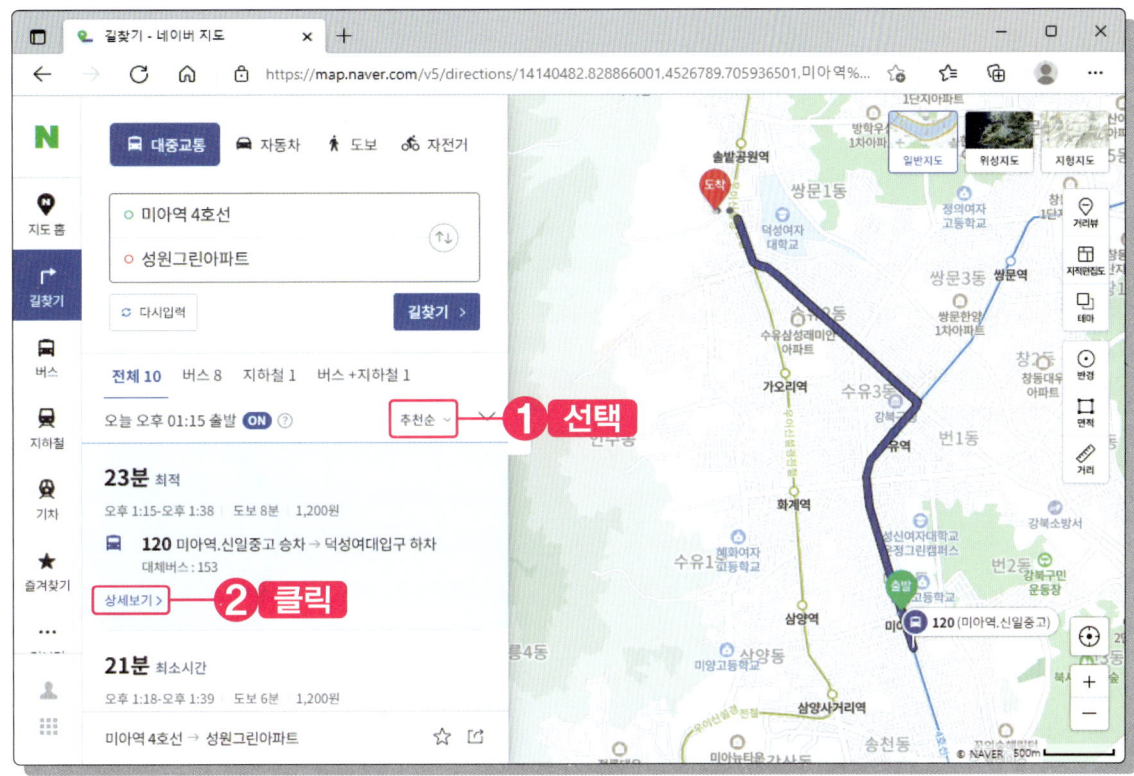

## 실시간 교통상황 확인하기

다음과 같이 [테마]-[교통상황]을 선택하면 실시간 교통상황을 확인할 수 있습니다.

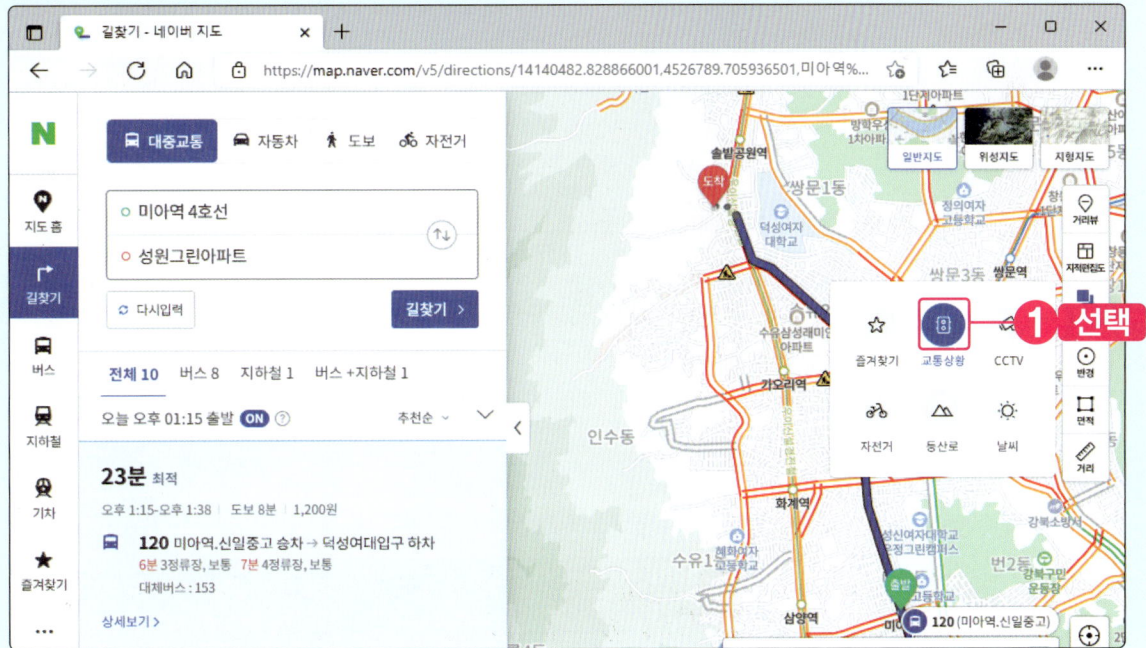

**7** 첫 번째 경로의 상세 경로가 나타나면 도착지의 실제 모습을 확인하기 위해 **도착의 [거리뷰]를 클릭**합니다.

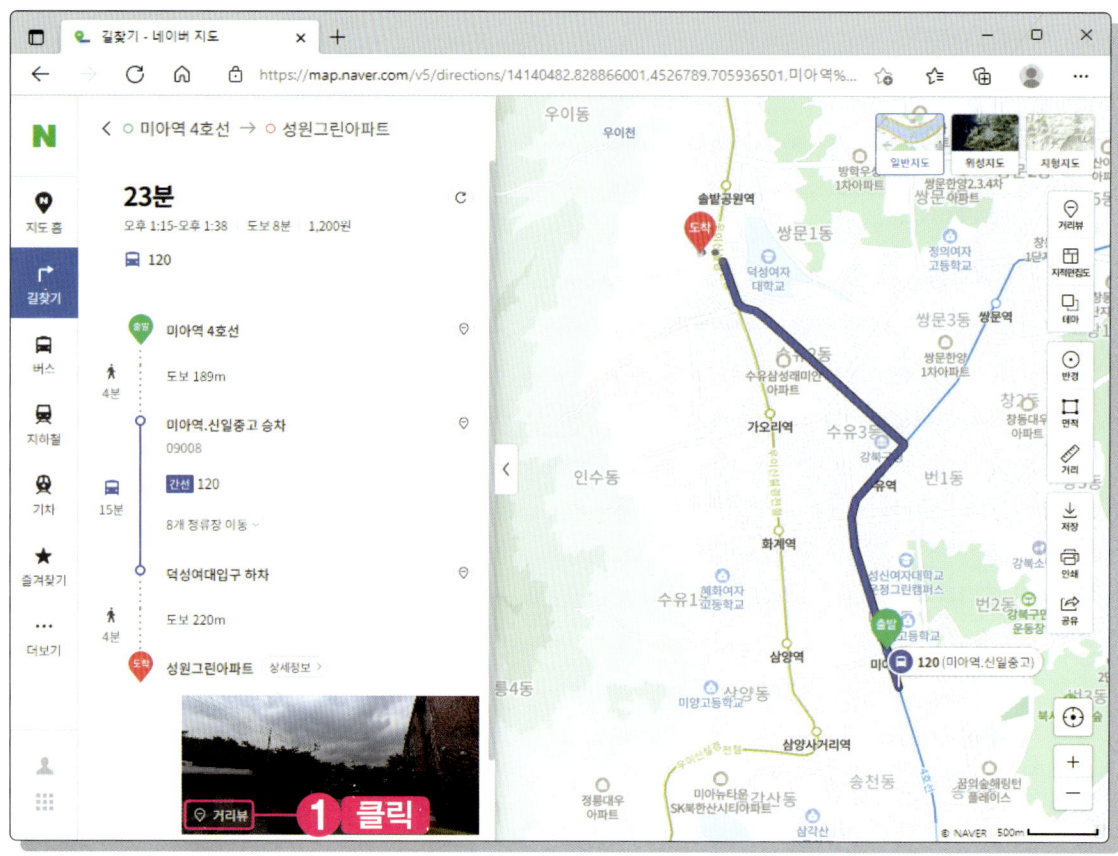

**8** 다음과 같이 도착지의 실제 모습을 확인할 수 있습니다.

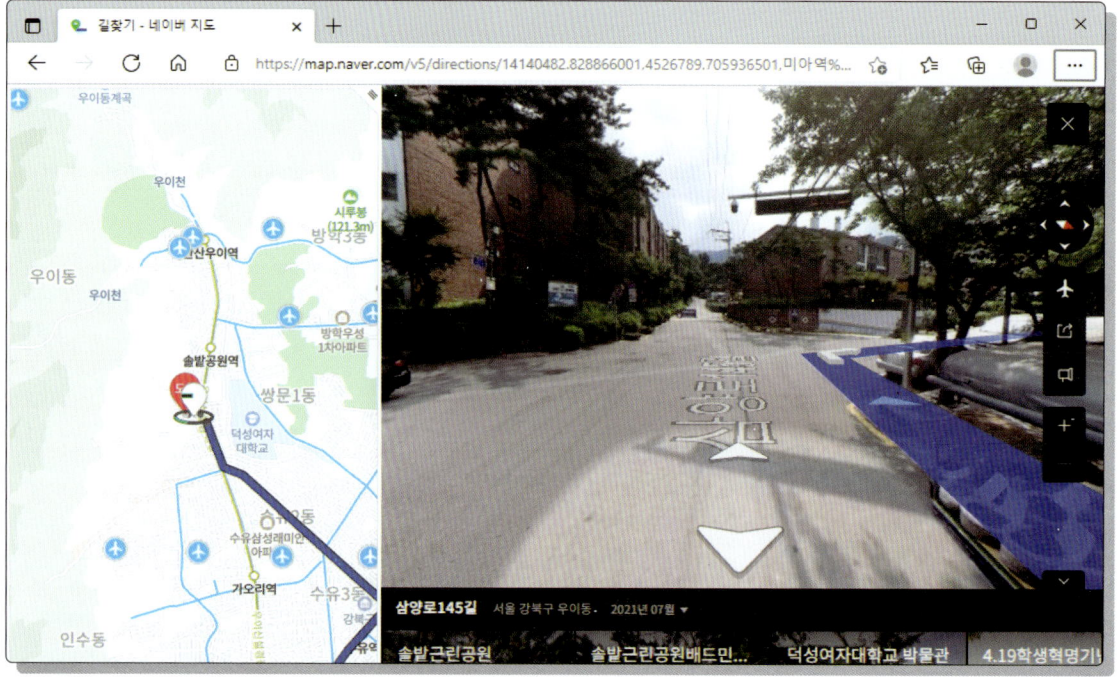

Tip

■를 클릭하면 거리뷰를 닫을 수 있습니다.

## 버스 노선 확인하기

다음과 같이 네이버 지도 페이지에서 [버스]를 클릭하면 버스 노선을 확인할 수 있습니다.

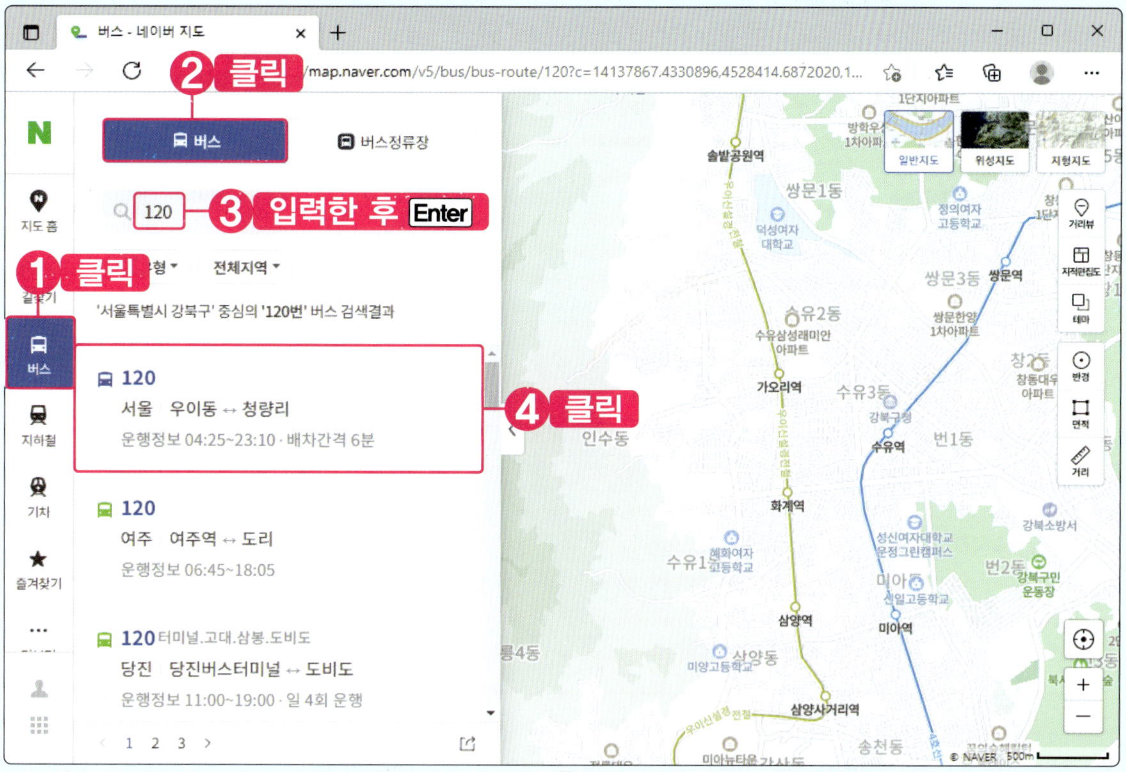

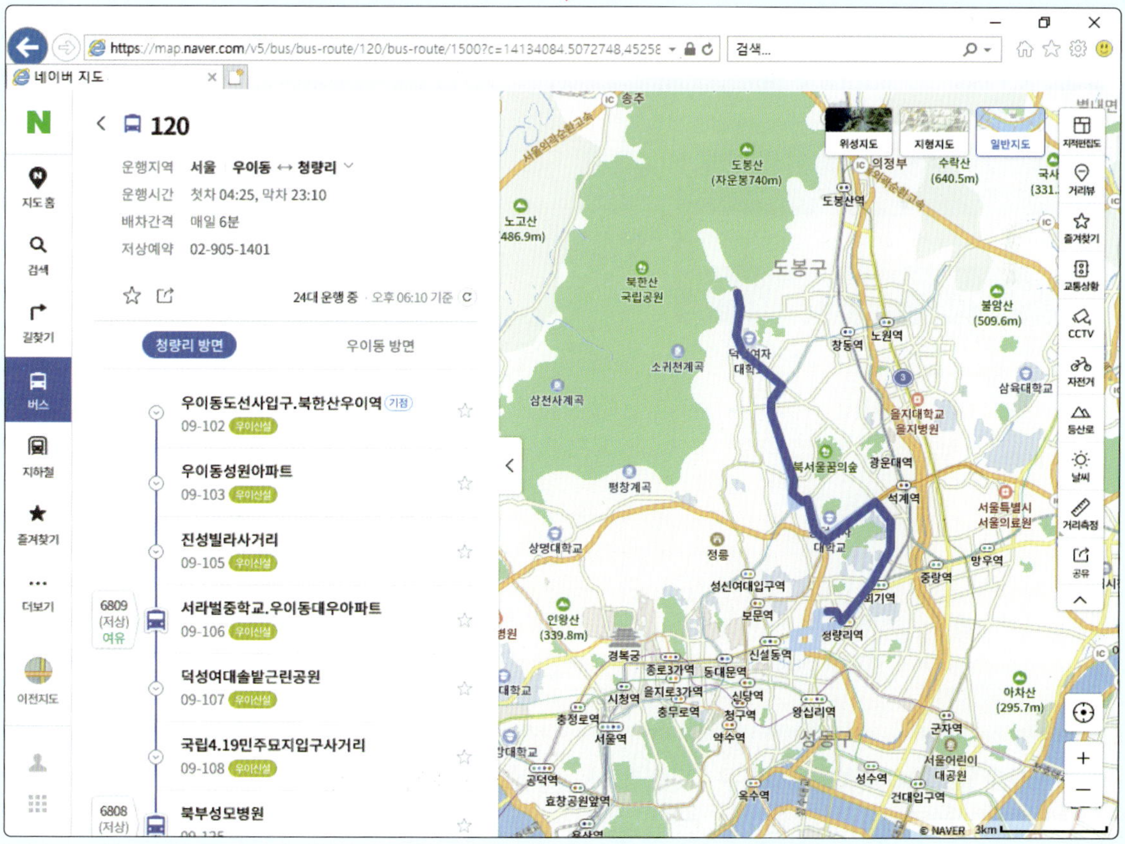

Chapter 09 – 부동산 정보 알아보고 길 찾아가기

## 실전 연습 문제

**01** 다음과 같이 네이버 지도 페이지(map.naver.com)에서 용산역부터 세종특별자치시청까지의 경로를 확인해 보세요.

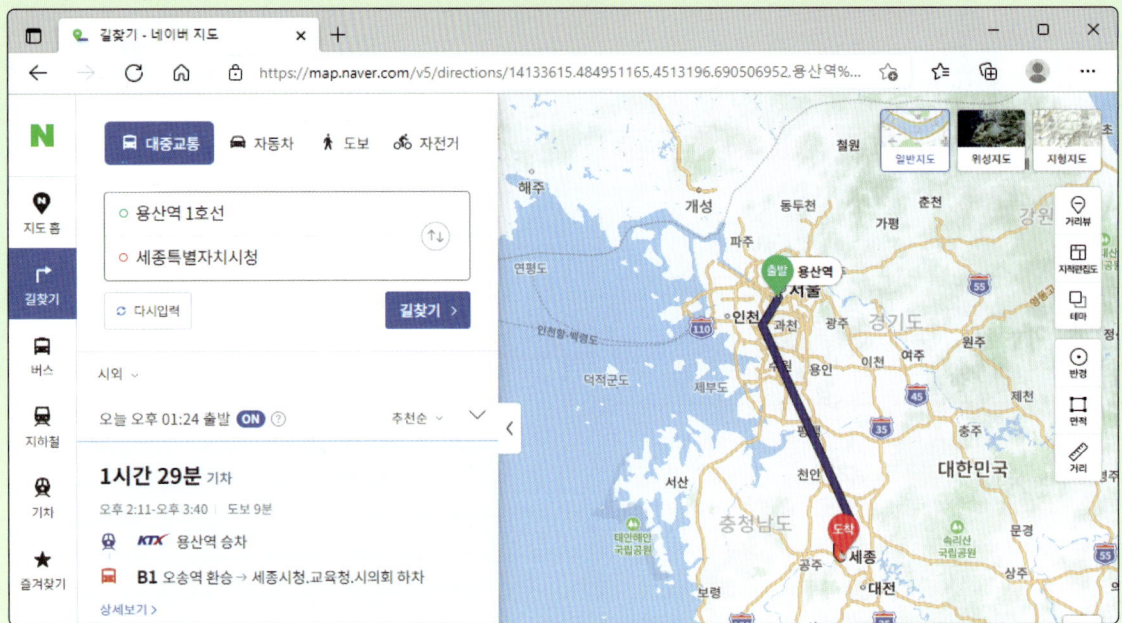

**02** 다음과 같이 카카오맵 페이지(map.kakao.com)에서 대구 지하철 노선을 확인해 보세요.

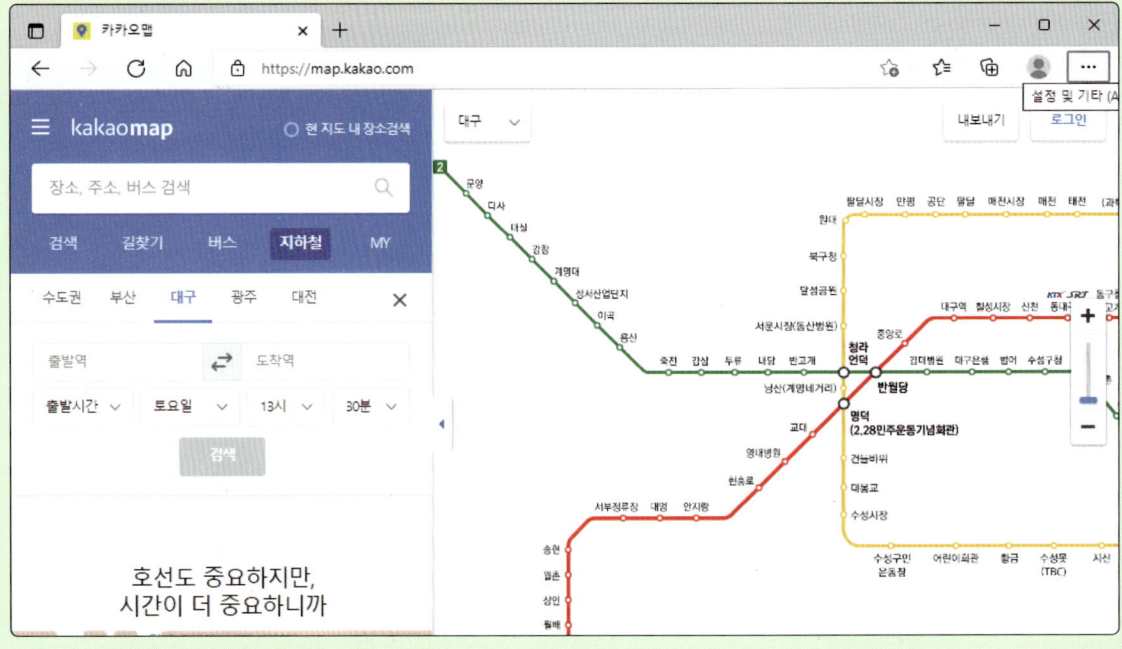

**Hint**
카카오맵 페이지에서 대구 지하철 노선 확인하기 : 카카오맵 페이지에 접속한 후 [지하철]을 클릭한 다음 [대구]를 클릭

41페이지 정답 ➡ **02** 지리산  **03** 연리지  **04** 비문증; 날파리증; vitreous floaters